な感覚が生み出す事象にも注目しました。そこには少しでも暮らしやすさを求め、幸せを願う人々の実践や知識を見ることができます。それは、あたりまえの日常のなかに累積された人の営みであり、「民俗」なのです。そして、いつの時代も現在進行形で存在しているのです。

用語や概念は、できるだけわかりやすい表現で説明するように心がけました。研究蓄積の豊富なテーマは、これまでの動向と現状を把握したうえで今後の課題に、また、研究蓄積の少ないテーマについては、対象をとらえる新たな切口の可能性と今後の展望に重点が置かれています。話題性の高いトピックや、重要な概念はコラム欄で紹介しました。

各章とも現代的な事象を多く取り入れるようにしましたが、流行を追うということではありません。それらを生み出し、成立させている動きに注目するなら、同じような現象は、これからもさまざまなかたちをとって表れてくるはずです。

この本を手にされた読者が、自らの日常生活と照らし合わせながら、こんなことでもまじめに考える対象になるのだと関心をもつようになり、さらに自ら調べ、自ら考えるようになれば、冒頭に掲げた目的を果たしたことになります。そして、ちょっと覗いてみた民俗学に、いつの間にか惹きこまれている自分を発見することを願っています。

二〇一五年五月

編者一同

はじめて学ぶ民俗学　目次

この本を使う人のために

（1）社会生活のなかで生み出される民俗をこれまでの研究蓄積を踏まえつつ、伝統的な事象から現代の日本社会で起こっている事象までを取り上げ一二章に編成し、さらに各章に二〜三つの節を設けた。

（2）民俗学を身近に感じてもらうために、大学生の一年間の生活を中心に構成し、各章冒頭に、大学生の生活を描いたストーリーを置いた。

（3）民俗学上の最新の話題や重要なテーマについてはコラムを設け、各章末に適宜配置した。

（4）各節の文末には読書案内と参考文献を置いた。読書案内は本文の内容をさらに深く理解するためにすすめたい文献を、参考文献は本文中で参照・引用した文献、また研究上の重要文献を記した。なお、読書案内に掲載した文献は参考文献に再掲していない。

（5）参照・引用文献を本文中に記載する場合は著者・刊行年を（　）内に示し、文末の参考文献に著者名『書名』発行所、刊行年、あるいは「論文タイトル」『収録雑誌名』巻号、発行年を記した。文献は著者名の五〇音順、同一著者の文献は年次順に配列した。

（6）巻末に、民俗学全体の基本的文献を「民俗学をさらに学ぶための参考文献」として問題別に配列した。

（7）読者の利便性を考え、原則として注は設けず、必要に応じて本文に（　）で記載した。

（8）現代仮名遣い・常用漢字を原則としたが、必要に応じて引用文や参照文では旧字・旧仮名遣いを用いた。

（9）民俗学では地域で用いられている言葉（民俗語彙）を尊重し、カタカナで表記することが慣例となっているが、本書では初学者の理解を容易にするため可能なかぎり漢字で表記した。なお、沖縄に関する記述に際しては、地元での発音に近いカタカナ表記とした。

（10）年代については、原則として西暦で表記し、必要に応じて和暦を（　）内に示した。なお、沖縄については、一八七二年の琉球藩設置以前は、琉球国が採用していた中国年号で表記した。

（11）写真および図表の出典・提供者の情報については、巻末に一覧を作成して掲げた。

アイの自己紹介

キャンパスは異文化との出会いの場

四月、春休みが終わり久しぶりの大学。入学式を終えたばかりのキャンパスを占拠するのは新入生だ。そうでなければ、この時期に大学にくる学生はサークル勧誘の二、三年生だろう。アイもその一人だ。原田《はらだ》アイ、二〇歳、東京都内の大学の文学部に通う二年生。ベンチに腰掛けて、初々しくもちょっと不安げな学生たちを眺めながら独り言のようにつぶやいていた。「私も一年前はこんな感じだったのかなあ」。「大学デビュー」、なんていわれるのが嫌で何気ないふうを装っていたけど、とにかくおしゃれに気を遣う毎日だった。

入学式当日のことはけっこう鮮明に覚えている。なんといったって今のカレ、大城正信《おおしろせいしん》に出会った日だから。やまのようなサークル勧誘があるなかで、「民俗研究会」なんていう聞いたこともないサークルの勧誘を受けた。普通なら適当に無視するところだけど、うっかり話を聞いてしまったのは正信がイケメンで「カッコイイ！」って思ったから。日に焼けた目鼻立ちのはっきりとした顔立ちで、結構好みのタイプだったのだ。民俗研究会に興味はなかったけど、正信にひとめぼれ。その場で入会してしまった。正信に対する個人的興味から、入会早々アイは持ち前の積極性で質問攻めにした。沖縄出身で、アイより一歳年上のカレは当時二年生、同じ文学部だった。とにかくうまく表現できないけど、沖縄出身の正信は、これまでアイのまわりにいた男の子たちとは何かが違って新鮮だったのだ。

一方の正信は、自分が勧誘したアイが自分に示す興味に戸惑いつつも、ちょっと嬉しかった。一緒に食事をすれば沖縄の食べ物のことをあれこれ訊いてくるし、何気ない会話でも沖縄の言葉や習慣を訊いてくる。夏休みに入る頃には、民俗研究会公認のカップルとなっていた。

「あーあ、なんだかつまんないなー」、スマートフォンを片手に、一年前を思い出しながらアイは深いため息をついていた。さかのぼること二週間、サークルの飲み会で居酒屋に仲間と行ったときのこと。仲間が関西から遊びにきたという友だちを連れてきていた。大阪の大学に通う三年生の男の子で、大阪弁でテンポの早い話がおもしろい。帰りに立ち寄ったファストフード店のことをアイが「マック」と言えば、彼は「マクド」と言い、駅の上りエスカレーターでは彼は右側に立とうとしてアイとぶつかりそうになった。そのたびごとにアイは驚きつつも好奇心が刺激された。民俗研究会に入会した動機はきわめて不純ではあったが、いまやすっかりはまっていたアイにとって、沖縄同様、彼を通して知る大阪もまた異文化そのものだったのだ。すっかり意気投合し、その子とばかりしゃべっていた。そんなアイを見ていた正信はもちろんおもしろくない。徐々に不機嫌になり帰り道では喧嘩となった。あれから正信とはお互い連絡もとっていない。

アイの暮らす町と家族

結局、この日はサークル勧誘もそこそこに、早々と自宅に帰ることにした。電車を降りると駅前商店街を通って家に帰る。商店街の少し先に大手スーパーマーケットやコンビニエンスストアが進出して、この商店街も経営がなかなか大変だと聞く。それでもアイの家では、母親が忙しいときや何か一品足りないときなどに商店街の惣菜屋にお世話になっている。この店の味が家庭の味の一部になっているといえるかもしれない。スーパーマーケットで買い物をしつつも、昔ながらのつきあいで商店街を利用する人は結構多い。

商店街の先に広がるのは、昭和五〇年代に開発された住宅地である。アイの両親が、アイが生まれたことをきっかけに郊外の団地から移り住んでもうかれこれ二〇年になる。けっして広いとはいえないが、一応、庭付き一戸建てである。群馬県の農家の次男として生まれ、東京でサラリーマンとなった父親（五〇歳）と滋賀県出身の母親（五〇歳）は職場結婚をし、結婚当初は郊外の団地で生活していたが、アイの誕生で手狭になった団地から移ってきた。東京に身寄りのない若い両親にとって、一戸建ての購入は決心のいることだったはずだ。その後、六歳下の弟のショウタ（一四歳、中学二年生）も生まれ、典型的な核家族となった。五年前からは犬のポチを飼い始め、今ではすっかり家族の一員だ。

一方、群馬の父親の実家では八五歳になる祖父と八三歳の祖母が農業を営み、長男夫婦（アイの父親の長兄）とその息子のヒカルと同居している。アイの父親は三人兄弟の末っ子で、一番上の兄が家を継ぎ、その下の姉は結婚して実家の近くに住んでいる。

滋賀にある母親の実家も農業を営んでいたが、祖父母（祖父七七歳、祖母七五歳）の代でやめてしまった。母親の兄（五二歳）はサラリーマンになり、その妻は専業主婦をしている。二七歳になる一人息子、トオルと三人で実家の近くに住んでいる。トオルは今秋、結婚を控えている。アイもショウタも習慣や生活スタイルの異なる祖父母の家に行くのは楽しみであったが、実際に顔を出すのは盆と正月ぐらいのものであった。それもアイたちが成長するにつれ、家族そろって行くことは少なくなった。トオルの結婚式への出席は、久しぶりの家族旅行となりそうだ。

第1章

身体を装う

身体を飾る

「私、ピアスあけようかな」。まさか、この言葉に両親がこれほど反発するとは思ってもいなかった。アイが大学生になってからはサークル活動やアルバイトに忙しく、家族四人がそろって夕飯をとる機会はめっきり減っていた。今日は珍しく全員がそろって食卓を囲んでいた。食事をしながら、何気なく家族の前でピアスのことを口にした。弟はおしゃれだと賛成したが、両親には反対された。男性でもピアスをしている人は増えているのに、なぜ駄目なのか納得できない。大人になってマニキュアをしたり、化粧をすることには何も言わないのに。「親からもらった身体に傷をつけるなんて」というのが、その理由らしい。

だから、授業でハジチという入墨の写真を見たときは本当に驚いた。かつて沖縄の女性の手に施されたものだと教わった。ハジチを入れる理由はいろいろと言われているらしい。厄除けや女性のたしなみ、死後に他界に行くためだと教えてもらったけど、よくわからない。どういった理由にしろ、両手の手の甲にはっきりと目に見える形で印がつけられたら、本人も周りの人も気にしないわけにはいかないだろう。最近では若者の間でタトゥーステッカーが流行っているけど、これも一時的な変身願望なのだろうか。それにしても、日本では入墨はタブーだと思っていたけど、必ずしもそうではなかったようだ。なのに、いったいいつから身体を加工することを嫌うようになったのだろう。……ピアスのことはまだ諦めていない。

衣の記憶

最近では、大学生になってから始めた化粧や髪形も身体に馴染み、すっかり大人になった気分だった。ところが周りを見ると、大学生のなかにも女子高校生の制服っぽい服を好きで着ている子がいたりする。そんな話をすると母親は「私たちの頃は制服が嫌で早く私服が着たかったのに、今の子ってわからないわね」と半ばあきれ顔だ。

本来、髪型や服装は、その人の成長や社会的地位に応じて変わっていくと聞いたことがあるが、その区別ももはやつきにくい。特別な日の晴れ着と労働で着る仕事着の区別は今でもありそうだけど、晴れ着という感覚は薄れているように思う。アイも晴れ着といわれて思い浮かぶのは、七五三の着物や成人式の振袖ぐらいだ。田畑や山、海での仕事、職人や会社勤めといった職業による仕事着の違いは着ているものを見ればわかるけど、第三次産業で働く人の仕事の違いなんて制服を着ていないとわからない。仕事が終わって制服を脱ぐと、その人がどんな仕事をしているかなんて推測するのは本当に難しい。

Section 1

身体を飾る

身体は社会を覆う価値観や人々の意識を反映しやすい。自在にコントロールできそうでいて、思うようにコントロールできない存在、それがわたしたちの身体である。身体に施す装飾には直接的なものと間接的なものがある。前者の場合は、墨つけや彩色といった一時的な加工、つまり消せるものと、入墨のような消せない恒久的な加工に区分される。後者の間接的な装飾とは、服装に代表されるような、身につけて状況に応じて変えることが可能なものが主となる。なお、入墨は文身《ぶんしん》や刺青と表記されたり、彫り物と呼ばれることもあるが、ここではすべて入墨と表記する。

消せる装飾

一時的な化粧や彩色によって身体を変化させる事例は、さまざまな儀礼のなかで今でも見ることができる。たとえば赤ん坊の宮参りの際に、その額に墨や紅で大小の文字や記号を書いたり、二月一日に四二歳の厄年の者が顔に墨を塗ってもらったりといった事例があげられる。赤ん坊があの世からこの世の者へと移行する中間状態に行う儀礼や、時間の変わり目として認識される二月一日や一月一五日の小正月に、人生の変わり目とされる厄年の厄を払い、両方の変わり目を重ねることで再生をより強調するのは、あいまいな状況を乗り越える手段であった。

化粧もまた一時的な装飾である。時代をさかのぼってみれば、神事の際に神を模して舞うときには男女を問わず化粧をし、神霊が乗り移ったことを示していたとされる。それが次第に美を装い、他者に見せることを重視するようになったといわれている。平安時代から鎌倉時代には男性の化粧も珍しくなかったが、江戸時代以降になると化粧は女性と子どもが行うものとなった。次第に、肌の手入れをはじめ身を飾ることは女性の特権のようになり、とくに口紅や頬紅、アイシャドウ、マスカラ、眉毛の手入れなどは、女性の領域となった。しかし、近年ではスキンケアのみならず、化粧をする若い男性が登場している。「女性にもてたい」という願望だけでなく、自分の素顔を隠し、本音を他者に知られ

図１　明治末期の家族写真（長野県松本市）
子どもを抱いた女性の髪形が丸髷。

図２　大学の卒業式（東京都，2015年）

たくないという自己防衛の側面もある。

髪形もまた当人の成長と社会的状況に応じて変化する。たとえば、かつて女性の髪形は若い娘は桃割れ、成人した未婚女性は島田髷《まげ》、既婚者は丸髷といった髷の形や結い方によって区分があった。明治以降には結った髪からおさげ、おかっぱへと世相や流行を反映した形へと変わる。男性も学生と社会人、職人とサラリーマンあるいは自由業といった、職業や状況を髪形から推測することができた。

化粧や髪形を変えることは変身願望の表れともいえる。どのように変身するかは、その時代の美意識を映し出す。女性の豊かな身体にふっくらとした頬、細い目を好む時代もあれば、現代のように、より細身の身体に大きなぱっちりとした目や長い睫毛《まつげ》を好む時代もある。手っ取り早く身体を時代の理想形に近づけるための整形手術は、以前よりも身近なものとなった。理想形を目指すあまりの自己の身体に対する過剰な反応は、他者の身体にも向けられ、いじめ問題ともつながりかねない。

消せない装飾

一度装飾すると恒久的に残るものもある。女性が一人前となり結婚の対象となったことを示す、歯を装飾する鉄漿《かね》（お歯黒）や手を装飾する入墨が存在したが、明治時代の政府の禁令によって過去のものとなった。そこから浮かび上がるのは、加工された身体は社会的意味を帯びる、ということである。消すことのできない装飾はそれほど大きな意味をもつことになる。民俗学における身体加工に関する基礎的文献は、これらを取り上げたものが大半である。

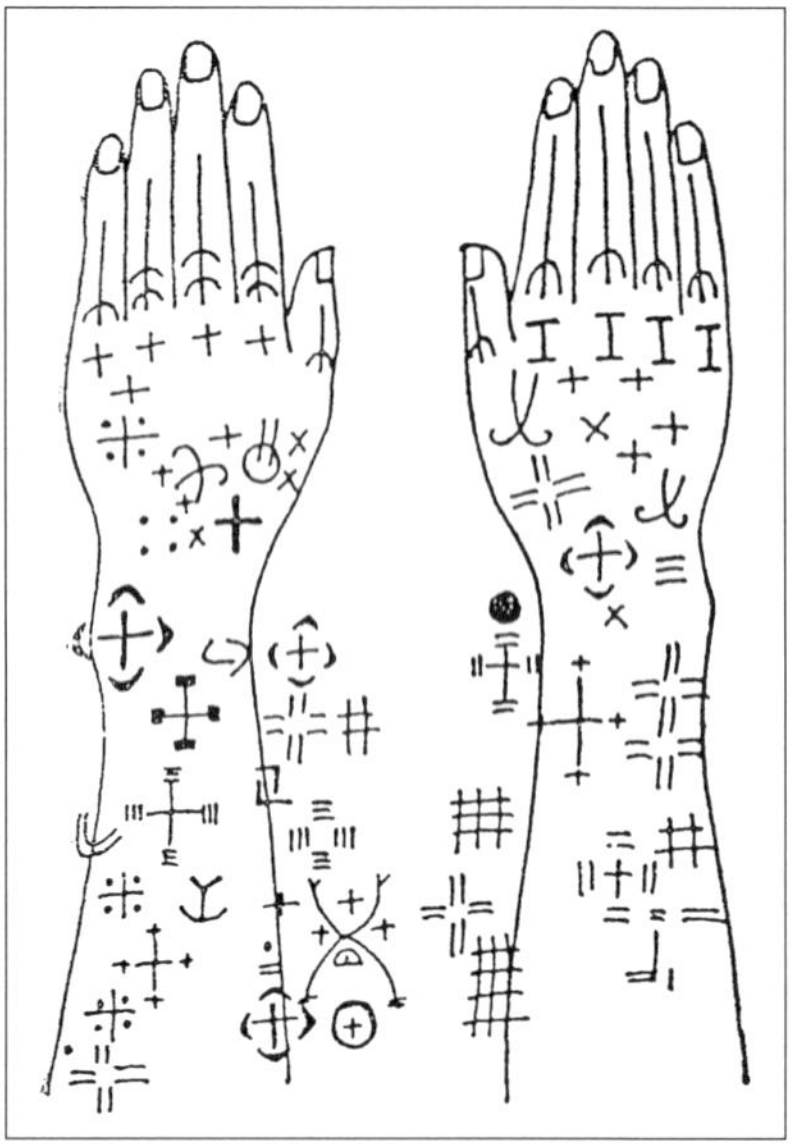

図3　沖縄（宮古島）のハジチ

入墨自体の歴史的変遷をみると、入墨は三世紀末の『魏志倭人伝』に登場する。漁民が潜水時に身を守るために入れた入墨は、その後は非農業者が施していたとされる。近世には刑罰の印として罪人に入墨が施されたが、一八七〇（明治三）年に廃止されている。

これらとは別に、差別や禁止の対象ではない入墨を生活のなかにとりこんでいたのは、北海道のアイヌと南西諸島の島々である。南西諸島では二〇世紀の初頭まで、女性の手から肘下《ひじした》にかけてハジチ・ハズキ（針突）といって、墨や朱などをすり込み、模様を入れていた。沖縄、奄美、宮古、八重山といった各諸島で図柄は異なっているだけでなく、多様な意味をもっていた。小原一夫の「南島入墨考」には、一九三〇年から三二年頃にかけて収集された、各島の入墨の丹念なデッサンが収録されており、貴重な資料となっている。当時のこの地域の女性たちにとっては、手の入墨は一人前の女性として必要不可欠であり、入れていない女性はあの世に行けないと信じられていた。他者の目に触れる手に施術することで、自らの出自や年齢、階級を示すと同時に誇りであり、美でもあったことがうかがえる。痛みは伴っても、それに耐えるだけの意味があったのだ。

さらに、入墨に関する調査の途中に出会った老婆が、収集された図のなかに娘のそれを見つけ、他の島で暮らす娘を案ずる気持ちをあらわにした瞬間を報告したものもある（谷川、一九八五）。女性の手の入墨は、その出自を示す重要な情報であったことがわかる。職業や特定の集団の帰属を示す入墨もある。近世には職人や人夫の間で入墨が流行り、幕府が禁令を出したことが江戸時代の百科事典『守貞謾稿《もりさだまんこう》』にも記されている。明治期前後の入墨をめぐる政府の動きについても、これまでの研究で、明治二年に出された「身体へ黥《いれずみ》スルヲ禁之議」には、欧米の目を意識し、入墨は「外国人に対して恥ずべきこと」「悪風」であり、彫師も取り締まりの対象とするべきだという意見が議員から出されたことが指摘されている（斎藤、二〇〇五）。入墨をめぐる一連の動きは、異文化との接触のなかで、従来の価値観が揺らぎはじめたことを示す一例といえるだろう。

本土でのこうした動きに伴い、南西諸島でもハジチは禁止されていく。一八七九（明治一二）年の琉球処分を契機として、一八九九年には沖縄県にハジチ禁止令が出され、次第に消えていく。その際に、当事者であった島の女性たちの意識も変わっていった。たとえば奄美出身者が本土で出世し、母親を呼び寄せたところ、母親の両手のハジチが奇異な目で見られ、恥ずかしい思いをするようになったという逸話がある（山下、二〇〇三）。ここにも、島の生活と異文化が接触し、島の価値観が徐々に変化していく過程が見えてくる。

しかしその一方で、本土ではすべての入墨が消滅したわけではない。職人や特定の仕事に携わる人々の間で入墨は続いている。東京で一九〇七（明治四〇）年に生まれ、一九八二（昭和五七）年まで木場で働いた職人からの聞き書きによると、当時の木場で働く人の大半が入墨を入れていたと記されている（東京都江東区総務部広報課、一九八七）。痛みに耐える、そのがまん強さを競う気持ちや、仲間の大半が入れていると入れていない者は仲間はずれのような感覚になる、というのが入れる理由であったという。

このような、痛みに対するがまん強さとそれを誇示し、自己表現へと転換していくのは任侠の世界で生きる人々にも通じるものである。禁止の対象であった入墨を入れるのは、ヤクザ自体が禁止と排除の対象であり、社会と一線を画していることの表示である。かつて任侠の世界に身を沈め、肩から肘あたりにかけての両腕に入墨を入れた人物によると、一針施した瞬間に、任侠の世界に入る重みを感じ、痛みに耐えることがその覚悟でもあるという。さらにもめごとが起きたときに、同業者と一般の人を見分ける際の一応の区分となっているようだ。だが、現代ではこのような入墨を入れているのは必ずしもヤクザとは限らない。普通の生活を送る人が、個人の好みで彫り込むことも増えている。

身体加工に対する抵抗感

身体に直接装飾を施すことは、以前に比べると比較的抵抗が少なくなっている。耳を中心とした装飾、ピアスは若者を中心にかなり広まっている。ピアスと同様に、徐々に若者に浸透している身体加工として取り上げられるのはタトゥーであろう。タトゥーが足首や腕に施されているのを見かけることは、それほど珍しいことではない。黒い墨でワンポイントで施されることの多いこれらのタトゥーに比べ、肩や背中、あるいは全身に入墨が施された身体は、現代でもその身体の持ち主をアウトローとして位置づけることが多い。ワンポイントのタトゥーに対しても比較的寛容にはなったが、それでも社会規範に反する出来事が起きたときは攻撃の的になりやすい。これは、タトゥーや入墨をいったん施すと一生涯消すことができない、という点に関わっている。ここに長期間放っておけば穴がふさがるピアス、つまり半恒久的、との違いがある。消えない、消せないがゆえに、タトゥーや入墨は社会的な状況を示すものとして機能しているといえる。

筆者は東京都内のふたつの私立大学で授業中にタトゥーとピアスに関するアンケートをとったことがある。授業は両大学とも全学部の学生が受講しており、A大学は全学年、B大学は三年生以上が対象であった。その結果、A大学では有効回答数二二七人中、タトゥーを入れている学生はわずか一人であった。大半の学生はタトゥーをいれていなかったが、七七人（男二二人、女五五人）がピアスをつけていた。またB大学では有効回答数一七五人中、タトゥーをいれた者はゼロであった。ピアスをしている者は四六人（男一五人、女三一人）いた。

アンケートでは、タトゥーとピアスに対してどのような認識をもっているか、記述式で回答してもらった。「タトゥーをどう思うか」という問いに対しては、「かっこいい」「個人の自由だ」と「怖い感じ」といった内容に大別される。また「消えない」「銭湯や温泉に入れない」といった日常生活での不便さや、「親にもらった身体に傷をつけるのはどうか」といったことを、タトゥーへの抵抗感としてあげる者も多かった。「どの程度であれば許容範囲か」という問いには、「見えないところ、ワンポイントなら許容範囲」という意見が多い。腕は許容できても、背中に対する拒否感は強いのも特徴的であった。

ピアスに関しては、本人のピアスの有無にかかわらず、「ファッション性」をその理由に許容する者が圧倒的であった。ただし、その多くは耳以外（たとえば唇や鼻、ヘソ、耳でも複数個）には抵抗を示す。ごくわずかであるが、「親に怒られた」「身体に穴をあけることは嫌だ」「自分の子どもにはさせない」といった者もいるが、大半は親や家族の反応は無関心に近かったという。母親がピアスをしているので、とくに何もいわれなかったという女子学生も数人おり、身体加工のなかでもピアスは定着しつつあるといえよう。穴をあけた時期は、高校生のころ、とくに卒業前後から大学入学後にかけての時期が多い。校則などさまざまな制約から解放され、新たな刺激を受ける時期と重なっている。

以上のことから推測できるのは、身体を加工することは、自らの状況変化を具体的に意識する手段である、ということである。しかし、それはあくまでも元に戻すことが可能な変身である。反対に、タトゥーには興味をもつ者はいても、実際に施す者は少ない。そこには個人の自由といいながらも、無意識のうちに「秩序」と「反秩序」の線引きがなされている。境界線自体は「見えないところ、ワンポイントなら許容」というように徐々に揺れ動く。逆にいえば、「見える」ことや、広い範囲で施された入墨は、自らの状況を受け入れ、それらを誇示することを覚悟することになる。このように、現代においても身体への直接的な装飾は、自らの意識はもとより、それを取り囲む社会規範をも浮き彫りにすることになる。

都市伝説との関係

現代ではピアス自体は珍しくなったが、流行りはじめた一九八〇年から九〇年代にかけては、ピアスに対する関心と不安が都市伝説となって流布した（都市伝説については第5章第1節参照）。自分で耳に穴をあけた者が、穴から出てきた白い糸を引っ張ったところ、それが切れて失明したという話がまことしやかに広がった。白い糸とは視神経であった、というわけだ。身体の表面に一時的につけるのではなく、耳を加工することに対する不安がこのような話となったのであろう。しかも、病院に行かずとも自分でできる、という手軽さが逆にこのような不安を引き起こしている。先述のアンケートでも、ピアスをしている大半の学生が、自分でピアッサーや安全ピンで穴をあけており（なかには友人にあけてもらった者もいる）、安価に手軽にできる身体加工であることがわかる。病院であけた場合でも一万円以下の安価であった。さらに、当時この話の主人公となるのは若い女性であり、ピアスというアクセサリー自体が日本では女性の領域であったことがわかる。しかし、先述のアンケートからも明らかなように、ピアスは女性だけのものではなく、いまや男女を問わないおしゃれへと変わりつつある。

着脱可能な装飾

衣装もまた、身体を装飾しさまざまな状況を映し出す。年齢や社会的位置づけ、ハレとケといった状況は流動的であるがゆえに、その状況を示す装飾もまた可変的である。

図4　烏帽子をかぶった男性（滋賀県東近江市の伊庭祭り）

着物の場合、使用する反物の長さと裁ち方によって、一つ身、二つ身、三つ身等と呼ばれ、成長に合わせて変えていった。生まれたばかりの子どもに着せる一つ身仕立ての産着《うぶぎ》にはじまり、三歳になった子の三つ身の着物、五歳になった男児の袴着、七歳になった男女の四つ身の着物、子どもから大人へ移行した印として、男子の烏帽子《えぼし》着や褌《ふんどし》着用、女子の腰巻着用というように、衣装は年齢を知る手だてであった。学校に通うようになると、制服が社会的な帰属を知る手だてにもなった。ある一定の年齢層を示すだけでなく、制服が示す学校名は生徒の生活状況を暗示することもある。それが創られたイメージであれ、服装自体が情報を発信するのである。これを逆手にとって、私服の学校に通いながら、制服らしい服を身にまとい、女子高校生という特定の年齢層と属性のもつイメージを発信するような動きも見られる。

衣装はハレとケの区別も明確にする。宮参りや結婚、葬式をはじめとする冠婚葬祭には晴れ着を身につけ、日常とは異なる過ごし方をする。祭りの衣装もその担い手の序列を可視化する。衣装を身につけること自体が地域のウチとソトを示すだけでなく、半纏《はんてん》の模様や手ぬぐいの色で経験や貢献度を表す場合もある。日常の労働の際に着る、機能性と耐久性を備えた仕事着と対照的な色や材質を使うことで、ハレの状況をより意識させることになる。

このように、衣装はそのときどきの状況を周囲に示すと同時に、当人もそれに見合った行動をとることが期待される。そこに社会の規範が反映されるがゆえに、そこからはみ出し、服装や髪形を通して抵抗や攻撃を示すこともある。一九六〇年代後半の長髪や髭、ベルボトムのジーンズ、七〇年代後半の暴走族ファッションや髪形などは、既存の価値観への抵抗を示していた。八〇年代以降は、茶髪が徐々に若者の間に浸透していく。それまでは、髪を染める若者は不良であるとみなされていたが、このころからファッションとして男女を問わず浸透し、ピアスと同様にいまや若者にとってはおしゃれの一部となっている。それは、年齢や社会的位置づけ、ハレとケといった区別を自他共に示すものではなくなっている。

（中野紀和）

読書案内

小原一夫「南島入墨考」谷川健一編『南島の村落』（日本民俗文化資料集成九）三一書房、一九八九年。

＊南島のハジチ研究の基礎的文献である。島ごとに詳細な調査を行い、女性の手の文様を一人ずつ採録している点が本書の最大の特徴である。そこから各島の特徴と傾向を見出し、南島のハジチ文化の全体像を描いている。

東京都江東区総務部広報課『古老が語る江東区の職人たち』（江東ふるさと文庫一）一九八七年。

＊江東区の歴史を伝えるために、聞き書きを集めた文献である。そのなかのひとつに、明治生まれの職人からの聞き書き、「一六の時からからはじめて刺青棹、〝ナメ〟になる腕をためす水と材木」が収録されている。職業と結びついた刺青の報告である。

斎藤卓志『刺青墨譜――なぜ刺青と生きるか』春風社、二〇〇五年。

＊現代の刺青を取り上げ、聞き書きの手法によって普通の人々と刺青との関係を論じている。民俗学のみならず考古学などの隣接領域の先行研究にも丁寧に論及している。

池田香代子・大島広志・高津美保子・常光徹・渡辺節子編著『日本の現代伝説　ピアスの白い糸』白水社、一九九四年。

＊一九八〇年代以降に現代伝説として流布するハナシを、ハナシが登場した状況も加味しながら収録している。ハナシは五つのカテゴリーに分類されており、そのひとつに「人体」がある。人体を部分として扱うハナシを通して現代社会を考察している。

参考文献

沖縄県教育文化課編『沖縄県文化財調査報告書第四十六集、宮古・八重諸島等針突調査報告書』沖縄県教育委員会、一九八三年。

谷川健一「水草の花」『南島の村落』講談社学術文庫、一九八五年。

山下文武『奄美の針突』まろうど社、二〇〇三年。

読谷村立歴史民俗資料館編『沖縄の成女儀礼　沖縄本島針突調査報告書』読谷村教育委員会、一九八二年。

Section 2
衣の記憶

日本人と衣服

現代の日本人は、明治以降輸入し、第二次世界大戦後急速に広がった西洋的な服飾文化のなかで暮らしている。普段着ている衣服を洋服・服と呼び、それまでの衣服は和服・着物と呼んで区別している。いずれにせよ今私たちは複数の衣服から選んで、着たいものを着ることができる。しかしたくさんの衣服をもてるようになったのは、ごく最近のことである。かつては女性たちが糸を紡ぎ、布を織り、着物に仕立てることができた分だけが新しい衣類として供給されたため、盆・暮など年に二回新調できればよい方だったといわれている。現代では食糧自給率ならぬ衣料自給率は○パーセントになっている一方で、衣服の量販店の登場により、ファストフードならぬファストファッションという言葉も生み出され、衣服は消耗品化している。高度経済成長期を経て大消費社会となった現代においては、私たちの祖先が長く営んできた自給的衣生活について、日常生活のなかで知ることは難しくなっている。

衣服の様式の変化は、着るために、あるいは着ることによって、生み出される身体感覚にも影響をもたらす。着物の場合は、体重の増減や背の伸長などの多少の身体の変化があっても、直すことなく、そのままの形のものを身体に合わせて着ることができるが、洋服はそうはいかない。洋服の場合は、決まったサイズ・形に体を合わせなければいけないため、身体の変化に敏感に反応してしまうことになるのである。また私たちは明治以降、西洋的な服飾文化を輸入したが、それに伴う身のこなしまで輸入できたかというと、おそらくそうではないだろう。たとえば、ズボンの膝《ひざ》が出る、内股歩きの女性、靴の履き方がなっていないなどと指摘されることがある。ズボンの膝が出るというのは、ズボンを履いたまま正坐やしゃがむ姿勢を繰り返すことによって、膝部分の生地が伸びてしまい、膝がポコッと出ているように見えることをいい、洋服という服装文化は受容したものの、洋服に伴う身のこなしや所作、振る舞い、仕草までは、体得できていないのではないだろうか。衣類を身につける身体とその使い方についての視点も重要になってくるのである。

　現代社会においては、かつてと同じような衣生活の研究を進めることは困難になっている。これからはかつて見過ごされてきた視点や、過去の布のあり方やそれに伴う身体感覚を見直す視点も重要になってくる。

衣料の変遷

　衣服を調整するのは女性の大切な役割とされていたが、衣生活のなかで最も激変したのが調整の問題であろう。衣生活が自給的に行われていた時代には少女が一人前の大人として認められるには、一反の布を織りあげる、裏地の付いていない単衣の着物を縫い上げるなど、衣類を調える能力が求められた。そして嫁入りして家族の衣類を調える役割が期待されるようになると、素材を調達する能力も必要とされたのである。

図1　機織り（滋賀県米原市）

図2　古稀祝いの曾祖母（鹿児島県大島郡，1950年頃）
和服に紋付き羽織りを身につけている。

　現代社会はどうであろうか。衣服の調整どころか、自分が着ている衣服の材料（衣料）についてさえ、すぐに答えることができる人はいないのではないだろうか。衣服の裏には洗濯の仕様と素材について記された「品質表示」のタグがついており、これを見てはじめて素材が何かを知るというのが実態であろう。

　身の回りの衣料を確認してみると、麻（苧麻〔ちょま・からむし〕、大麻、リネン）・絹（シルク）、木綿（コットン）、ウール（羊毛）、カシミヤ、パシュミナ、ダウン、フェザー、アクリル、キュプラ（銅シルク）、ナイロン、ポリウレタン、ポリエステル、レーヨン（人絹・スフ）などがあり、半分が天然繊維、あとは化学繊維（化繊）と呼ばれる人造繊維である。

　このなかで日本人が古くから用いてきた素材は麻・木綿・絹だけで、家庭で衣類の調整を行っていた時代には、こうした素材も

図3　麻蒸し（滋賀県米原市）

ある程度は自給する生活が求められたのである。麻や木綿は畑で栽培するが、布といえば古くは「麻布」をさすほど、麻は古くから栽培され、広く国内にゆきわたっていた。一方、木綿は、麻と絹に比べればそれほど古くから用いられた素材ではなく、室町期以降日本にもたらされ、江戸期に広がった。絹は、蚕の繭から糸が作られる。そのため蚕に桑の葉を与えて養い、繭になるまで育てなければならず、貴重なものとして知られた。古くから租税としても用いられ、一般には晴れ着の素材として使用され、明治期には主要な輸出産業にもなった。

こうした原料から繊維を取り出して糸に加工するには独特の技術が伝えられ、手間がかかった。麻は、二メートルにも達する茎を蒸して皮をむき、皮を細く裂いて紡ぎ（苧《お》績《う》み）、糸にする。手の早い人が毎晩三時間ずつ苧績みと呼ばれる作業を行っても、布一反分の麻糸にするには一四日要したといわれ、糸をつくるだけでも気の遠くなるような手間が必要とされた。しかし我々の祖先が用いてきた繊維はそれだけではない。表1は衣料として用いられてきた植物をまとめたものであるが、樹や草などさまざまな植物を採集、栽培して、繊維として用いていた。ぜんまいの綿毛を採集して糸にし、布に織りあげていたとは、どれほどの時間と手間がかかったことか、今からは想像もできない。

手間暇かけて繊維を取り出し、撚《よ》りあげ、糸を紡ぎ、色を染め、機で織りあげるという作業を経てはじめて、着物地の布ができあがるのである。そして身体の大きさに合わせて布を裁ち、縫い合わせてはじめて着物に仕立てあがる。着物は、布地を直線裁ちして細長いまま縫い合わせて仕立てられているため、傷んだら、ほどいて入れかえて縫い返し、また着続けることができる。さらに傷むと継ぎはぎをして使い続けていくが、傷みが激しく着物として使えなくなると、またほどいて再利用した。状態のよいものは赤ん坊のオムツに縫い直すこともあり、大人の着物一枚からはオムツが七枚とれたという。残りはさらに端布やぼろとなり、細かく・すり切れた布でも継ぎはぎに使うことができた。絹などの上質な物は、子どもの晴れ着として仕立て直すこともあった。また金沢の百徳《ひゃくとく》着物のように、子どもの健やかな成長を願い、そうした端布を集めてパッチワークのように仕立てられた着物なども見られる。手間をかけて調整された衣服は無駄にすることなく再利用されていた。

筆者の一九二〇（大正九）年生まれの祖母は機織りをしていたと聞いたことがある。あらためて母に確認してみると、第二次世界大戦後、アメリカ統治下にあった奄美大島の片田舎（現 鹿児島県大島《おおしま》郡瀬戸内《せとうち》町管鈍《くだどん》）において、当時小学校低学年であった母は、大島紬を織る祖母を見ていたという。昭和二〇年代のことである。自家用だったのか売り物だったのか今となっては確かめようもないが、二世代前には衣類を自給できる世代が確かに存在していたのである。一方、高度経済成長期の昭和四〇年代に生まれた筆者にとっては、物心ついたときから衣服はすでに買うものであった。小学校の家庭科では針の使い方を学び、ボタンの縫い付けやかがり縫いなど、簡単な繕い物はできるようになった。しかし二〇〇〇年の学習指導要領の改訂によって、家庭科の学習から被服の実技が大幅に削減された。小学校では衣服のほころび直しが削除され、中学校では被服製作が選択的履修となり、その一方で「消費」教育が重視されるようになった。教育の上でも、衣服はつくるものから買うものへと転換し、よい調整者から消費者の育成へと転換が図られたのである。

日本の衣服をめぐる環境は、明治期から第二次世界大戦前後にかけて大きく変化した。和から洋へ様式は変化し、そして素材から自給自作できる世代、素材は購入するが自作できる世代、そして

表１　植物性衣料の種類

樹　皮	草・草皮
木通（あけび）	藜（あかざ）
莔麻（いちび）	蕁麻《いらくさ》（あかそ・あいこ・おろ）
穀（かじ）	麻（大麻）（あさ）
葛（くず）	亜麻（あま）
苦参（くらら）	芋（いも）
欅（けやき）	苧麻（からむし・あおそ）
楮（こうぞ）	薇（ぜんまい）
科（しな・まだ）	綱麻（つなそ）
棕櫚（しゅろ）	真麻蘭（まおらん）
椿（つばき）	深山寒菅（みやまかんすげ）
藤（ふじ）	茗荷（みょうが）
葡萄（ぶどう）	木綿（もめん）
芙蓉（ふよう）	山苧（やまそ）
篦（へら）	
木槿（むくげ）	
山柿（やまがき）	
山藤（やまふじ）	

注：１．引用文献の植物の種類が判明しないものは除外した。
２．植物名は，地方名で通用している場合もあり，ある地方の植物と実際の学名とが必ずしも対応しているわけではない。
３．現在の「麻」は，大麻（ヘンプ）・苧麻（ラミー）・亜麻（リネン）の総称となっている。

図4　小学校入学式（東京都内，1975年）

列席する母親たちのほとんどが和服に羽織りを身につけている。

図5　中学校入学式（東京都内，2013年）

和服の保護者は１人もいない。

現代では、既製品を購入し消費する世代へと転換した。

衣服の機能と表象

衣服にはまた、身につけることによって性別、職業、階級、日常と非日常の区別などを表す表象としての役割もある。表象の場合、必ず着ることが求められ、また着るための規範も必要とされる。

これまでは、仕事着や晴れ着といった生活の中で実際に使用されてきたモノ（民具）を通しての衣服の研究が多くなされてきた。普段着とは夜間や農閑期に着る物をいうが、日常生活においては仕事着のまま過ごすことも多く、普段着と仕事着を明確に区別することは難しかったともいわれている。仕事着では、身丈の長短によって長着を用いるワンピース式、上衣と下衣に分かれたツーピース式、元禄袖・筒袖・角袖などの袖の形、股引《ももひき》や山袴《やまばかま》など下衣の形や名称など、地域性や職種に注目して、研究が行われてきた。晴れ着とは、盆・暮・正月・祭りなどの年中行事の行われる日や、初宮参り・七五三・成人式・結婚・年祝い・葬送の場などの人生儀礼の行われる日に特別に用意され、身につける着物をさした。晴れ着の仕様は、身分や経済状態、込められる願いなどによって大きく異なってくると思われるが、大きくは二種類あり、ひとつは新しく仕立てられた着物をいい、大事に着るが、着古されるとやがては仕事着へと変化するもの、もうひとつは人生儀礼が行われるなかで特別に仕立てられる着物であった。現在ではハレの日という意識自体が減少し、晴れ着を着る機会自体も減っている。ほかにも日常・非日常を含めて用いられた手拭いや笠などの被りもの、履き物などの研究も行われてきた。普段着・晴れ着、いずれにせよ着物とその文化が日常生活から消えたため、従来通りの研究には限界が来ており、モノありきの研究において現代的な視点への転換が必要とされている。

　こうしたモノありきの衣類研究の視点に対し、衣類の社会的機能に注目した視点をもつこともできる。日本人の日常着は洋服に変わったが、それでもハレの日にだけは和服を着る人たちもいる。また現代社会においては、日常生活のなかでかつて以上に着るものを明確に分けるようになっている。学生や勤め人など、学業や労働に従事している間は、家庭生活と切り離すために専用の衣服を着用するようになった。学生服や制服、スーツなどがわかりやすいたとえであろう。会社員の男性は、暑い夏でもワイシャツにネクタイを締めてスーツを着ている。省エネが推奨される最近でこそクールビズといって、ネクタイを外したり、上着を着なかったりというスタイルが励行されているが、営業職の場合には着崩していない男性も多い。リストラされた会社員がその事実を家族に告げられず、毎朝スーツを着て家を出るという、笑うに笑えない話もあるが、スーツさえ着ていれば、たとえ仕事をしていなくても世間の目には会社員としてうつるのである。また一時期、農業に新規参入する若い女性たちが増え、マスコミからノギャルと呼ばれてもてはやされたことがあった。そこで注目されたのは、農業に縁がないということももちろんだが、若い女性らしく仕事着にファッション感覚を取り込むことによって、従来の農家の女性の機能性を重視した仕事着の既成概念を打ち破り、農作業にもおしゃれを持ち込もうとした姿であった。

　そして近年はファッションとしての着崩しや中性化が増えてきている。男女問わず、腰パンといわれる下着が見えるまでズボンをおろした状態ではいたり、身丈が短く、フリルの襟などをつけて、ミニワンピースのように着る浴衣など、かつての洋服や着物の概念をファッションという名の下に打ち破りつつある。

　かつては、モノありきの研究に重点がおかれてきた一方で、衣服を身につけない状態や着崩しについての視点はほとんどなかった。しかし日本の自然や労働環境のなかでは、これも長着（着物）の文化ではあるが、ときに半身や片身を着脱するなど、衣服を着崩す文化があったのも確かである。現代人にとって裸は恥ずかしいものであるが、明治期に日本にやってきた外国人は、日本人は男女ともに裸体に寛容であったことを指摘している（モース、二〇一三）。西洋的な文明化政策のもと、一八七二（明治五）年の東京府違式詿違《いしきかいい》条例など、裸体を禁止する条例が次々と施行され、裸体に対する価値観が変化していくことになった。しかし「裸と素っ裸」「肌と素肌」「一肌脱ぐ」などという言葉を思い出してみても、何も身につけない状態にも差異があるように感じられる。日本人にとって裸とはどのような状態なのであろうか。浮世絵には上半身裸の女性がいくつも描かれている。また時代劇でよく見られるように、たしかに着物の上半身はとても脱ぎやすい形をしている。時代が下った高度経済成長期の東京の下町では、夏になると上半身裸で白いステテコを履いたおじさんが外の縁側に座っている姿がそこかしこに見られ、地方の海岸部では、素潜りで海に入りアワビやウニなどを採る海女たちが、腰布一枚をつけるのみで上半身はあらわにして海に潜っている姿も見ることができた。また農家では、夏の昼寝の時には、男女共に上半身裸で寝ていたという話を聞くことができる。また各地で行われる裸祭りなど、神仏の前ではほとんど衣裳をまとわぬ姿になることもある。明治以降変化したとはいっても、少し前までは、上半身何も着ない状態は男女ともに羞恥の対象ではなく、裸体の認識は薄かったのではないだろうか。

日本では、良きにつけ悪しきにつけ、明治以降の欧米的な価値観のなかで物事をはかってきた経緯がある。しかしグローバルスタンダードが叫ばれる現代社会においては、かえって自文化についての認識が求められている。日本人の裸体や着崩しに対する認識や、着る・着ないことを含めた衣服の価値観について、あらためて日本の風土に即して考えてみる必要がある。

衣服と身体技法・身体感覚と皮膚感覚

柳田国男は、衣服の素材の変化が物腰に変化を及ぼし、皮膚感覚にも影響を与えたと述べている。少し前の日本人の身のこなしや所作を知るには、日本舞踊や歌舞伎などの伝統芸能、民俗芸能を見るといいだろう。歌舞伎で誇張された女形のすり足、助六の六方《ろっぽう》に代表されるような右手・右足、左手・左足など体の同じ側面が同時に動くナンバ歩き、袖の袂をたすき掛けして働く姿など、着物ならではの所作を見ることができる。すり足やナンバ歩きは、着物の所作としてはとても理にかなっているように見えるのである。

長着の着物を着ていた時代には、裾がめくれないような歩き方が必要とされ、女性の場合は内股で膝をするように歩くすり足での歩行など、衣服に見合う身体技法が確立されていた。そのうえ、着物は前で合わせて帯を締めているだけ

図６　ナンバ歩き

３人の動きはどれも右手・右足，左手・左足がそれぞれ同時に出るナンバ歩きを描写している。

の簡単な着方であるため、左右の手と足を交互に動かすより、身体の同じ側の手と足が出るような所作の方が、前で合わせただけの着物を着崩さない所作として理にかなっているのである。また、欧米人の腰歩行に対して、日本人は膝歩行であるといわれているが、山がちで平地は少なくアップダウンの多い土地柄で、長着の着物を着て、腰は帯で固定された状態で歩いていると自然と膝でバランスをとるようになるのもうなずける。そのうえ、日本人の坐位は、基本的には腰を落として膝を深く曲げる姿勢が多く、労働や休息の姿勢しかりであり、日常生活自体、膝をよく曲げるようにできていた。

腰を入れる、腰が入っていないなどという言葉もあるが、これらは腰を立てる姿勢と連動している。腰痛持ちの人が、腰痛バンドという帯状のもので腰を締めるように勧められることもあるが、腰痛バンドは着物の帯と似た構造で、締めることによって腰を立てる効果が期待され、同じ要素をもつ着物を着て腰痛をやわらげるという人もいる。現代人が着物を着ると身体が自由に動かず、窮屈な思いをするが、そのことが実は腰を固定し安定させる機能を果たすのである。かつての日常では労働や休息などの生活様式において、腰は固定して安定させ、一方で膝関節には柔軟な動きが求められ、衣服もそれに見合う構造をもっていた。こうした着物で確立された身体技法の名残りを残しつつ、現代では洋服の生活に変化したのである。

また、前述のように、現代の衣服の素材は多様化し、化学繊維が多用され、消耗品化した。そうしたなかで、かつては衣生活の一部として作られ、使用されていた衣料品で、現在では衛生関連の消耗品へと変化してしまったものもある。女性の生理用品と赤ちゃんのオムツである。これらはかつては使い古しの、新品よりも柔らかくなった布を再利用して作られていた。日本では戦後新技術の開発や技術改良が進み、一九六一（昭和三六）年に女性用の生理用品として使い捨ての便利な商品が開発され、その後次々に改良されていった。改良された技術はオムツに転用され、現代人の生活に欠かせないものとなっている。しかし一方で、現代でも布オムツを使い続ける人々もいるし、最近では生理用品に関しても、洗って再利用する木綿などの素材から作られた布ナプキンが注目されている。これらを使う人々は、自然素材の布の暖かさ、身体へのやさしさなどをあげている。布ナプキンを用いる女性は、冷え症が改善され、アレルギーのような症状が改善されるとか、洗って再利用することによって、自分の体を再認識することにもつながるなどと述べている。紙オムツの場合は、排尿感覚に鈍感になり、オムツの取れる年齢が遅くなるとか、おしりかぶれなどの問題が起きるが、布オムツによって改善されるなどという話も聞かれる。布は、濡れると肌にまとわりつき、非常な不快感が発生する。だからこそ、乾いてさっぱりした感覚の布を要求する。不快さは感覚を鋭敏にし、身体により意識が向かうという点が肝心なのかもしれない。衛生用品に関しての、消耗品の使い捨てから自然素材の再利用への回帰からもまた、皮膚感覚や身体感覚を大切にし、取り戻そうという意識が読み取れるのである。

現代の日本人の衣服は表面的には欧米化した。一方で衣生活のなかから失われてしまった身体感覚を取り戻そうという潮流も生まれている。それは、かつて表裏一体であった不快さと感覚の鋭敏さの関係をとらえ直し、現代の快適さのなかでいかに感覚の鋭敏さを取り戻すか、といった視点につながるのである。それが過去の知恵の再利用であり、より快適な生活を生み出す知恵となるのである。

（鈴木明子）

読書案内

増田美子編『日本衣服史』吉川弘文館、二〇一〇年。
＊縄文時代から現代にいたる日本人の衣生活についての大きな歴史的流れを知ることができる基本的文献である。服装・髪型・装身具をはじめとして、喪服の変化や流行の変遷など、時代ごとの変化をおさえることができる。
三田村佳子・宮本八惠子・宇田哲雄『物づくりと技』（日本の民俗一一）吉川弘文館、二〇〇八年。

＊所収の宮本八恵子「Ⅱ　身体と技」では、昭和戦前期を最後に衰微した所沢飛白《かすり》の再現を通して、布を織りあげ・着物に仕立て・着用して洗い・着古し・縫い返して再利用するという、布作りと布使いの全工程を実践している。そして着用の実践によって布使いの工夫や身体行為との関係性を見出し、衣服と身体との関係について新鮮な視点をもたらしてくれる。

中谷比佐子『きものという農業』三五館、二〇〇七年。

＊「きものは農業から成り立っている」と、かつては至極あたりまえだったことに改めて気づかせてくれる一冊である。ひとくちに和服といっても、衣料自給率が統計上〇パーセントとなっている日本において、原料は国産ではなくなっている現実が浮かび上がってくる。

田中忠三郎『物には心がある。』アミューズエデュテイメント、二〇〇九年。

＊民具収集に一生をかけた著者の調査・収集人生が綴られており、青森を中心とした厳寒の地での少し昔の衣生活について知ることができる。三万点のコレクションのうち、南部「菱《ひし》刺し」と津軽「こぎん刺し」などの七八六点が国指定重要有形民俗文化財に指定されている。

参考文献

神奈川大学日本常民文化研究所編『神奈川大学日本常民文化研究所調査報告第一一集　仕事着――東日本編』平凡社、一九八六年。

神奈川大学日本常民文化研究所編『神奈川大学日本常民文化研究所調査報告第一二集　仕事着――西日本編』平凡社、一九八七年。

国立歴史民俗博物館編『布のちから　布のわざ』国立歴史民俗博物館、一九九八年。

瀬川清子『きもの』未来社、一九七二年。

鷹司綸子「衣料と染織」宮本馨太郎編『衣・食・住』（講座日本の民俗四）有精堂出版、一九七九年。

田中忠三郎『サキオリから裂織へ』（私家版）、二〇〇七年。

文化庁文化財保護部編『民俗資料選集第三集　紡織習俗　一新潟県・徳島県』国土地理協会、一九七五年。

文化庁文化財保護部編『民俗資料選集第一〇集　紡織習俗　二島根県・鹿児島県』国土地理協会、一九八一年。

文化庁文化財保護部編『民俗資料選集第三八集　紡織習俗　三三重県』国土地理協会、二〇〇八年。

E・S・モース（石川欣一訳）『日本その日その日』講談社学術文庫、二〇一三年。

柳田国男『木綿以前の事』（『柳田国男全集』一七）ちくま文庫、一九九〇年。

コラム1　ハレとケ

ハレとは非日常性を帯び普段とは異なる気分と感情に満たされる時空間、ケとは日常の暮らしの時空間をいう。ハレは年中行事や冠婚葬祭などで一般には祭りの時をいう。ハレは宮中用語で次第に民間に広まったという説もある。

ハレの日は、民俗語彙では物日、紋日、節句、節供、節日、遊び日、休み日といい、近代では祭日に国旗を掲揚したので旗日《はたび》と呼んだ。一方、ケは労働と生産の日常態の時空間で、普段着もケギ（褻着）という。ケの用例は古代にさかのぼり、知識人が漢語の「褻衣」を日本語のケギに充てた可能性がある。また、ケは食物と関連し、常食であった粟や稗に米を一定量混ぜた雑穀の飯はケシネ（褻稲）といい、保存用の櫃《ひつ》を西日本ではゲビツ、東北日本ではケシネビツという。ハレの日には白米飯、赤米飯、糯米飯、小豆飯を食べて意識を新たにした。白米を食べる機会は、「犬も三時を知る」といわれ、正月と盆と葬式であった。生活リズムには濃淡があった。

柳田国男はハレは民俗語彙ではないとして『歳時習俗語彙』（一九三九）には収録せず、『民俗学辞典』（一九五一）でも項目にあげていない。ハレとケは、「ケにもハレにも一張羅」など、相互転換し連続性をもち、民俗語彙との親和性を保つ図式概念である。

桜井徳太郎は人間の暮らしはケの維持が基本で、ケは活動力や生命力、日常を維持するエネルギーと考えた。ケの減退や衰退がケガレ、つまり「ケが枯れる」状況を招くので、ケガレを回復するハレが必要で、その時空を通過してケの生活を生きぬく活力が与えられると説いた。ケ→ケガレ→ハレという思考は生活感覚と合致するが、実証はできない。桜井説の意義は穢れや不浄と結合して、負の属性を帯びていたケガレの概念に、力の動態という多次元的な諸相を見出したことにあった。桜井説は農耕社会のリズム感を重視した。飢饉はケカツやケカチ、播種や植え付けはケ付け、ケ植え、ケ込み、収穫や刈取はケ刈り、ケ払い、ケ取りという民俗語彙に注目した。なお、言語学者はケは毛で田畑の作物を意味し、気や褻ではなく、元気や気持などの概念ともつながらないという。

一方、谷川健一は沖縄のセジという霊力に示唆を受けて、ケガレは気離れであり、ケという外在する力や霊魂が身体から遊離しやすい状態と考えた。この説は外来魂を付着させて活力を甦らせるという折口信夫のタマフリ説に示唆を受けた。内在力を重視する桜井説と外在力を重視する谷川説は対極的に見えるが、力と身体と自然の相互作用を重視する図式概念として共通する。

波平恵美子はハレ、ケ、ケガレを分析概念とし、ハレを清浄性・神聖性、ケを日常性・世俗性、ケガレを不浄性と定義し、各地の儀礼を比較して、相互の関係性の変化が地域の特性を生み出したと考えた。ハレとケには、民俗語彙、図式概念、分析概念の三層が錯綜し、民俗学を理論化する試みの場となった。

（鈴木正崇）

第2章

自分を振り返る

正信となんとなく気まずいまま新学期が過ぎ、ゴールデンウイーク目前となったある日、正信が「ゴールデンウイークは沖縄に帰る」と友人と話しているのが聞こえてきた。せっかくの沖縄旅行のチャンスに喧嘩なんかしてられない。「私も行く！」。戸惑う正信を強引に押し切った。

ルーツをさぐる

「気持ちいい！」。ゴールデンウイーク初日、那覇空港に降り立ったアイは初めての沖縄に大はしゃぎだ。正信ともいつの間にか仲直りし、すっかりバカンス気分に浸っていた。空港から家に向かう車中から、大きな石の建造物が見えた。正信の説明によると、亀甲墓という墓で母胎をかたどっていると言われているという。「これが墓？」。群馬の墓とは比べものにならないほど大きくて、形も変わっていて目を奪われてしまった。墓は門中《ムンチュウ》という父方の親戚によって維持されているらしい。しかし、門中と本土の本家・分家の関係との違いがよくわからない。同じようなものかと思っていたら、どうも違うようだ。正信のおじいさんによると、先祖を祀るだけではなく、積極的に親戚同士で助け合いをする門中も出てきていて、実際の生活で結構役に立っているらしい。門中の遠い先祖をわざわざ拝むために県内外や海外からやってくる人もいて、自分のルーツを確認するというのもすごい。親戚一同が集まって墓の前でご馳走を食べることもあると聞いたときには、驚いたなんてものじゃなかった。そこまでご先祖様を身近に感じたり自分のルーツを考えたこともないし、なかなか実感として理解できない。

不安を除く

翌朝、ムラの中を散歩していたときのことだった。「そこに入ったらいかんよ！」。いきなり大きな声で怒られた。驚いて周りをきょろきょろ見回すと、「立ち入り禁止」の看板が目に入った。近づいてきたのは正信のおばあさん。そこは御嶽《ウタキ》といって信仰の要として大事にされている聖なる場だった。最近は観光客が勝手に入りこんでくることもあり、看板を立てたのだという。「危ない危ない」、危うく立ち入るところだった。アイは信仰心を意識することはほとんどないが、それでも皆が大事にしている場を踏みにじるつもりなど毛頭ない。ヌルと呼ばれる女性の宗教者の存在も初めて知った。祭祀を司るのはてっきり男性ばかりだと思っていた。ところで、ヌルってどうしたらなれるのだろうか。

「ユタに訊いてみようかね」。正信の家で耳にしたユタという言葉、それが占いをする女性を指すのだと教えてくれたのもおばあさんだ。ユタは民間の宗教者のようなもので、神懸かりになって託宣や祈願、治病などを行う。男性ユタもいるらしいが、圧倒的に女性が多い。正信の家でも大事な行事の日取りを決めるときや、何かトラブルが続いたときなどにユタに相談すると言い、ユタが日常生活に欠かせない存在であることがよくわかる。ユタではないが、アイも占いは好きだ。友人たちも「信じない」と言いながら、テレビや雑誌の占いの結果は結構気にしている。占いは以前のような皆の生活の行く末を占うものというよりは、ちょっと先の自分を確認したり、落ち込んだ気分を解消してくれる安心装置みたいなものかなと思う。せっかく沖縄に来たんだから、ユタに自分のことを訊いてみるのもいいかもしれない。

Section 1

ルーツをさぐる

沖縄の風景

飛行機から那覇空港に降り立つと、青い空から強い日差しが肌を刺すのを感じ、目の前には白い砂を映し出すエメラルドグリーンの海が迫っている。そこには、南国亜熱帯の自然が広がっている。日本本土と違うのは、このような自然環境だけでなく、沖縄の人々の暮らしもさまざまに異なり、それが旅人に異国情緒をかもしだす。

たとえば、日本の四月の風景といえば桜と入学式ときまっているが、沖縄ではそうではない。沖縄の桜は冬に満開になる。沖縄でうりずんと呼ばれる四月頃は、デイゴという赤い花が咲く。そして、二十四節気の清明《せいめい》にあたるこの時期に、沖縄本島各地では清明祭《せいめいさい》（シーミー）ともいわれる墓参りが盛んに行われる。花の開花時期が異なるのは自然環境の違い、そして人々の暮らしが異なるのは歴史や文化の違いである。このような沖縄の人々の暮らしや物質文化の違いをみることによって、現在の日本における文化の多様性について考えてみる。

清明祭

日本の墓参りは、北海道から九州に至るまで盆や彼岸に行われるのが普通である。沖縄では、旧暦の盆には本格的な墓参りはせずに、二番座と呼ばれる居間にそなえつけられた大きな仏壇で祖先を迎える。多くの人が墓参りをするのは、沖縄本島では四月の清明祭となっており、四月の週末はどこの墓地も多くの人出でにぎわっている。というのは、家族だけでなく兄弟や親戚、あるいは一族で墓参りをし、重箱に皮つき豚バラ肉の三枚肉や魚てんぷら、豆腐、かまぼこなどのごちそうを詰め、ピクニックのように墓前で一緒に食事をするからである。

こういった沖縄の墓参りの光景は、日本本土とは大きく違っている。墓前で食事をする光景は、むしろ中国の墓参りと似ている。それには、理由がある。

沖縄は、明治政府が琉球国を併合して琉球藩、そして沖縄県を置いた、一八七九（明治一二）年の琉球処分以前は、日本とは異なる独立国であった。琉球王国の成立は、一五世紀はじめの尚巴志による琉球統一とされているが、一六〇九年の島津氏による琉球侵攻により薩摩の支配を受けることになり、近世の幕藩体制に組み込まれていった。しかし、中国への朝貢貿易は継続して行われ、琉球は中国と日本の間にあって双方との外交バランスをとりながら国を維持していた。この時期に、中国や日本の風習や制度を取り入れて、本来の地域文化と融合しながら沖縄独特の文化が創り上げられた。

このような歴史的背景のなかで、琉球は中国の清明祭を取り入れた。琉球の歴史書である『球陽《きゅうよう》』の尚穆王《しょうぼくおう》一七（一七六八）年の条に、清明節に英祖王の極楽陵（浦添《うらそえ》ようどれ）と第二尚《しょう》氏《し》王墓である玉陵《タマウドゥン》とにおいて祭祀することが定められたと記されている。一八世紀の半ばに琉球は、儒教を積極的に取り入れていく。そのなかで、王府が中国の祖先祭祀である清明祭も取り入れて、しだいに首里《しゅり》・那覇の士族がこの風習を受け入れていったと考えられる。身分制社会であった近世の琉球で、清明祭は士族文化として発展した。逆に、百姓身分の人々には清明祭は浸透しなかった。

図１　清明祭（沖縄県那覇市）

では、琉球の一般の人々は、いつ墓参りをしていたのだろうか。沖縄では、旧暦正月一六日をグソーの正月という。

グソーの正月

グソーとは後生、つまりあの世のことであるから、あの世の正月という意味であり、正月一五日にこの世の正月を終えた後が伝統的な琉球の墓参りの日であった。

今でも、沖縄本島北部の一部や糸満《いとまん》、離島、宮古、八重山では、清明の墓参りは行わずに、グソーの正月に墓参りをしている。その光景は清明祭と同じで、多くの親戚、一族が墓前に集まり、飲食を共にしながら、三線《さんしん》を弾いて歌ったり、踊ったりして楽しく過ごす。

清明とグソーの正月との墓参りの分布は、沖縄における近世以降の中国文化の導入と受容、そしてその伝播を明確に示している。近世以前、墓参りはグソーの正月であった。この習慣がいつからはじまったかは、わからない。ただし、奄美諸島でも、旧暦正月一六日に墓参りをして墓前で共食する風習があるので、一五世紀には琉球の支配下にあった奄美諸島にも、琉球と共通する文化が広がっていたと考えられる。とすると、尚氏による統一以前から奄美から八重山に至る琉球列島全域に、グソーの正月の墓参りはあったと考えられる。

それが、前述したように一八世紀半ばから琉球士族の間で清明の墓参りの習慣が受容された。しかし、それは首里・那覇に居住していた士族の文化であり、平民である百姓層には伝わらなかった。

明治になり、身分制が撤廃され、交通や流通がさかんになるとともに、首里・那覇の士族の習慣であった清明の墓参りが、地方にも伝わっていった。沖縄本島北部では、明治から大正にかけて、町方の士族文化を真似て清明の墓参りを導入したという伝承が残っている。一部では、清明の墓参りをやりながらも、グソーの正月にも簡単に墓に供物を供えるという地域もある。沖縄本島周辺離島や宮古では、首里・那覇文化の影響を受けず、今でもグソーの正月に墓参りをする。八重山の石垣島でも、旧暦正月一六日ににぎやかに墓参りをしているが、祖先が士族出身の家では清明に墓参りをする。

沖縄での墓参りの日は、琉球時代からの伝統的なグソーの正月と一八世紀に中国の風習を受け入れた清明祭の二種類があって、清明祭は琉球時代の文化的中心であった首里・那覇で受け入れられ、それが明治以降しだいに周辺に伝播していったことがその分布からわかる。中国に近い八重山地方でも、文化の伝達ルートは首里・那覇経由であり、文化の流れは地理的な距離や位置だけでわかるものではない。

墓の形

日本本土の墓は、「〇〇家先祖代々の墓」などと彫られた角柱の墓石があって、その下に遺骨が納められるカロートと呼ばれる台座がある。何回でも繰り返し遺骨を納めることができるので、カロート式の墓は便利である。現在は、墓石の部分がいろいろなデザインの石塔に変わりつつあるが、いずれにしろ全国的にどこに行ってもカロート式の台座の上に墓石がのっている墓が一般的である。このような日本の墓は、火葬が普及して遺骨を墓に納めるようになってできたものである（岩田、二〇〇六）。

近世以前は、遺体をそのまま墓穴に埋める土葬が主流で、武士などの上位身分階層や富裕層などは遺体を埋葬した上に石塔を建てていたが、一般には遺体を埋葬したその場に自然石などを置いただけで、石塔すら建てないことが多かった。近代以降、埋葬地の上に石塔を建てるようになっていった。そのため、今でも古い墓などをみると、カロウトはなく、土の上にじかに石塔や五輪塔が建てられている。

いずれにしても、日本本土の墓は石塔などがあるだけで大きくはない。それに比べて、沖縄の墓は、大きい。しかも、いろいろな形がある。まず、目につくのが墓の外形が亀の甲羅に似ている亀甲墓《かめこうばか》である。この墓は形が特徴的なので、沖縄といえば亀甲墓と思いこんでいる人が意外と多い。しかし、国道からも見える墓地を眺めてみただけでも、家の形をした墓と亀甲墓が混在していることは誰にでもすぐにわかる。そして、どれもが日本本土の墓より大きい。

沖縄の墓から見る文化の違い

沖縄の墓にはいろいろな形があって、そして大きいのはなぜなのだろうか。それは、遺体の処理と祖先の祭祀の方法が、日本本土とは異なる沖縄独特の風習とその歴史に基づくからである。

日本本土では遺体を地中に埋めるので土葬とか埋葬といわれるが、沖縄では先史時代は別として、遺体は土中に埋めていなかった。墓の空間に遺体をそのまま安置するだけで、自然の風化をまつ。だから、これを風葬ともいう。そして、数年後に水や酒で遺骨をきれいにして骨壺に入れ直し、墓のなかに安置する。これを沖縄方言ではシンクチといい、洗骨の意味である。奄美では、カイソウ（改葬）という。奄美群島と琉球諸島は、風葬とその後の洗骨改葬を伴う複葬習俗の伝統がある地域である。そのために、墓には遺体と遺骨を安置する空間が必要であり、大きな墓がつくられた。

那覇市の北隣にある浦添《うらそえ》市の浦添城跡に、一三世紀に造営されたという英祖王の墓がある。浦添ようどれと呼ばれ、山の中腹の断崖を掘り込んで造られている。墓室は大きな空間で、中には大きな石棺が収められていた。王墓として有名なのは、第二尚氏第三代の尚真王が、一五〇一年に首里城の下に造った玉陵《たまうどぅん》である。この墓の規模は、沖縄でも最大級で幅二五メートルを超える。この墓も、岩壁を掘り込んで造営されたものである。玉陵には、三室の大きな空間があり、そのなかに遺体を安置する空間と遺骨の壺を安置する場所が設けられている。一三世紀に造られた浦添ようどれも一六世紀に造られた玉陵も、崖を掘り込んで遺体や遺骨を安置する大きな墓である点は共通する。

王墓に見られる特徴は、基本的に民間の墓でも同様であった。造営年代はわからないが、もっとも古いとされる墓は、集落からはずれた山や海岸の岩壁にある自然洞穴を利用したものである。自然洞穴の空間を利用して、そこに遺体を安置あるいは放置していた。今では、こうした自然洞穴の正面は木の板やブロックあるいはコンクリートでふさがれていて、容易に中を見ることはできないようになっている。しかし、白骨が累々としていたり、遺骨を納めた壺がたくさんおかれたりしている自然洞穴は、今でも各地にある。そういう墓は、集落全体で使っていたのか、あるいは集団で使っていたと思われるが、現在それを自分の墓として祀っている人はほとんどいない。

次に古い墓は、岩壁を人工的に掘り抜いて墓室を造り、入り口をふさいでいるものである。この型式の墓を掘り込み墓ともいうが、墓室の大きさに比べて入り口は小さく、人がしゃがんでやっと入れるくらいの大きさである。あるいは、遺体を入れたお棺がやっと入る大きさでもある。入り口は、普段自然石やコンクリート石でふさがれている。墓のなかは、人が腰を曲げて立てるくらいの高さがほとんどで、手前が平坦になっており、奥が段になっている。手前のシルヒラシと呼ばれる平坦な場所に遺体を入れたお棺を安置する。シルヒラシとは汁を乾かすという意味で、遺体を白骨化させる場所である。数年の後、洗骨をして遺骨を壺に入れ、それを奥の段に安置する。

このような掘り込み墓は、規模が大きく、一軒の家で一つの墓を造ることは難しかったので、集団で造り、集団で使い、集団で祀っていた。墓の使用形態によって、集落で使う村墓《むらばか》、複数の家で使う模合墓《もあいばか》、門中《ムンチュウ》という一族で使う門中墓などがある。近年では、一家族で墓を造ることが多くなり、これは家族墓と分類される。

沖縄の墓が大きいのは、遺体を安置する一次葬と遺骨を安置する二次葬のふたつの機能をひとつの墓で行うということと、それを集団で使用するという沖縄の葬制と墓制の特徴が原因となっている。遺体の安置から遺骨の処理に至るまで、複数の家の祖先をすべて収納できるようになっているのも、沖縄の墓が大きい理由である。

同じ洗骨習俗のある中国南部の墓は、遺体を埋める一次葬の墓と洗骨した遺骨を納める二次葬の墓が違う。また、二次葬の墓は、個人あるいは夫婦の遺骨を納める習慣なので、墓の規模は一般的にはそれほど大きくはない。○○家の墓というように、一軒で一基の墓をもつのが基本となっている日本本土とも習慣が異なる。このように、周辺地域とはまったく異なる伝統のなかで、沖縄の墓は今でも堂々と大きく山を背にして海を眺めているのである。

　沖縄の墓が大きい理由は、以上述べたとおりであるが、沖縄の墓の形がさまざまであるのはなぜだろうか。

亀甲墓のルーツと風水

　墓の構造の基本は、今も昔も変わらない。日本の「埋める葬法」に対して、沖縄は「埋めない葬法」なので、火葬に移行した今でも遺骨を安置する大きな墓室をもっている。変化していったのは、墓室の外側の形である。

　沖縄の墓の原初形態は、自然洞穴の利用であった。それから掘り込み式に移行していく。掘り込み式の墓は、玉陵のように岩壁に墓室を掘って、頭頂部に屋根の形を施す。前に傾斜する平らな屋根の形をもつ墓を、破風墓《はふばか》という。玉陵がもっとも古い破風墓といわれている。

図2　亀甲墓（沖縄県うるま市）

　掘り込みの型式も、垂直の岩壁を横に掘り込むものから、丘陵地などの斜面を利用して掘り込んだ墓室の上の斜面に屋根をかける背山式あるいは腰掛型といわれるものに変わっていく。そうすると墓の頭頂部は装飾が造りやすくなる。そこで現れたのが、頭頂部を亀甲の形に造る亀甲墓である。

　亀甲墓が首里や那覇で造られるようになったのは、一七世紀後期以降である。破風墓より一八〇年ほど後に造られるようになった。この墓型は、中国南部の福建から導入されたものである。この時期以降、琉球王府は積極的に中国の文物を導入していく。この時期に、亀甲墓の型式も導入されるが、それは風水の導入と結びついている。近世琉球士族の家譜などの記録によると、亀甲墓を造る際に風水師に風水を見てもらっている。

　『琉球国由来記』によると、康熙《こうき》六（一六六七）年に周国俊《しゅうこくしゅん》を福建に派遣して風水を学ばせたのが琉球における風水のはじまりであると記されている。その後、ほぼ三〇年に一度の割合で国費留学生を福建に留学させて、風水を学ばせている。

国家お抱えの官僚風水師である。その風水師が、地元の役人にも風水を伝授していった。日本では鎖国をしていた近世の時代、琉球は盛んに中国と交流して、中国の文物を取り入れていた。風水もそのひとつで、福建からの直輸入であった。したがって、風水のあり方は日本本土と沖縄とは大きく異なる。魔除けとして有名な沖縄のシーサー（獅子）やT字路の突き当たりなどに魔除けとして置かれる石敢当《いしがんどう》は、悪い気の流れを遮るためのもので、これも近世に風水とともに福建から琉球に導入された習慣である。だから、日本本土にはこの習慣はほとんど見られない。

中国の墓は、基本は土を盛った形で、亀甲の形をした墓は、中国南部の福建と広東、浙江に多く見られる。一七世紀後期以降、琉球の士族の間で福建から導入された風水によって墓を造る習慣が広まっていった。墓の形も、福建の亀甲の形が模倣された。しかし、これ以降すべての墓が亀甲墓で造られるようになったわけではなく、破風墓も造られていた。つまり、破風墓と亀甲墓が混在していた。

明治以降、庶民の間でも亀甲墓が造られるようになった。明治末から大正時代に、庶民のなかでも財力に余裕が出ると、費用のかかる亀甲墓の造営が広まっていった。

戦後になると、米軍基地のなかに建てられた米軍住宅で使うコンクリートが一般化し、墓もコンクリートで造られるようになった。それ以前は、傾斜地を利用して墓室を掘るので墓地は丘陵地や海岸に限られていた。コンクリートで墓を造るようになると、平坦地でも墓の造営は可能となった。また、その形も、家型が主流となってきたが、破風墓はもちろん亀甲墓も造られている。大きさも、それを利用するのが一家族なのか、親戚なのか、一族なのかによって、大小さまざまである。こうして、沖縄の墓は、日本本土の公園墓地のように形も大きさもそろって整然とした墓ではなく、形も大きさも、そして風水によって方角もさまざまな墓が点在することとなったのである。

門中の清明祭

清明の墓参りに話を戻すと、今では家族や親戚を中心とした清明祭がほとんどだが、中には〇〇門中の清明祭という光景を見ることがある。久米毛氏国鼎会《くめもうじこくていかい》という門中の清明祭に参加したことがある。そこには、老若男女三〇〇人近くの人が集まっていた。その墓は、毛国鼎《もうこくてい》という四〇〇年ほど前に福建から琉球に渡来した人の墓である。その人を初代の祖先として、代々系譜がつながれ、現在では一四世の当主を中心に毛国鼎の清明祭が行われている。初代から一四世代以上経つので、その子孫の数は千を超えるかもしれない。これだけ多くの人が集まる墓参りを、日本本土では見ることはない。これだけ多くの人が、なぜ四〇〇年以上も前の自分の祖先を拝むのだろうか。

それは、門中という組織があるからである。門中とは、一人あるいは一組の夫婦を頂点として、その息子、さらにその息子という具合に基本的に父系の血縁でつながる子孫の人々の集団である。日本本土の場合は、マキとかイッケと呼ばれる本家と分家の集団がある。それは、家と家の結びつきが基本である。だから、結婚して家を出た娘は、家の所属を変え、名字を変えるので、実家の本分家のつながりからは切れることになる。ところが、沖縄では結婚して名字が変わったとしても、実家の門中から切れることはない。言葉を換えれば、父の所属している門中に、結婚した娘も参加している。娘は父の血縁のつながりをもっており、結婚してもその事実が消滅することはないからである。だから、門中は、家と家のつながりというよりは、「血縁のつながりで結ばれた人々の集団」といえる。門中の清明祭には、婚出した女性も数多く参加している。これは、日本本土と大きく異なる。

「血縁のつながりで結ばれた人々」となると、初代祖先を頂点として、ピラミッド式に広がっていく。これだけ多くの人々をどのように記録しているのだろうか。それは、家譜《かふ》があるから可能となる。近世琉球では、日本の幕藩体制にならって身分制度を整備する必要があった。士族身分と百姓身分を分けるのに、家譜を使った。つまり、一六八九年に琉球王府は系図座を設置して、士族身分の者には家譜を作成して王府の認定を得ることとした。家譜は、一門あるいは一門中といわれた父系血縁で結びつく人々を単位としてその総本家（宗家）が作成して提出した。その後、五年に一度書き足されていった。近世の琉球家譜は、公文書だったのである。

さまざまな門中

近世の琉球士族社会では、家譜に記録された人々を単位として門中という親族組織が形成された。門中は、その始祖を明らかにして、そこからどのような祖先を通して自分に至ったかという、祖先と自分を結ぶ一族の歴史をもっている。そのつながりは父系を中心とする血縁であり、だから一族である門中で一緒に祖先を祀り、また墓を共有することもあった。門中も、士族文化として発展したものである。

しかし、明治になって身分制が撤廃された。士族以外の百姓身分には家譜も門中もなかった。それぞれの祖先は、その子孫の記憶によって認識されているだけだった。記憶によるあいまいな系譜意識でつながる一族のことを沖縄ではハラとかヒキと呼ぶ。それをもとに、門中へと改編される動きが明治末から大正にかけて民間で広がった。

それには、始祖を明らかにする必要があった。はじめの先祖を専門家によって探してもらう。そうすると琉球神話の神から王統あるいは地方按司につながったり、ある士族の家譜につながったりする。それは「由来記」などとして編集された。始祖からの系譜は、父系が重視された。数世代前に父系でない養子や女性の先祖がいると、その父系の関係を探した。この操作のなかで琉球神話や士族の家譜に系譜をつなげることが多く行われる。

また系譜を継ぐのは長男であるという意識が強くなり、分家すべき次三男が系譜を継ぐことは避けられるようになり、過去の非長男による継承を是正する操作も行われるようになった。

これらの民間の門中で行われる系譜の操作は、大正から戦前、戦後を通して行われ、現在でもその動きはまだある。これは、門中化とも呼ばれるが、この沖縄社会独特の親族形成をめぐる動態は、家譜をもたない人々が、自分の古い祖先を明らかにし、その父系でつながる正当な祖先とつながる系譜を一族で確認し、共有したいという願いである。そして、この願いは、沖縄の神話時代や歴史にまでさかのぼり、日本本土とは異なる沖縄独自の歴史世界に自分の祖先がつながるという、沖縄人としての自己確認の活動と考えることもできる。

現在の沖縄には、家譜の記録をもつ士族系の門中と記憶による祖先でつながる民間の門中がある。いずれの門中の人たちも、祖先からの系譜が重要である。そして、その祖先というのは、日本の神話や歴史上の人物にたどりつくことは決してない。あくまでも琉球の神話や歴史に自分の祖先を結びつける。沖縄文化の背景には、日本の神話や歴史とは異なる琉球の神話や歴史が確固としてあり、それが日本文化とは異なる沖縄文化の核となっているのである。（小熊　誠）

読書案内

波平エリ子『トートーメーの民俗学講座』ボーダーインク、二〇一〇年。

＊「沖縄の門中と位牌祭祀」という副題が付けられ、現代の沖縄における日常生活のなかから門中や位牌祭祀などの実例をあげて、

その特徴をわかりやすく述べている。

比嘉政夫『沖縄からアジアが見える』岩波ジュニア新書、一九九九年。

＊日本のなかにおける沖縄文化の特徴を、中国や東南アジアの文化と対比しながら、門中や舟漕ぎ行事、女性の文化的地位などについて述べている。

古家信平・小熊誠・萩原左人『南島の暮らし』（日本の民俗一二）吉川弘文館、二〇〇九年。

＊沖縄における民俗文化の特徴を、日本と沖縄の歴史の展開をふまえながら、年祝い、門中、豚の文化について解説している。通時的な視点をふまえ、民俗文化の変化を明確に捉えた新たな沖縄民俗の研究書。

平敷令治『沖縄の祖先祭祀』第一書房、一九九五年。

＊祖先祭祀の前提として沖縄の他界観と霊魂観をまとめている。それをふまえて、位牌、墓そしてその祭祀について歴史文献と民俗資料を詳細に検討した、沖縄の祖先祭祀に関する基本的研究書。

渡邊欣雄『風水思想と東アジア』人文書院、一九九〇年。

＊風水思想の原理を説き、中国だけでなく沖縄の風水についてアジア的視点で考察している。その他沖縄の風水関係書は、窪徳忠編『沖縄の風水』平川出版社、一九九〇年、渡邊欣雄・三浦國雄編『風水論集』凱風社、一九九四年などがある。

参考文献

岩田重則『「お墓」の誕生』岩波新書、二〇〇六年。

加藤正春『奄美沖縄の火葬と葬墓制――変容と持続』榕樹書林、二〇一〇年。

窪徳忠『中国文化と南島』第一書房、一九八一年。

蔡文高『洗骨改葬の比較民俗学的研究』岩田書院、二〇〇四年。

渡辺美季『近世琉球と中日関係』吉川弘文館、二〇一二年。

Section 2
不安を除く

日本本土では、神社での祭祀を司るのは一般に神主《かんぬし》と呼ばれる男性であるのに対して、沖縄では、家やムラの祭りにおいて、また、琉球王国時代の国家的な祭祀の場面においても、祭祀を司るのは主として女性であった。

女性の霊力

女性が祭祀を司ることの根底には、「オナリ神信仰」と呼び習わされてきたものが横たわっていると思われる。オナリ（沖縄ではウナイ）とは、兄弟から見た姉妹を意味する沖縄特有の表現で、姉妹は「オナリ神」として兄弟を守護する霊力があるとされてきた。ここでは、オナリ神信仰の具体例として、久高島《くだかじま》（南城市知念《なんじょうしちねん》）の事例を紹介したい。

久高島のオナリ神信仰

久高島では、兄弟にとっての姉妹をユナイ、姉妹にとっての兄弟をユキーという。「ユキーの願いはユナイしかできない」と語る女性は、アジア太平洋戦争当時に兵士として出征する兄弟に、戦地でのお守りとして自分の髪の毛を切り封筒に入れてもたせたという。女性が自分の兄弟の家を訪問する際に、「ユキーンチャーン　ミーマンティタボリ」（兄弟たちを見守って下さい）と唱えることもある。

久高島で伝承される「イリキハチャグミヤ／ユナイグァガウシジ／ユルヌユーバラシ／ウトゥギミソーリ」という歌もオナリ神に関わる。この歌の背景には、航海に出る男性にその姉妹がイリキハチャグミ（炒った米に黒砂糖などをまぜて作った菓子）をもたせたという習俗があり、姉妹のウシジ（御シジ、霊力）の象徴であるイリキハチャグミが、夜の航海（ユルヌユーバラシ）のお伽（ウトゥギ）をするというのが歌の内容である。航海守護に関しては、姉妹の後頭部の髪の毛三本をフナダマ（舟霊）と称して船に祀るという習俗もあった。

一二年に一度の午年《ウマ》に行われてきたイザイホウ（最後のイザイホウは一九七八年）は、三〇歳以上の女性たちが村落の祭祀組織に加入するために行われる儀礼であるが、姉妹と兄弟の関係が以下の三つの儀礼場面で表出する。①当該女性が着用する神衣装を、その兄弟が贈与する。②ヌル（祝女、ヌルについての説明は後述）によってなされる「シジ付け」と呼ばれる儀礼（シジは、後述するタマガエーヌウプティシジと呼ばれる神霊のことで、ヌルが粢団子《しとぎ》〔米粉を水でこねて長卵形にしたもの〕を当該者の眉間と両頬に押し付けることによって神霊を付与する儀礼）において、神霊を表象する粢団子を兄弟が準備しヌルに手渡す。③イザイホウの祭事終了後に兄弟を自宅に招いて盃《さかずき》を交わす際に、「タマガエーヌウプハミヤ／ウリティモーチ／イシキャートゥ／ユチキアワチ（タマガエーの大神が降りてきて、兄弟と寄せ合わす）」という歌が歌われる。「タマガエーの大神」は、イザイホウを契機に女性たちがいただき、家で祀るようになる神霊のことで、タマガエーヌウプティシジとも称される。③からは、イザイホウには、久高島の女性がオナリ神に成る、あるいはオナリ神であることを確認する意味があることが判明する。

図1　久高島遠望（沖縄県南城市）

イザイホウを契機に祭祀組織に加入した女性が六〇歳になると、ヌルなどの神職者を自宅に招いてのタムトゥブセーという儀礼を行うが、そこでもオナリ神信仰が見出される。すなわち、儀礼の一環として謡われる「タマガエーヌウプティシジ／イシキャーヌニゲードゥマツル／ウンジグァーガニゲードゥマツル」という歌は、イシキャーは兄弟、ウンジグァーは子どもだとされるので、当該女性がいただく神霊（タマガエーヌウプティシジ）に対して兄弟と子どものことを「願い祭る」という意味かと思われる。

ところで、この歌では、女性によって守護される対象が兄弟と子どもに限られているが、なぜ夫は登場しないのであろうか。実は、タムトゥブセーには当該女性の兄弟が招かれ、女性の息子とともに、ヌルをはじめ招待された神職者に対して感謝の献杯をする役割が与えられているのとは対照的に、その夫は末席に座しているだけで何の儀礼的役割も付与されていないという事実がある。タムトゥブセーに立ち会った男性が、供物の準備等の費用は自分が負担しているのに、祈願の言葉には夫である自分ではなく兄弟のことしか出てこないのを知って立腹したという逸話もある。兄弟と姉妹の親密さを強調するオナリ神信仰の存在は、この逸話が示唆しているように、沖縄の家族構造における女性にとっての兄弟と夫、男性にとっての姉妹と妻との関係をめぐる問題を、検討課題として浮上させることになる。

琉球王国における女性神官組織

琉球王国は、国王を頂点とした男性たちの官僚組織とは別に、官制の神女組織を制度化した点に大きな特徴がある。その頂点にいたのが聞得大君《きこえおおきみ》と呼ばれる神職者で、組織の末端に位置したのが、村々に在住するヌル（祝女）であった。女性神官組織が確立するのは尚真王《しょうしん》代（在位、一四七七～一五二六年）とされ、その神官組織は、国家成立以前からあったオナリ神信仰を基盤にして制度化されたことは、初代の聞得大君が尚真王の妹であることから推定できる。

ヌルは、沖縄本島やその周辺離島および奄美諸島に限って使われた名称で、宮古と八重山地域では、ムラの祭祀を司る女性を一般にツカサ（司）と称している。すべてのムラにヌルがいたのではなく、ヌル不在のムラは近隣村のヌルを招いて祭祀を実施した。王府編纂による『琉球国由来記』（一七一三年、以下では『由来記』とする）によって一八世紀初頭の沖縄本島地域の状況を見れば、村の総数およそ五一〇に対しヌルの数はおよそ二四〇であるから、平均してふたつのムラに一名の割合でヌルがいたことになる。ひとつのムラだけ管轄するヌルが七〇件余あるが、それ以外は一人のヌルが二つ以上のムラを管轄している。

神官組織の末端にいたヌルは、王府の発給する辞令書によって任命され、神官であるゆえに、個々のムラに個別的に関わる祭祀（豊年祭など）のみならず、地方の村々において王族の繁栄や国家の安寧に関する儀礼を行うなど、地方を国家に結びつける役割もはたした。また、就任に際しては、役地としてノロクモイ地（クモイは尊称辞、民間ではヌール地）と呼ばれる土地が給付された。今日でも、どこそこがかつてのヌール地であることを伝承しているムラは少なくない。宮古と八重山のツカサに対しては辞令書の発給はなく、王府の叙任によって宮古と八重山にそれぞれ一名ずつ置かれた大阿母《おおあむ》と呼ばれる神職者が、村々のツカサたちを統括した。なお、ヌルへの辞令書の発給は、王府の改革によって一七世紀の後半以降は廃止となる。

ヌルや大阿母の叙任が、神女組織の長たる聞得大君によってではなく、国王の名によってなされたことは注意を要する。国王は神女組織に対しても超越的存在として位置づけられており、聞得大君に対する叙任権をもつのも国王であった。国王は男性の官僚組織の長官という世俗的存在に留まるものではなく、「神号」を有し（近世初期の尚豊王を最後に消滅）、テダ（太陽）とも称せられる神聖なる存在であった。一五四三年（尚清王代）の「国王頌徳碑《しょうとくひ》」に「天より王の御なをば天つき王にせ、とさづけめしよわちへ」という一節があり、神号（尚清王の神号「天つき王にせ」）は「天」から授与されたものと観念されていたことがわかる。

女性神職者の継承

一八七九（明治一二）年の琉球処分以降は、女性神官制度は段階的に廃止されることになり、ヌルや大阿母らは、一九一〇（明治四三）年の「沖縄県諸禄処分法」により、これまでの役俸を基準に国債証券が交付されるかたちで王国時代以来の公的地位を失うことになった。公的な支えを失って以降もヌル職が継承されてきた村は少なくなかったが、近年はヌルを含む女性神職の後継者が不在で、そのことが村落祭祀の衰退につながる事例が目立つようになってきた。

ヌル職は、どのように継承されたのだろうか。沖縄の村々を歩くと、ヌルドゥンチ（「ヌル殿内」で、「殿内」は本来格式ある士族の家を指す言葉）という屋号に出会うことがしばしばあるが、それは、その家がヌルを出す家系であることを屋号でもって示している。ヌル職の継承についての実態調査によれば、父方オバから姪へといった父系親族間での継承を理念とする事例が最も多いが、一方では母系継承（母から娘）や嫁継ぎなどの事例も報告されている。また、現存する一四のヌルの辞令書によって継承内容をみると、母から娘（七件）、姉から妹（二件）、オバから姪（三件）、祖母から孫（二件）の四つのタイプがあり、すべてが三親等の範囲内で継承されていること、また、唯一絶対の継承原理はなかったことがわかる。近年の調査によれば、先述のとおり父系継承の事例が卓越しているが、限られた数の辞令書による限りではあっても、母から娘へという母系継承の事例が最も多い点には注意を向ける必要があるだろう。

八重山のツカサに関しては、八重山のムラには沖縄本島のムラ（一ムラ一御嶽《うたき》が原則）とは異なり複数の御嶽（後述）

図2　御嶽でのヌルを中心にした祭祀（南城市久高島）

が存在するのが一般的であるため、ムラではなく御嶽を単位として選出される傾向にあり、その選出にあたっては、トゥニムトゥと呼ばれる御嶽に対して特別な関係を有する宗家的な家の系統が意識されることが多い。一方、宮古のツカサは神籤による選出が一般的で、沖縄全体のなかで特異な位置を占めている。

御嶽と村の祭

芸術家の岡本太郎は、沖縄での御嶽との出会いについて、「私を最も感動させたものは、意外にも、まったく何の実体ももっていない――といって差支えない、御嶽だった。（略）この神聖な地域は、礼拝所も建っていなければ、神体も偶像も何もない。森のなかのちょっとした、何でもない空地。そこに、うっかりすると見過ごしてしまう粗末な小さい四角の切石が置いてあるだけ」と述べ、その感動を「何もないことの眩暈《めまい》」と表現している（岡本、一九七二）。

御嶽は一般にこんもりした森になっていて、ムラには少なくとも一つの御嶽があり、村の祭祀は御嶽を中心にとり行われることになる。御嶽空間には、一般にクバ（和名ビロウ）やマーニ（和名クロツグ）といった聖木と目される樹木が生えていたり、巨岩があったりする。御嶽に生える植物が、御嶽の神名（後述）や御嶽の名称になっている例があるが、植物のなかで神名として最も多用されているのはクバの木である。沖縄の信仰におけるクバの重要性に指目した柳田国男は、それが日本本土の文化にもつながることを指摘したうえで、「かくのごとく永たらしく、コバとわが民族との親しみを説きますのも、畢竟《ひっきょう》はこのただひとつの点をもって、もと我々が南から来たということを、立証することができはしまいかと思うからであります」と述べている（柳田、一九二五）。

御嶽が日本の神社と異なるのは、岡本がするどく感受したように、拝殿や本殿に相当する建造物がないことで、通常はイビと称される御嶽内におかれた香炉や切石などが神の所在の目安になっている。鳥居や拝殿を有している御嶽もあるが、本土の神社形式の影響を受けたものがほとんどである。御嶽での祭祀は、ヌルやツカサなど女性神職者を中心に営まれ、御嶽への男性の立ち入りを禁止していること、また、御嶽での祭祀は豊年祈願などムラ全体に関わるものに限られ、受験の合格祈願や病気平癒といった個人に関わる祈願は一般になされない点なども、本土の神社との相違点である。

御嶽は村落の背後に位置することが多く、そのために御嶽がクサティムイ（腰当森）と呼ばれることがある。クサティには、頼りにする、あるいは支えといった意味があり、ムラ人にとって御嶽の神は、自分たちの生活の支え、守護神となっていることが表明されている。御嶽の近くには、ニードゥクル（根所）とかムトゥ（元）などと呼ばれるムラの草分け筋の家が位置し、ムラの祭でヌルとともに祭りを主導する神職者たちは、これら草分け筋の家の系統から出ることが多い。

『由来記』には、沖縄各地の御嶽についての記事があり、そのなかに御嶽の「神名」が、たとえば植物名を冠してクバツカサ、マニツカサといった具合に記されている。ただし、『由来記』記載の神名が今日の村人の間で伝承されていることは稀で、御嶽の祭祀に深く関わる神職者でさえ御嶽の神名を知らないことも珍しいことではない。沖縄本島地域の御嶽に人骨が安置されている事例が少なくないのを根拠に、御嶽は本来そのムラの祖先神が鎮座する場所だとする見解もあるが、人骨のない御嶽も数多くあり、御嶽の神格を一律に把握することは困難である。

正史のなかの御嶽開闢譚

琉球王国の正史『中山世鑑《ちゅうざんせいかん》』（一六五〇年）には、創世神による国土造りの話に続けて次に揚げる御嶽《うたき》開闢譚《かいびゃくたん》が記される。「先ツ一番ニ国頭《くにがみ》ニ辺土《へど》ノ安須《あす》森、次ニ今鬼神《なきじん》ノカナヒヤフ、次ニ知念森・斎場《せーふぁ》嶽《たき》・藪薩《やぶさつ》ノ浦原《うらばる》、次ニ玉城《たまぐすく》アマツヾ、次ニ久高コバウ森、次ニ首里森・真玉《まだま》森、次ニ嶋々国々ノ嶽嶽森森ヲハつくりテケリ」。御嶽開闢の話が正史に掲載されるのは、御嶽が王国の宗教政策のなかで正当に位置づけされていたことに関わるだろう。

首里城内にある首里森・真玉森は、聞得大君や上級神女たちによって国家的祭祀が営まれた御嶽で、斎場御嶽（南城市知念）は、「御新下《おあらお》り」と称された聞得大君の就任式の祭場となった御嶽である。久高島は、王朝神話において麦の発祥地とされ、一七世紀の後半まで麦の初穂儀礼を挙行するため国王が聞得大君らを率いて行幸した島であるが、その際に、「コバウ森」（「フボー御嶽」として現存）において国家的祭祀が営まれたことが知られている。

図３　宮古島市池間島の祭祀（ユークイ）

御嶽は沖縄全域で通用する言葉であるが、地域によっては御嶽と並んで、ウガミ（拝み）、オン・ワン（八重山）、ムトゥ（宮古）などの呼称も使われていることからして、御嶽という用語は、王国時代に王府によって採用された後に、共通語として沖縄各地に広まったものと推測される。

シャーマンとしてのユタ

沖縄の宗教的職能者を分類する際に、宗教人類学などで用いられている「司祭（priest）」（祈りなどを通じて神に働きかけることはするが、神からのメッセージを受け取るなどの神との直接的な接触・交流をすることはない宗教的職能者）と「シャーマン（shaman）」（神がかりなどによって神との直接的な接触・交流をなし、その過程で、さまざまな宗教的実践を行う職能者）という概念が援用され、ヌルやツカサなどは司祭に、以下で取り上げるユタはシャーマンに該当すると見なされている。ユタは沖縄全域で通用する言葉であるが、ユタと並んで、ムヌシリ（物知り）、カンカカリヤ（神がかる人、宮古地域）、ニガイピトゥ（願い人、八重山地域）などの呼称も見られる。

ユタは、ユタになる前にカミダーリと呼ばれる身体的および精神的不調を体験し、それが「ユタになるべき」との神からのシラセと解釈されることによってユタになっていく。ユタになる人には生得的な霊的資質が備わっていると考えられていて、そのことを称してサーダカウマリ（サー高生まれ）とかカミウマレ（神生まれ）などという。ヌルやツカサは例外なく女性であるのに対して、ユタの場合は、女性に比べてその数は圧倒的に少ないながらも男性ユタが存在するのは、当人の生得的資質が重視されるためである。さらに、ユタが血筋や家筋に沿って継承されることがないのも、同じ理由によるものと判断される。

ユタの職能

霊的職能者としてのユタが沖縄社会のなかではたしている役割について、以下八点に整理しておく。

①さまざまな吉凶《きっきょう》の判断をする。②事故や病気その他の不幸が起こり、とくにそれが連発したりする際には、通常の因果論を超えた超自然的な病因・災因を想定して、人々はユタのハンジ（判示）を求め、病因や災因の除去を期待する。「医者半分・ユタ半分」とは、病気になったときに、医者を頼るのと同じ程度にユタにも頼るという沖縄の社会状況を評した言葉であり、医者にかかって治る病気もあれば、ユタでしか治せない病気もあり、どちらも必要であるという考えが表明されている。③葬式後の一定期間にユタを自宅に招いて、あるいは遺族がユタの家に出向いて死者の口寄せをしてもらう。④位牌祭祀の形態や継承の問題で、自分たちの判断だけでは十分でないと考えた場合に、ユタのハンジに依存する傾向が強い。⑤明らかでない自分たちの父系祖先の系譜を遡及して確認しようとする際に、ユタのハンジが求められることがある。⑥人々が必要と感じるあるいはユタのハンジによって必要とされた儀礼を、そのユタが、あるいは別のユタが依頼されて執行される。⑦近年、若い女性が恋愛などの相談でユタを訪ねる事例が出てきている。⑧人々のさまざまな悩みに応えるカウンセラーの役目を果たす。

このように、ユタの担う職能はさまざまだが、スクブン（職分）という用語が示すように、個々のユタがすべての職能を平均的に担っているのではなく、各々が専門とする領域すなわちスクブンを有するのが一般的である。

ユタ禁圧の歴史と現代

沖縄社会においてユタがさまざまな社会的トラブルの要因になることはさほど珍しいことではない。ユタを根強く信仰する人々（主に中高年の女性）がいる一方で、ユタを「非科学的」「迷信」「金儲け主義のウソツキ」などと糾弾する人々も少なくないからである。以下で見るように、ユタに対する批判勢力の存在は近年にはじまったものではない。

王府によって制度化されたヌルを含む女性神官組織は、一七世紀の後半以降には辞令書の発給が廃止されるなどしてその勢力に一定の制限が加えられつつも、王国の崩壊期まで維持されるが、それと対照的にユタは、一八世紀の初頭以降、王府権力によって「虚言によって人民を惑わす輩」と位置づけられ、あからさまな禁圧の対象となった。

ユタ禁圧の最初と目されるのは、一七二八年に公布された「時・よた科定」で、「時」は暦書の知識を用いて日選び等に関わった男性職能者で、「よた」が今日のユタである。この科定は、ユタ本人のみならず、ユタを依頼した者に対しても罰則を定め、さらには、双方が属する「与《くみ》」（五人与など）およびユタ問題が発生した地域の担当役人にまで連帯責任を負わせるほど厳しいものであった。王府によるユタの禁圧政策は、この科定以降、近世を通じて継続されることになるが、結局のところ王府の思惑通りにユタが根絶されることなく、ユタ問題は近代にまで持ち越されることになった。

明治期になると、王府に代わって沖縄県知事の通達やその他の公文書にもユタ禁圧の項目が盛り込まれることになる。ユタ禁圧の動きはその後もさらに続き、明治以降に関しては、おおむね以下の三つの時期が際だっている。すなわち、①日本への同化政策の推進過程のなかで、一九一三年に警察権力によってなされた「ユタ征伐」や新聞紙上でのユタ批判。②一九三五年以降に強化される戦時体制下において特高警察などによってなされた「ユタ狩り」。③一九八〇年代に新聞紙上を中心に多くの県民をまきこんで行われた位牌継承のあり方をめぐる論争において、男系主義のイデオローグとしてのユタに対してなされた批判、の三つの時期である（大橋、一九九八）。

明治後期にヌルが行政上の公的支柱を失って以降の女性神職者によるムラの祭祀は、地域的な差異を伴いつつも、神職者の後継者不在にも表れているように、大勢としては衰退の一途をたどることになる。その背景には、かつての農業や漁業が中心であった職業が多様化したことなどによる価値観の変化、離島や僻地における人口の過疎化など多くの要因が想定される。

一方のユタは、近世から今日に至る過程で、王府権力や警察などの公的機関による禁圧、および一九八〇年代の位牌継承問題においては、沖縄県の弁護士会や婦人連合会などからの強い批判の対象となったにもかかわらず、今日においてもなお、ユタの勢力が衰退に向かっている兆候は見出し得ない状況にある。科学や病気治療に関わる医学がこれほど進歩した現代社会において、ユタの勢力が隆盛を保っているという事実を、どのように理解すべきだろうか。

一点目に注意したいのは、ユタになる過程に見られるカミダーリをめぐる問題である。先述したように、ユタは、ユタになる前にほぼ例外なく身体的・精神的不調を体験するが、それが通常の病気（たとえば精神医学から見た○○病）ではなく、「ユタになるべき」との神からのシラセ（カミダーリ）と解釈されることによって、その「病気」を克服してユタになっていく。ユタの数に減少傾向が見られないということは、精神的病を癒すというユタ文化の機能が、現在の沖縄においてもなお十分な有効性を発揮していることを示していると判断していいだろう。

二点目に注意したいのは、ユタの勢力が衰えない背景には、当然のことながら、ユタを支持し、ユタに依存する人々の存在が想定される点である。医学がいくら進歩しても不治の病はあるわけで、「医者半分、ユタ半分」という考え方は、今日でも多くの沖縄の人々の間で共有されているものと思われる。これに関連して、葬儀社の出現によって伝統的な葬儀の多くの部分が外部化（家での葬儀から葬儀社が運営するセレモニーホールでの葬儀への移行など）されるなかにあって、ユタによる死者の口寄せは今日でも根強く実施されていることにも注意したい。ユタによる口寄せの実施は、人々にとって身近な人の死後の魂の存在を確信させる手立てとなり、さらに、ユタを介しての死者との交流が、身近な人の死によって生じた遺族の心の不安を癒す働きをする場合も少なくないものと思われる。

最後に、一九八〇年代の位牌継承問題以後になると、新聞や雑誌、テレビなどのマスメディアによるユタの取り上げ方において、かつてのように批判的立場からのものはほとんど姿を消し、おそらくはスピリチュアルブームなどと連動しているのであろう、病因が特定しにくい精神的病を抱えた人々に対処する場面によく見られる「野のカウンセラー」としてのユタの役割を肯定的に捉えることが増えた、という事実にも注意を向ける必要があるだろう。

（赤嶺政信）

読書案内

大橋英寿『沖縄シャーマニズムの社会心理学的研究』弘文堂、一九九八年。

＊沖縄のシャーマニズム（ユタ文化）について多角的視点から論じた著書。ユタの成巫過程についての社会心理学的立場からのアプローチがなされ、また、「野のカウンセラー」としてユタの役割を積極的に評価している。

宮城栄昌『沖縄のノロの研究』吉川弘文館、一九七九年。

＊沖縄のノロ（ヌル）やツカサなどの神女について、王国時代の女性神官組織の確立と変遷、ノロ・ツカサの管轄村落、ノロ・ツカサが司祭する祭祀、ノロ・ツカサの選定および継承法、ノロの婚姻制、神女の経済生活など、多角的視点から論じた著書。

伊波普猷『沖縄女性史』平凡社、二〇〇〇年。

＊『沖縄女性史』（一九一九年）と女性関連論集によって構成される。「古琉球における女子の位地」「ユタの歴史的研究」「尾類の歴史」などが収録され、沖縄の歴史におけるノロやユタを中心にした沖縄の女性たちの状況について学ぶことができる。

仲松弥秀『神と村』伝統と現代社、一九七五年。

＊沖縄各地でのフィールドワークに基づいて、沖縄の御嶽や神観念などについて多角的に論じた著書で、沖縄民俗学において古典的位置を占める。御嶽の神の神格は村の祖霊神であるとする点に仲松御嶽論の特徴があり、御嶽と村落の関係についても独自の議論を展開している。

参考文献

赤嶺政信『シマの見る夢――おきなわ民俗学散歩』ボーダーインク、一九九八年。

岡本太郎『沖縄文化論――忘れられた日本』中央公論社、一九七二年。

塩月亮子『沖縄シャーマニズムの近代――聖なる狂気のゆくえ』森話社、二〇一二年。

高梨一美『沖縄の「かみんちゅ」たち――女性祭司の世界』岩田書院、二〇〇九年。

高橋恵子『暮らしの中の御願――沖縄の癒しと祈り』ボーダーインク、二〇〇三年。

鳥越憲三郎『琉球宗教史の研究』角川書店、一九六五年。

中山盛茂・富村真演・宮城栄昌『のろ調査資料』ボーダーインク、一九九〇年。

柳田国男「阿遅摩佐の島」『海南小記』一九二五年（『柳田国男全集』一、ちくま文庫、一九八九年）。

第3章

知らない世界に出会う

よりよい暮らしを求めて

正信の家ではハワイに住む親戚のおじさんにも会った。おじさんのお父さんは戦前にハワイへ移民として渡った人らしい。明治時代から戦前にかけて、そして戦後、沖縄をはじめ日本各地から、移民としてハワイや中南米に渡った人が多くいたことを初めて知った。移民先での生活は差別と重労働で苦労の連続だったという。それを乗り越えて、今の社会的地位を築くことができたのだ。こうして里帰りができるなんて当時は想像もできなかったと、しみじみと語ってくれた。観光パンフレットに描かれた沖縄とは違う、リアルな沖縄の姿に触れた気がした。

沖縄では太平洋戦争中に犠牲になった人も多い。戦争で亡くなった先祖のことは、今もユタの見立てに登場すると聞いているし、沖縄の人たちにとって戦争は過去のものではないのだ。おばあさん曰く、基地問題は言うまでもなく、戦争が終わってもアメリカの影響は生活の至るところに及んでいるという。

たとえば食べ物。アメリカの食文化の影響で若い世代には味噌や野菜を使った料理はあまり食べられなくなって、伝統食はいまや高齢者たちの食べ物になっているみたいだ。そういえば、正信もファストフードをよく食べている。伝統食のおかげか、沖縄は長寿の地といわれてきたのに、今やそれも危ういらしい。

変わったのは食べ物だけじゃないと思う。家族全員がそろって食卓を囲む回数も減って、食文化をとりまく家族のあり方も変わってきたような気がする。「うちの食卓だって同じようなもんだよね」。家族の帰宅時間はバラバラで、用意されたものを電子レンジでチンして食べることもある。すべてが母親の手作りってわけじゃないし、店で買った惣菜が食卓に並ぶこともある。もちろん母親に文句なんて言えないけど。

地域を演出する

沖縄での滞在も一週間を過ぎた頃、旅行に来る前に持っていた沖縄のイメージがすっかり変わってしまった。というよりも、なぜ沖縄に対して一定のイメージをもつようになったのだろうか。よくよく考えてみると、マスコミの影響って大きい。温暖な気候と風土、琉球という言葉もちょっと魅かれる。世界遺産の登録でも注目されて、映画やテレビドラマの舞台にもなったりして、すっかり明るい沖縄のイメージが植え付けられていたようだ。もちろん地域振興として、沖縄県が観光に力を入れていることもある。お土産に買った「かりゆしウェア」だって、アロハシャツをヒントに観光の振興目的で創られたものだと後で知った。盆行事のエイサーも今や観光資源の一つになっている。でも、良いことばかりではないようだ。おばあさんが言っていたように、観光客が御嶽に入り込んで、ムラの人を怒らせる事態も起こっていると聞く。

　同じようなことが、世界遺産に認定されたり文化財を抱える本土の各地でも起こっているのかもしれない。観光産業を中心にそこで生活する住民が抱える問題は、経済的な事情や法律の施行も絡み、外部の者が考える以上に複雑だ。「私だってひとつ間違えば、迷惑な観光客になりかねないよね」、珍しくアイは落ち込んでいた。沖縄旅行は、アイにとって自分と自分の周囲を客観的に見る好機となった。

Section 1
よりよい暮らしを求めて

日系人と日系文化

現在、海外に居住する「日系人」の総数は推定二六〇万人以上とされ（二〇〇六年、外務省領事局調べ）、北米・南米諸国を中心として世界各地に形成された日系コミュニティでは、日本の文化が世代を超えて継承されるだけでなく、地域ごとの特質に合わせて独自の「日系文化」へと発展する様子が窺える。この日系人とは、一般的に、明治期以降によりよい仕事と暮らしを求めて日本を離れ、渡航先の社会に定住した日本人移民（一世）とその子孫たち（二世、三世、四世……）を指す。日本の組織的な海外移民は一八六八（明治元）年にハワイ王国へ渡った「元年者」と呼ばれる一五三名に始まり、ハワイとの国家間条約に基づく「官約移民」の開始（一八八五年）により本格化する。これ以降、渡航先はアメリカ合衆国、カナダ、ブラジル、ペルーなどの北米・南米大陸、さらに太平洋やアジアの各地へと拡大し、膨大な数の日本人が海を渡っていった。このうち、台湾、南樺太、朝鮮、関東州、南洋群島および満州など太平洋戦争の際に日本の統治下や支配下にあった地域では、敗戦後に移住者の大部分が日本へ引揚げたため、ここで取り上げるような日系コミュニティは今ではほとんど見ることはできない。

当初、日本人移民の一般的な渡航目的は「出稼ぎ」であり、短期間のうちに大金を得て錦旗帰郷を果たすことを夢見ていた。しかし、多くの初期移民が直面したのは、最下層の契約労働者としての過酷な作業と劣悪な生活環境、そして外観も習慣も異なる人種的・民族的マイノリティに対する現地社会からの偏見や差別という厳しい現実だった。そのような環境のなか、契約期間を終えて早々に帰郷する者がいる一方で、ささやかな成功を得て、家族や花嫁を日本から呼び寄せることで徐々に現地社会へ根を下ろし、結果として定住を選択する者が次第に増えていった。この定住化は日系コミュニティにおける本格的な生活環境の整備・拡充を促すと同時に「日系文化」の誕生を強く後押しすることになる。

では、どのようにして日系文化は形成されてきたのだろうか。

一世が日本から持ち込んだ文化（生活様式や価値観なども含む広義の文化）は、移住先社会で日常的に起こる異文化・異民族との接触や相互作用を通して変容を繰り返し、徐々にその土地に根差した日系文化が形づくられていく。そのため、世界各地にそれぞれ異なる地域的特徴を備えた日系文化が誕生することになる。

その一方、地域差を越えて多くの日系文化に共通する特徴も少なくない。日本人移民が異国の社会へ参入する際、その社会にとって「よそ者」である彼らが日本から持ち込む文化は他集団から「奇異な文化」と否定的評価が与えられ、主流文化への同化を強く求められるのが一般的である。このように多民族が混在する社会において、「文化」の問題はしばしば集団間の関係性を映し出す鏡となると同時に、集団間の政治的駆け引きの道具としても積極的に用いられることがある。したがって、日系文化の形成や発展の歴史からは、日系人がその社会に根を下ろし、安定した社会的地位やアイデンティティをつかみ取るために経験してきた苦悩と努力、およびその成果が読み取れるのである。

さらに、日系文化の形成に際して、その基盤となる「日本文化」が内包する地域的多様性も重要である。日本各地から集められた日本人移民は、それぞれ特色のある地域文化を身につけた人々の集合である。彼らは移住先でも「～村人会」や「～県人会」を組織して助け合い、郷土の生活様式や習慣を最大限維持しようと努めた。そのため、日系文化は外部からは一枚岩に見えても、内部では多様な地域文化が混在し、そして相互に影響し合っているのである。

このように、世界各地に存在する日系文化には、その社会に暮らす日系人たちの歴史や経験、記憶、そしてアイデンティティの変遷などが深く刻み込まれているのである。以下では、日系人史の原点であるハワイの事例を用いて日系文化の継承と変容について具体的に見ていこう。

多民族社会ハワイ

太平洋の中央に位置するハワイはユニークな多民族社会として知られている。今日のハワイ社会は先住民であるハワイアンのほか、外来の白人系、中国系、日系、フィリピン系、コリア系、近隣のポリネシア系など、文化的・民族的背景の異なる多様なエスニック集団により構成され、どの集団も単独では過半数には及ばないことが大きな特徴である。では、どうしてハワイ社会は多民族化したのだろうか。

イギリス人冒険家ジェイムズ・クックによるヨーロッパ人にとっての「ハワイ発見」（一七七八年）を契機に西洋との接触がはじまると、ハワイは不可避的に西洋近代の潮流に飲み込まれていく。英米人の協力を得てカメハメハ王がハワイ統一を果たすと、王朝時代のハワイではアメリカ系白人の影響力が急速に高まっていった。かれらは土地制度改革により獲得した広大な土地を利用して砂糖産業を興し、砂糖きびプランテーションの労働者として世界各地から四〇万人に及ぶ移民を導入したために、ハワイ社会は急速に多民族化していくのである。プランテーション経営者たちは、過酷な作業に従事する労働者の連帯を防ぐために意図的に異なる国々から移民を集めたが、さらに賃金や作業内容、居住区、生活環境に格差を設けることで集団間に序列を設け、プランテーション・ピラミッドと呼ばれる白人を頂点とする階層的秩序を築いていった。

ここで、日本人移民到着後のハワイに起こった二つの重大な社会変革について確認しておこう。第一の変革には、ハワイ王朝崩壊（一八九三年）、ハワイ共和国樹立（一八九四年）、アメリカ合衆国による併合およびハワイ準州の誕生（一八九八年、州への昇格は一九五九年）、日本軍による真珠湾攻撃により口火が切られた太平洋戦争（一九四一年～）を含めることができる。この時期は「ハワイのアメリカ化」の過程であり、その間アメリカ国籍をもつ日系二世人口の急増や日米関係の悪化に伴って次第に日系人は危険視されるようになり、戦争勃発により日系人が「敵性外国人」と規定されると、日系文化は消滅の危機を迎える。

これに対して次の大きな変革においては、日系人の復権と日系文化の再評価および復興の動きが進展する。アメリカ軍日系二世部隊による生命を賭した活躍を契機に日系人は復権を果たした。白人支配体制を長年支えてきた共和党から民主党へと移行した「民主党革命」の原動力になったのは、躍進を続ける日系二世であった。祖国アメリカの英雄として激戦地から凱旋した日系二世たちはＧＩビル（復員助成金）を得て米本土の名門大学を卒業し、ハワイ社会に新たなエリート層を形成した。選挙に圧勝して政権を奪取した民主党は主に彼らが牽引し、選挙権年齢に達して一大票田と化した日系二世世代が下支えしたのである。これにより誕生する平等主義と多民族共栄の理念を掲げる社会のなかで、日系人は一気に社会上昇を遂げていく。この変革によって、ハワイではすべての文化に新たな意味と役割が与えられるようになる。各エスニック集団が継承する伝統文化や歴史的記憶は等しくエスニック・ヘリテージ（民族的遺産）と再定義されて、ハワイ全体が共有する貴重な社会資源と位置づけられるようになる。日系文化もまた、以上の変革期を経てジャパニーズ・ヘリテージとして再生し、世代継承が進むなかで変容と創造を繰り返している。

プランテーションの暮らしと日系文化

ハワイへ渡った日本人移民の総計は、新規移民が全面禁止される一九二四年までに約二二万人に達し、一九〇〇年には二世の増加に伴って日系人人口はハワイ全体の約四〇パーセントを占める最大集団へと成長していた。出身地別に見ると、一九二四年の時点で二世を含む日系人のうち、広島が約二四パーセント、山口が約二一パーセント、熊本が約一六パーセント、沖縄が約一三パーセントと西日本への偏りが見られ、以下、福岡、新潟、福島、和歌山、宮城が続く。この日系コミュニティ内の人口比が日系文化の形成に反映されることになる。たとえば、日系人のあいだで共通の生活言語として長く用いられてきた「日本語」は広島と山口の方言をベースに構成されており、また、ハワイの仏教寺院の約半数を占める浄土真宗本願寺派の存在は、それを支える広島、山口、熊本、福岡など真宗仏教圏出身者の勢力の大きさを示している。それでは、日系コミュニティの外部における異文化間の相互作用と、内部における地域文化間の相互作用が交錯するプランテーションという場において生成された日系文化の例としてホレホレ節という労働歌を見てみよう。

砂糖きびプランテーションにおける典型的な一日の生活は、五時の起床を知らせるサイレンとともにはじまる。朝食後、耕地へ移動して六時に作業開始、三〇分間の昼食休憩をはさんで夕刻四時半に作業終了となる。炎天下の耕地では、日系や他のアジア系の労働者たちが馬上からムチを振るうポルトガル系の現場監督（ハワイ語でルナ）の命令にしたがって働いた。労働者は全員「バンゴー」（番号が共通語化したもの）と呼ばれる金属製の番号札を首から下げ、個人名でなく番号で命令され、管理された。耕地の作業は、主に男性がきびの刈り取りや運搬などの力仕事を行い、女性は刈り取られたきびを束ねる作業や枯れ葉を掻き落とす作業を担った。この枯れ葉を落とす作業をハワイ語でホレホレといい、その作業中に日系人たちが互いに励まし合いながら即興的に唄ったのがホレホレ節である。七七七五調の歌詞には日々の厳しい作業や生活、男女関係、望郷の念などが唄い込まれている。たとえば「ハワイハワイと夢見てきたが　流す涙はキビのなか」「明日はサンデーじゃよ　ワヒネ（ハワイ語で妻の意）も連れて　アイカネ（ハワイ語で友人の意）訪問と出かけよか」「日本出るときゃ一人で出たが　今じゃ子もある孫もある」などは有名である。歌詞に英語やハワイ語が混ざることも特徴のひとつであり、それは多文化・多言語が混在する日常的な生活環境を映し出している。また、その旋律は広島をはじめ、山口や熊本などの民謡が混合してできたといわれる。このようにホレホレ節は、日系コミュニティ内外の多層的な社会関係や相互作用により誕生した典型的な日系文化といえる。

また、日系コミュニティでは郷土の暮らしをできるだけ再現するために日本的な生活習慣と環境が整えられていった。子どもの日本教育を行う日本語学校、信仰や冠婚葬祭を担う寺社が設置され、豆腐屋や総菜屋、日本製品を輸入する雑貨店、共同風呂、芝居小屋、映画館が営まれ、一年の節目には正月用の餅つき、天長節の祝賀、盆踊り、相撲大会なども行われたが、白人支配層は日系人の閉鎖性と排他性を強化しているとして日本語教育などの文化実践に対する批判を強めていった。

多元化する日系文化とアイデンティティ

すでに日系六世が誕生している現在のハワイ社会では、人々の社会関係とアイデンティティは以前とは様相が大きく異なる。エスニック集団の境界が緩んで文化の生産と消費が境界を越えて行われるようになり、同時に異民族間の婚姻の増加による個人や家族の多文化化・多民族化という現象が生じ、文化や民族の融合が一気に進んだのである。このような社会では、例えば、ある一人の人間意識のなかにアメリカ人、ハワイのローカル、日系人、フィリピン系人といった多様なアイデンティティが共存し、それらが相互に対立するのではなく状況に応じて入れ替わり表出することも決して珍しくない（ただし、ハワイアンの排他的権利回復を求める先住民運動においては、他のアイデンティティとの間に対立関係が生じることが少なくない）。

こうした今日の状況において、日系文化もまた、エスニック集団の枠を超えて広く受容される一方で、日系の血を引く人々にとっては自分の祖先や民族的ルーツとのつながりを確認し、日系人としてのアイデンティティを保証してくれる「生きた文化」であり続けている。それでは、以上の特徴を備えた今日の日系文化を具体的に見ていこう。

日系文化の諸相

エスニック境界を越えて社会全体に浸透した日系文化の例は枚挙にいとまがない。箸の使用をはじめ、白米、刺身、漬け物、豆腐、納豆、醤油、味噌汁などの食習慣、ビーチで用いるゴザ、玄関で靴を脱ぐ習慣の他、産業面では漁撈文化もそのひとつである。ハワイの水産業は和歌山、広島、山口、沖縄の各県出身漁民によって飛躍的に発展し、その影響は一本釣りなどの技術や漁法、水産物の保存、流通、販売、さらに魚食文化にまで及んだ。ホノルルの有名鮮魚店タマシロ・マーケットや二〇〇一年まで九七年間続いたハワイ島ヒロの魚市場スイサンなどは日系漁撈文化の繁栄を示すシンボルである。ではここで、日系文化の特徴が顕著に見られるボンダンス（盆踊り）とヤクドシ（厄年）、モン（家紋）に注目してみよう。

死者の霊を供養する盆踊りは、ハワイでは初期移民たちによって始められ、その歴史はすでに一二〇年余に及ぶ。しかし、今日では「ボンダンス」と呼ばれ、ハワイの年中行事として広くハワイ社会の人々に愛されている。ボンダンスは六月から九月の各週末に行われ、二〇一三年にはハワイ全域で七九会場、延べ一一六日に及んでいる。日系仏教寺院を主とする各地のボンダンス会場は思い思いの流儀で浴衣やハッピ、手ぬぐいを身にまとった日系人やさまざまな民族的背景をもった老若男女の踊り手たちで埋め尽くされ、福島音頭、岩国音頭、沖縄エイサーの各クラブが櫓の上で行うライブ演奏に合わせて、幾重にも輪をつくって真剣な眼差しで踊るのである。一曲終わるごとに増す歓声や一体感、日本各地の盆踊りが一堂に会す空間、多彩な曲の所作を巧みに踊り分ける多様な人々、そしてハワイに生きた一世・二世のプランテーション生活や戦争体験などが唄い込まれた数々のオリジナル曲からは、ハワイ日系文化が独自の発展を遂げてきたことを痛感させられる。その一方で、僧侶（開教使）の説法で幕が開けることや、一部の寺院では死者の魂を弔う灯籠流しが同時に行われることからは、多くの日系人にとって、依然としてボンダンスが一世、二世を含む

図1　ハワイのボンダンス

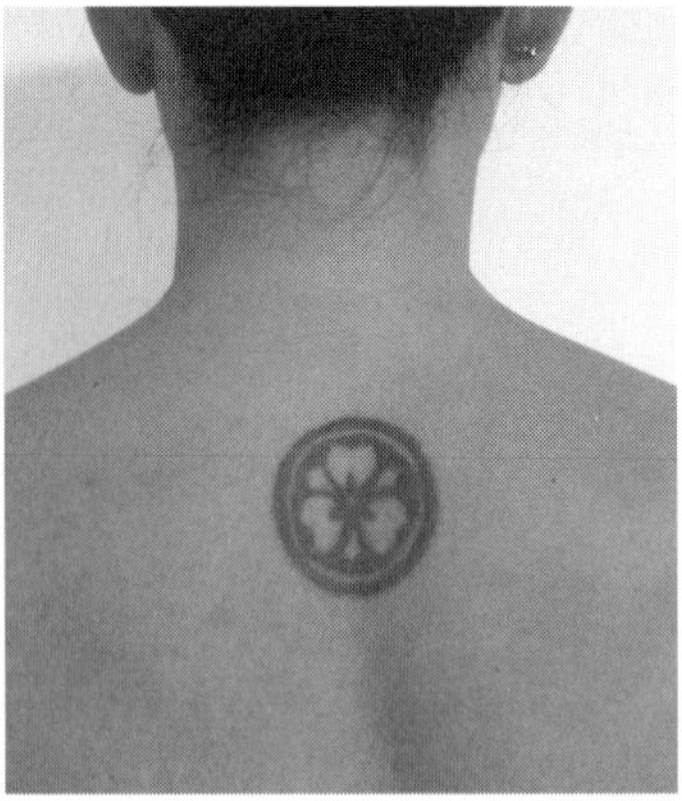

図2　家紋の入墨

図3　1001羽の鶴でつくった家紋

祖先を敬い供養する行事であり、また日系人としての自己を確認する場であることが読み取れる。

次にヤクドシである。日本では男性の二五歳と四二歳、女性の一九歳と三三歳を大厄として神社などで厄払いを行うのが一般的だが、今日のハワイではそのような慣行の代わりに、四二歳の厄年を迎える男性のためにヤクドシパーティーを催す。本人にはサプライズの形式を取ることが多く、親戚や友人を招いて盛大に祝う。あるヤクドシパーティーの様子を覗いてみよう。主役の男性は「ハッピーヤクドシ」のかけ声とともに迎えられた後、用意された赤いアロハシャツや赤い花のレイを身につけ、赤飯や鯛など赤色の料理、特注のヤクドシバースデーケーキなどで祝福される。そして、パーティーの最後は日系人恒例のバンザイサンショウ（万歳三唱）で締めくくる。

重要な点は、日系人の多くがこれを日本の伝統に則した行事と認識し、厄年を祝福すべき年齢と理解していることである。ハワイ在住の日本人のなかには「日本文化が間違って継承されている」と嘆く者もいるが、必ずしもそうとはいえない。確かに「赤」が多用される点は還暦との混同が考えられ、またハワイ独自のアレンジも随所に見られる。しかし、厄年を祝う点については、実際に三重県や瀬戸内地方などに「厄祝い」あるいは「厄年祝い」と称し、祝宴を開いて厄払いをする慣行が存在することから、同地域出身の移民がもち込んだ習慣が「ハワイ日系文化」として標準化していった可能性は否めないのである。なお、最近では日系以外の人々へヤクドシパーティーの習慣が広がる傾向が見られる。

また、近年の日系社会では自分のモン（家紋）を入手し、さまざまな用途に活用することが根強いブームとなっている。日本に関する知識が乏しく日本語をあまり解さない三世以降の日系人にとって、モンは家の系譜を辿って自己を祖先や民族的ルーツである日本へとつなぎ合わせる非言語的で可視的なアイテムである。言い換えれば、自分の家系、そして日系エスニック集団としてのアイデンティティを簡単に表象できる使い勝手の良いシンボルなのだ。その利便性ゆえにモンは生活のなかで広範かつ柔軟に用いられている。たとえば、指輪やペンダントなどアクセサリー類のデザインの他、一族の定期的な集い（ファミリー・リユニオン）のときなどにおそろいで着用するオリジナルTシャツの図柄、一族の歴史をまとめたファミリー・ヒストリーブックの表紙にもよく用いられる。さらに、若い人々が身体に刻み込むタトゥー（入墨）のデザインとしても人気がある。ある日系四世の女性は着物の背紋を入れる背中上部に自分のモンを彫り込んでおり、彫る位置も日本の伝統にこだわったと筆者に説明してくれた。その他、最近のハワイにおいてモンがとくに重要な意味をもつ場面は結婚披露宴である。日系人の披露宴会場では新郎や新婦の家のモンをデザインした大きな額を飾る習慣が定着している。これは金色の折り鶴一〇〇一羽を台紙の上に少しずつずらして並べ、モン（モンがない場合には「寿」「愛」などの漢字や鶴の形など）を形づくり、額装したものである。一〇〇一羽の鶴の意味は、結婚生活に必要な忍耐力を養うために花嫁が千羽の鶴を折り、花婿が最後の一羽を折って幸せを添えるとされる。最近では折った鶴を専門の業者へ持ち込んで成形してもらうことが多い。この習慣が生まれた経緯は不明だが、近年では異民族との結婚が一般化したことにより日系の枠を越えた広がりも観察できる。

ジャパニーズ・スピリット

今日、ハワイ日系人たちが認識している「正統な日本文化」のなかには日本的な価値観や精神性も含まれている。ホノルル市内に建つハワイ日本文化センターには歴史ギャラリーがあり、そこでは一世紀半に及ぶ日系人の歴史と生活の様子が豊富な展示物やデジタル映像を駆使して再現されている。入り口に並び立つ一二本の石柱は、日系人が先人から受け継ぎ、重んじてきた日本的な価値観や精神性を示している。一本一本の石柱には「孝行」「恩」「我慢」「頑張り」「仕方がない」「感謝」「忠義」「責任」「恥、誇り」「名誉」「義理」「犠牲」という日本語の文字が彫られ、背後の壁面には英語で、言葉の意味と読み方に加えて「価値観は人々を形づくり、生き・栄えるための助けとなる」という一文が記されている。石柱に刻まれたこれらの言葉は日系人の日常生活においても日本語のまま用いられることがある。たとえば、日系人の今日の地位を築くための礎となった一世や二世の苦労、忍耐、努力についての語りや、子や孫に日系人としての誇りや日系人らしい生き方について教える際などにしばしば登場する。この場合、これらの価値観は日系文化の根幹をなす「ジャパニーズ・スピリット」と認識されるのである。

「移民の民俗学」に向けて

本節では、激動のハワイ史のなかで、日系文化が継承され、変容していく様子を紹介した。そこから見えてくるのは、日系人にとって日系文化は過去を懐かしく回想するための単なるノスタルジックな遺物ではなく、現在のかれらの生活様式の一部であり、考え方や生き方の指針であり、さらにハワイ日系人や日系アメリカ人としてのアイデンティティを形成し表象するために不可欠な、生きた「エスニック・ヘリテージ」に他ならないということである。

最後に、民俗学的な日本人移民・日系人研究を進めるうえで留意すべき三つの視点について触れておく。

第一に、今日見られる日系文化の背後には、継承されず、ひっそりと消えていった文化要素が多数あったことも見逃せない。それは、文化が継承される際には必ず要素の取捨選択がなされることを示しており、その選択基準がどこにあるのか、社会権力や秩序、他の集団や文化との関係を踏まえて個別に考える必要がある。また同時に、日系コミュニティ内部でのみ実践される文化要素と日系社会の枠を越えて外部社会へ波及する文化要素の違いが生じる理由を考察することも重要である。

第二に、日系文化を構成する各要素のなかで、日本におけるルーツが明確に認識されているものと、認識されていないものがあることに注目する視点である。これは日系コミュニティと郷土との連続性・非連続性の問題、そして文化の標準化の問題を考えるうえで重要であり、民俗学的な知識や手法がもっとも生かされる領域である。

第三に、日系コミュニティ内の権力構造と多様性に注目する視点である。ハワイの場合、数的優位に立つ広島系、山口系の影響力が強いことはすでに述べたが、その一方で、民族的・歴史的背景の異なる沖縄系に対する激しい差別が根強く存在した。複雑な過程を経た後、現代ハワイ社会において沖縄系は日系とは異なるエスニック集団としての地位とアイデンティティを確立しつつある。この問題は、被差別者としての日系人像を相対化すると同時に、日系文化の内面に潜む政治力学をより鮮明に浮き上がらせるだろう。

これまでの日本人移民や日系人の研究は主に歴史学、社会学、文化人類学、国際関係学などの分野が牽引し、日本国内を主な研究対象としてきた民俗学による研究は十分には行われてこなかった。しかしながら、民俗学が蓄積してきた日本人の生活と文化に関する膨大な研究成果と知見を有効に活用することで、「移民受け入れ社会」側の視点に偏りがちだった従来の移民研究に、「移民送り出し社会」側の視点を連動させた多元的な日本人移民・日系人研究への道が開かれることを期待したい。

（岡野宣勝）

読書案内

アケミ・キクムラ＝ヤノ編（小原雅代ほか訳）『アメリカ大陸日系人百科事典――写真と絵で見る日系人の歴史』明石書店、二〇〇二年。

＊アメリカ大陸各地の日系人に関する百科事典。各国日系コミュニティの歴史と現状、日系人の文化とアイデンティティをめぐる諸問題が日系人・日本人研究者による「内側」の視点から考察されており、日系人の世界的な比較研究に道を開く必読書である。

山本岩夫・ウェルズ恵子・赤木妙子編『南北アメリカの日系文化』人文書院、二〇〇七年。

＊本書はカナダ、アメリカ合衆国（本土）、ハワイ、南米各国の日系人を文化的側面から理解しようとする。芸能、信仰、言語、文学、教育、食など多彩な主題を取り上げ、異なる社会状況のなかでユニークな発展を遂げる日系文化の姿が描き出される。

中嶋弓子『ハワイ・さまよえる楽園――民族と国家の衝突』東京書籍、一九九三年。

＊ハワイ近現代史を豊富な文献や資料に基づいて丹念に綴った、ハワイ入門書として最適な一冊。ハワイが諸外国の影響の下で多民族社会へと変貌を遂げる過程、日系人が辿った苦難と成功の歴史、先住民問題などが論じられている。

島田法子『戦争と移民の社会史――ハワイ日系アメリカ人の太平洋戦争』現代史料出版、二〇〇四年。

＊ハワイにおける日系人の戦争体験を総合的にとらえた社会史的研究。敵対する日米二国家のはざまに立たされたハワイ日系人がどのように行動し、戦後、日系文化のリバイバルをどのようにして果たしたのか、日系人の視点から検証している。

参考文献

飯田耕二郎『ハワイ日系人の歴史地理』ナカニシヤ出版、二〇〇三年。

井上順孝『海を渡った日本宗教――移民社会の内と外』弘文堂、一九八五年。

ロナルド・タカキ（富田虎男・白井洋子訳）『パウ・ハナ――ハワイ移民の社会史』刀水書房、一九八五年。

竹沢泰子『日系アメリカ人のエスニシティ――強制収容と補償運動による変遷』東京大学出版会、一九九四年。

鳥越皓之『沖縄ハワイ移民一世の記録』中央公論社、一九八八年。

中原ゆかり『ハワイに響くニッポンの歌――ホレホレ節から懐メロ・ブームまで』人文書院、二〇一四年。

日本移民学会編『移民研究と多文化共生』御茶の水書房、二〇一一年。

ハルミ・ベフ編『日系アメリカ人の歩みと現在』人文書院、二〇〇二年。

町田宗博・金城宏幸・宮内久光編『躍動する沖縄系移民――ブラジル、ハワイを中心に』彩流社、二〇一三年。

森本豊富・根川幸男編『トランスナショナルな「日系人」の教育・言語・文化――過去から未来に向かって』明石書店、二〇一二年。

Section 2

地域を演出する

地域を彩る

民俗学では、これまで各地域の伝統的とされる祭礼や民俗芸能を研究対象としてきた。また、現代の日本社会においては、祭礼や民俗芸能、年中行事、さらには伝統的町並みや景観を活用した地域振興が積極的に行われている。今日の地域振興において祭礼や民俗芸能は、「地域」や「伝統」と結びついて意識され、その地域社会を活性化するものとして大きな期待が寄せられている。祭礼や民俗芸能が継受されるだけでなく、演出され、地域を彩るための一素材とされているのである。

図１　平敷屋エイサー（うるま市勝連平敷屋）

ここでは、その事例として、沖縄の民俗芸能である「エイサー」を取り上げる。ここでは最初に現在のエイサーは、狭義の地域や伝統という枠組みを超えている。ここでは最初に地域社会と結びついたエイサーの姿について見ていく。そして、イベント化、移動や観光といった視点からエイサーの現代的展開を見ていきながら、生活世界に埋め込まれていた民俗文化が、外部との関わりにおいて、いかにして沖縄という地域を代表する存在になっていったのかを考えていく。

地域社会にある

まずは地域社会に根ざした伝統的といえるようなエイサーについて見ていこう。本来、エイサーとは、主に沖縄本島、およびその周辺離島で旧暦の盆（以下、旧盆）の夜に青年男女によって行われる太鼓踊りである。男性は大太鼓、締め太鼓やパーランクーという片面張りの小太鼓を打ち、女性は手踊りで隊列を組み、集落をまわるスタイルが主流である。

エイサーは、祖先を供養する念仏踊りが変化したものである。一六〇三(慶長八)年、沖縄(琉球)に日本本土から渡った浄土宗の僧、袋中上人《たいちゅうしょうにん》が仏教の経典のなかから選んだ経文を、沖縄の言葉に翻訳して、節をつけた念仏歌がその原型であるという。これを庶民に広めたのが、民間の芸能集団で葬儀の際に死者の供養などをしていた念仏僧のニンブチャー(念仏者)や家々をまわる門付け芸人のチョンダラー(京太郎)の人たちであるといわれている。エイサーの呼称は、歌のなかの「エイサー、エイサー、ヒヤルガエイサー」という掛け声がもとになっているといわれている。エイサーにも、大太鼓を使わずに円陣を組んでまわるもの、他にウスデーク(臼太鼓)という太鼓を使う民俗芸能もあることから、おそらく念仏踊りと従来あった民俗芸能が混じりあい、今のようなエイサーができたと推測される。

エイサーは沖縄県全体に分布しているものではなく、沖縄本島中部がその中心である。そして、各町内、地域ごとに青年会を母体とした小さな団体があり、それぞれ衣装、音楽、振り付け、隊形に特色がある。参加資格は各青年会のメンバーに原則限定されている。つまり、その地域以外の人が参加したくても、誰でもが参加できるものではない。そして、さらにいえば年齢制限があり、主に若い男女のみが参加するもので、比較的年齢が高い者は、唄と三線《さんしん》の演奏を行う地謡《じーうてー》を務める。そして、太鼓を叩くのは男性のみで、女性は手踊りと決まっている。

また、その時期も旧盆の夜、あの世から戻ってきた祖先の供養のために踊られるもので、いつでもどこでも演じるものではなかった。演じられるのは、旧盆の三日間、通常、三日目の旧暦七月一五日に祖先の霊をあの世にお送りする、ウークイ(お送り)が済んだ後に行われる。道ジュネーといい、青年たちは、夜、数十人で隊列を組み、太鼓を打ちならしながら、三線の地謡とともに集落内の各家々を回って歩くのである。

エイサーは太鼓を用いた勇壮で華やかなパフォーマンスとして、沖縄県内外において人気が高い。しかし、もともとのエイサーは地域社会内部のものであり、その参加資格、年齢や男女による役割、演じる時期、場所などに明確な決まりごとや制約があり、日本の他府県の祭礼や民俗芸能と同様にそこに住む人々の生活の一部であった。

コンクールとイベント化

各地域で行われていたエイサーが、外に開かれ、変化する大きなきっかけとなったのは、第二次世界大戦後、県内のエイサー団体が一堂に集まって行われるコンクールがはじまったことによる。一九五六年、各地域のエイサー団体が集まり、その芸や技を競うということで、沖縄本島中部のコザ市（現 沖縄市）主催による「全島エイサーコンクール」が開催された。このコンクールはその後、参加団体を増やし、今では「沖縄全島エイサーまつり」に引き継がれている。また、一九六四年から、沖縄県青年団協議会主催の「沖縄エイサー大会（現 青年ふるさとエイサー祭り）」も行われるようになった。

沖縄全島エイサーまつりは、旧盆後の週末に開催され、多くの人が会場に集まるだけでなく、テレビ中継もされる。このコンクールへの参加により、各団体は今までと違い、地域外の人たちからも自分たちのエイサーが見られるという経験をすることになった。また、他の団体に差をつけたいという意識も出てきた。そしてこのコンクール参加を契機として、衣装、音楽、振り付け、隊形も外部の人を意識したもの、派手で見栄えがするものに変わっていった。また、逆に本来のシンプルさを保つことで、伝統性と荘重さをアピールする団体もでてきた。このような地域間の差異化をはかる動きは、ともに地域の外部からのまなざしを意識することで、自己を相対化して、演出するようになってきたものとして理解できる。

コンクールは当初、服装、体（隊）形、態度、伴奏などを点数化して、順位を付けて、その優劣を決めていた。しかし、一九七七年の第二二回大会から順位を付けるのを止め、「まつり」（イベント）に移行している。沖縄県青年団協議会主催のコンクールも一九七五年、同様の動きをしている。このイベント化により、エイサーが変わっていくことになった。このころから、エイサーが旧盆の時期に限定せずに踊ることが容認され、エイサーを演じる時期や場所も変わっていくことになった。このころから、エイサーが旧盆の時期に限定せずに踊ることが容認され、人々が集まる各種イベントのなかでも演じられるようになっていった。さらに、青年会以外にも、子ども会、婦人会といった、本来はエイサーと無縁であった諸団体が、イベントに関わる出し物としてエイサーを演じるようになっていったのである。

とくに最近では、エイサーが全国的に有名になり、さまざまなイベントに参加する機会も増えている。一九九五年以降、毎年八月の第一日曜日には、那覇市の国際通りにおいて、「夏祭りin那覇実行委員会（那覇市国際通り商店街振興組合連合会）」主催の「一万人のエイサー踊り隊」というイベントが開催されている。このイベントは、国際通りの活性化と観光振興を目的としたもので、約千人の公募の踊り手、各地域の青年会、各種のエイサー団体、観光客や外国人も参加して盛り上がりを見せている。沖縄県外でも、東京都新宿区や町田市などで「エイサーまつり」が開催され、そのたび諸団体に混じり、沖縄からもいくつかの青年会が招請され参加している。また、彼ら彼女らは沖縄県内外の観光振興や物産販売のイベントにも参加している。

ただし、各地域のエイサー団体は、イベントに出演し、衣装や音楽を従来のものから若干変化させてはいるが、基本的にその参加資格と性別による役割分担は保持したままである。そして、地域の伝統と自分たちがつながっているという意識とプライドをもってエイサーを演じている。

さまざまな沖縄県内外のイベントでエイサーがもち出されるようになった理由として、沖縄以外の人が沖縄を代表するものとしてエイサーをとらえており、そのことを沖縄の人々自身も認識していること、この両者の相互関係があると思われる。外部から見られるという経験は、エイサーという民俗芸能を地域という枠から解放し、わかりやすく自らの存在を表現するパフォーマンスとしていくきっかけとなったのである。

従来の地域を超えた新しいエイサー団体も存在する。それは沖縄県内だけでなく、沖縄を離れた土地で暮らす人々にまで広がっている。

故郷とつながる

大阪の「がじゅまるの会（現 がじまるの会）」もそのひとつである。がじゅまるの会が結成されたのは一九七五年である。当時、沖縄を出て、大阪で働く人がたくさんいた。しかし、言葉や習慣などの違いから差別されることもあり、すぐにUターンする者、非行に走る者、事件に巻き込まれる者もいた。

そのような状況のなかで、沖縄から出てきた人たちが励ましあい、助け合うことを目的とした会ができた。それががじゅまるの会である。そして、故郷を懐かしむだけでなく、沖縄の文化を核として、自分たちの生活と権利とを守ることを活動の中心としてきた。そして、沖縄県出身者、その子（二世）や孫（三世）を包括しながら、親睦のためというより、マイノリティとしての主張と協調をテーマとして発展してきた。結成の背景には、明治期以降、多くの沖縄県出身者が就労のために大阪に出て来て、厳しい差別や偏見を受けてきたことも関係している。

そして、故郷の祭りを大阪で再現しようということになり、結成同年九月に大正区において、エイサーの演舞を中心とした「沖縄青年の祭り」がはじめられた。この会主催のイベントは「エイサー祭り」と名称を変え、規模を拡大し、多くの人々を集めている。

また、「東京エイサーシンカ」は、東京の沖縄県人会の青年部を母体にした団体である。一九七〇年代、大阪と同じような理由で、東京で暮らす沖縄県出身者によって「ゆうなの会」が結成された。また、同時期、沖縄県人会の青年部でエイサーがはじめられた。後に、この青年部とゆうなの会が合併し、一九九三年、東京エイサーシンカが結成された。なお、シンカとは仲間を意味する。現在は、沖縄県出身者は約半分で、主旨に賛同した者は誰でもが参加できる。しかし、男性が太鼓を打ち、女性が手踊りをするという役割分担があり、衣装、音楽には創作的な新しい要素は入れていない。しかも、イベントへの参加も沖縄と関係するもの、平和やマイノリティの主張など明確なメッセージ性をもったものを優先的に選んでいる。

沖縄を故郷とする人たちが主体となったエイサー団体は、沖縄県出身者、沖縄系二世、三世の参加を奨励している。このような団体は、日本各地にいくつかあるが、もはや参加を沖縄県出身者や沖縄にルーツをもつ人に限定するのが困難な状況にあり、賛同者を含むことで活動を活性化させている。しかし、このような団体では、故郷沖縄とのつながり、過去の差別や偏見といった困難な時代の記憶を共有すること、沖縄の文化の理解を促すことに重きを置いており、エイサーをその（抵抗を含んだ）表現のひとつとして位置づけている。このような故郷を離れた人々によるエイサーは、海外の移民の地であるハワイ、ロサンゼルス、ブラジルなどにも諸団体がある。

ここでのエイサーは、沖縄にルーツをもつ人にとっては、自身や祖先の故郷である沖縄と自分たちをつなぐもの、そしてアイデンティティを喚起する実践と意識されている。また、結成の経緯には、沖縄と日本の関係を前提とした政治的な意味合いを含みもつ場合もある。エイサーは、親睦や楽しみだけを目的としたものではなく、マイノリティとしての自己を沖縄と接合する手段ともなっているのである。

日本・世界へと広がる

メンバーシップにこだわらず全国的に展開する人気のエイサーの団体がある。それが、「琉球國祭り太鼓」（以下、祭り太鼓）である。この団体は、一九八二年、沖縄市で結成された。

当時は青少年の非行が問題になっていたころで、創設者は若者たちのエネルギーと地域の活性化とを結びつけられないかと考えた。

　祭り太鼓の最大の特色は、誰でもが分け隔てなく参加できることである。地域の青年会に属していない人や沖縄県外出身者でも、熱心に練習さえすれば舞台に立てる。しかも、従来は男性のみであった太鼓の演舞を女性もできるようにした。そして、太鼓を叩きたいという女性の入会希望者が増えていった。

　また、衣装、音楽、隊形に新しい要素を取り入れている。演舞において、従来の青年会のエイサー団体で用いられる曲も使うが、日出克《ひでかつ》の「ミルクムナリ」、BEGINの「島人《しまんちゅ》ぬ宝」、パーシャクラブの「五穀豊穣《ごこくほうじょう》」など、島唄以外の沖縄ポップスを多く使っている。また、パフォーマンスの形態も従来の隊列を組んで太鼓を叩く踊りから、舞台演出を念頭においた太鼓をもった踊りとして、琉球空手の型を入れるなど、視角的な効果を意識しながらレパートリーを増やしている。

図2　琉球國祭り太鼓の演舞（第57回沖縄全島エイサーまつり，沖縄市コザ運動公園）

　さらにいえば、会員はすべてアマチュアであるが、沖縄県内だけでなく、県外、海外に支部を作っている。二〇一三年で、県内に一〇支部、県外に三四支部、海外に一〇支部があり、会員の総勢は二五〇〇人を数える。パフォーマンスの形態や衣装を統一化し、本部の演出部から指導部の講師を経て、各支部に演目を下して練習しているため、どこかの地区でイベントがあり、異なる支部の人が集まっても多人数でのパフォーマンスが可能になる。祭り太鼓は、日本国内だけでなく、海外にも出かけ、さまざまなイベントに参加している。パフォーマンスや使用する音楽が明快で、しかも大人数であることから、人気を得ている。

　なお、近年では、エイサーが教育の場にも進出している。沖縄県内の各小学校では、従来、エイサーをもたない地域まで、運動会などでエイサーを練習して演じている。このような際に祭り太鼓の練習用ビデオが使われることも少なくない。

沖縄県内では、青年会のエイサーに対して創作エイサーに分類されることの多い祭り太鼓であるが、エイサーのない地域に育った者や県外で暮らす沖縄を故郷とする人にとって、正統な存在としてとらえられている。地域を超えたエイサー団体の特徴は、沖縄に関係する人々にとっては、楽しくアイデンティティを喚起するパフォーマンスであること、沖縄県外出身者にとっては純粋に沖縄に触れる機会と意識されていることにある。

観光の現場にて

観光客に見せることを前提にしたエイサーもある。沖縄県内の観光の現場では、最も端的に沖縄を代表するパフォーマンスとしてエイサーが用いられている。

沖縄本島南部のおきなわワールド文化王国玉泉洞という観光施設では、「スーパーエイサー団真南風《まふぇかじ》」という団体が、毎日エイサーを演じている。この団体は、一九九六年に結成され、日に二～四回、屋外のステージで同施設を訪れた観光客にエイサーを披露している。団員は約四〇人で、プロとして見せることを目的とした演出をしている。そのため、締め太鼓だけでなく、ドラムセットを使ったり、また太鼓を投げたり、宙返りをしたり、現代的なダンスの要素を入れた派手な身体動作による演舞をしている。そして、演舞後には観光客と一緒に記念写真を撮るサービスを行っている。また、有料の「エイサー学習体験指導」といったワークショップ、結婚式への出演も行っている。

随時メンバー募集をしており、参加資格を沖縄県出身者に限定していない。従来の島唄の曲も使うが、新しい演奏も行い、エイサーを超えたエイサーという意味で「スーパーエイサー」と名乗っている。その演技は難しく、誰でも可能というわけではなく、あくまで観光客相手のプロのパフォーマンス集団である。

このエイサーを見た観光客は、やや大きな動きと演出的な面は差し引くとしても、事前にイメージしていた沖縄のエイサーに生で触れたことに感動する。旧盆のエイサーを見たことがない観光客にとっては、初見のこのエイサーが沖縄のエイサーとなるのである。

このようにエイサーは、観光の素材、観光客に消費される商品としてよく使われるものになっている。たとえば、観光施設以外にも飲食店や土産店の従業員の衣装として用いられ、土産物にもエイサーの衣装を着たマスコット、モチーフとしたものが増えている。また、かりゆしウェア、Ｔシャツの図案にも使われている。観光化されたエイサーは、外部からの観光客にとってわかりやすい、沖縄らしい商品として消費されているのだといえる。

これまで見てきたように現在、さまざまなエイサー団体がある。地域レベルでの差異が問われていたエイサーが、今や地域を超え、さらには沖縄を超えてグローバルな展開を見せている。

エイサーの新たな展開

参加者、それを見る人、消費する人には、異なるいくつかの意識上の位相がある。しかし、共通しているのは、エイサーを沖縄の民俗（民族）文化のシンボルとしてとらえていることである。沖縄県外の人たち、故郷沖縄を離れた人たち、沖縄に住む人たちにとっても、エイサーは沖縄の本質的な伝統性を象徴し、演出するような、ある種のロマンティシズムを内在したパフォーマンスとして人気を得ている。

これらの要因として、エイサーが演じる上でそれほど技術的な困難を有しないということ、琉球舞踊や組踊りと違って、気軽に見て演じることが出来ること、明快な太鼓と三線、衣装のパフォーマンスであることなどから、沖縄県内外を問わず受容されやすいものであったことも大きいと思われる。また、青年会主体のエイサーも伝統を継承するといっても、決して固定的なものではなく、衣装や音楽などに新たな要素を入れながら変化してきた点も忘れてはならない。つまり、エイサーそのものの特質のなかに、新しいもの、ポップなものを取り入れ習合しやすい、アクセスしやすい、広がりやすい要素があったということもあると思われる。

しかし、全国的にエイサーが知られるようになったのは、そう古いことではない。一九九四年八月、第七六回夏の高校野球甲子園大会（全国高等学校野球選手権大会）において、沖縄県の代表校の応援に関西在住の沖縄県出身者がエイサーの衣装で応援に駆けつけたところ、「奇異」にして「華美」として、日本高等学校野球連盟から自粛を求められたという事件があった。当時はまだエイサーは認知される途中にあったと思われる。エイサーを奇異なものとしてとらえ、太鼓の音の自粛を促した視線には、それ以前の沖縄と日本の文化的差異に対する評価が見え隠れする。

この転換には、一九九〇年代以降のいわゆる「沖縄ブーム」が影響していると思われる。沖縄ブームとは、バブル経済下、沖縄の文化が大きく注目され、商品化され、消費されるようになった現象を指す。当時、首里城の再建やＮＨＫ

の大河ドラマ『琉球の風』の放送などもあり、それまでの「青い海と青い空」という自然環境のイメージに、琉球王国という独自の「歴史と文化」のイメージが加わることになった。沖縄ブームは、一九九九年、映画「ナビィの恋」のヒット、二〇〇〇年、「琉球王国のグスク及び関連遺産群」の世界遺産への登録、二〇〇一年、NHK朝の連続テレビ小説「ちゅらさん」の放送で、その後の「癒しと健康」というイメージの形成に含みをもちながらひとまず完結する。興味深いのは、同時期、沖縄内部においても主に若い人々を中心に、まぶい組編『事典版　おきなわキーワードコラムブック』（沖縄出版、一九八九年）の出版と成功に見るように、外部からのまなざしを意識しながら、自分たちの文化や言葉を肯定的に相対化し、楽しんでいく試みがはじまったことである。

一九九〇年代以降、「異なる文化」は「独自の文化」として、マイナスからプラスイメージに変わったといえる。沖縄への観光客の増加、さらには沖縄に関心をもつ人が増加するとともにマスメディアもさかんに沖縄のことを取り上げた。沖縄ブームの流れのなかで、エイサーは理解しがたいものから、最も沖縄らしく、明るく楽しい、独自の歴史と文化をもった沖縄をイメージさせるのにふさわしいパフォーマンスとなっていったのである。

創造から過程へ

エイサーは、新しい要素を加え拡大、発展しており、伝統をベースに創造されつづけているといえる。そこでは、本質的伝統と創造を区別して、創造の部分を無視したり、偽物とすることはできない。なぜならエイサーを、沖縄の人々もまた日本とは違うもの、日常を少し延長したところにある「沖縄的なもの」、つまり沖縄の民俗（民族）文化のシンボルとして参与、活用、消費している面をもつからである。そこでは本質や真正性が、人々の解釈と実践の相互作用のなかでどのように獲得されるのかを考えるほうが有益である。

今日、イベントや観光という場面において、エイサーは保存継承すべきものというだけではなく、沖縄という地域を明るく楽しく演出するのに便利なツールである。このことは、外部者にとってだけでなく、沖縄の人々自身が自己アピールする際にもいえる。沖縄の人が自分たちを表現する手段として使う、沖縄から外に出た人が自分たちと沖縄をつなぐものとして意識する、沖縄以外の人（日本人、外国人）がエキゾティズムとノスタルジー、ロマンティシズムを含む勇壮さ、華麗さに惹かれる。これらのことはともにエイサーのもつ要素に起因しているのではないかと思われる。このようなエイサーの現代的展開は、地域の生活世界と不可分であった民俗文化が、従来とは異なるところで、伝統的な存在という価値を付加され、新たな目的で活用される現象ととらえることができるだろう。

しかし、エイサーの明るく楽しい側面をもって、肯定的なパフォーマンスとしてのみとらえ、その活用を手放しで称賛することは、これまでの沖縄と日本の歴史性、政治的な関係性を忘却することにもつながる。ここで重要なのは、エイサーという民俗文化が、伝統的な存在として、本質性な沖縄を表現するものとして新しい目的で活用されていった過程と社会的な要因である。ただし、エイサーの現代的展開を、「日本」対「沖縄」、「観光する側」対「観光客を受け入れる側」、「まなざす側」対「まなざされる側」と二項対立的にとらえ、日本本土側からの一方的な商品化、文化の政治性としてのみ語るのは不十分である。エイサーの実践には、沖縄の人、沖縄系の人、非沖縄系の人たちの間で同調し、共有するような思い、そしてその一方で錯綜する意識上のズレがある。意識上のズレやゆらぎ、エイサーがマイナスの「異なる文化」からプラスの「独自の文化」とされていった背景には、マスメディアや観光の影響、さらには沖縄と日本の関係性の変化がある。必要なのはその過程と意識上のズレから、沖縄と日本の歴史性と政治性を含んだ私たちの「現代」を考えることなのである。

エイサーは、複数の人々が同時に集まり、見せることと見られることを前提としたパフォーマンスである。エイサーを、さまざまな政治的状況、社会的な要因を含みもちながら、沖縄の人、沖縄系の人、非沖縄系の人が、意識の差異を前提に共に参与している「現場」とすることで、新たなつながりとその創発的な可能性を見出すことができるのではないだろうか。

昨今、エイサーの事例のみならず、日本中で地域社会にあった民俗文化の活用が、地域振興や地域の活性化といった名目で進められようとしている。そこでは、従来の文化財に代わって、「文化資源」や「文化遺産」という言葉が肯定的な意味で使用されることが少なくない。それらは資源や遺産として、負の側面や問題点が語られることなく、祭礼や民俗芸能の分野に限らず拡大しつつある。地域を演出することとは、地域社会の生活のなかにあったものが何らかの意図のもと、恣意的な方法で選ばれ、外部との関係性において地域性や伝統性が強調され、従来とは異なる文脈（コンテクスト）で活用されることである。その目的は、観光への経済的利用や商品化、郷土意識発揚、アイデンティティ強化などさまざまである。誰が何の為に、それを推し進め、利用しようとしているのか。また、何が選択され、そこにどのような背景や仕組みが存在し、さらに誰が消費しようとしているのか。マスメディアや観光がつくるイメージ、行政と地域社会を生きる人々の思惑や関係性は一様ではない。当然見出される矛盾や問題点について、私たちは慎重に検証していく必要があるだろう。合わせて民俗学の研究対象と理論的な枠組みの再検討も要求される。

地域社会にあったものが、自己や他者の手でいかに演出されようとしているのか、その過程をとらえることは単なるロマン主義や政治性への批判だけでなく、現代の日本社会が抱える課題を真摯《しんし》に考えることでもあるだろう。

（森田真也）

読書案内

岩本通弥編『ふるさと資源化と民俗学』吉川弘文館、二〇〇七年。

＊民俗文化が「ふるさと」をイメージさせるものとして文化資源化され、活用されている諸現象に対して疑問を呈した文献。行政主体の資源化と地域振興の在り方、地域社会を生きる人々の実践と意識の相違から、現代社会を考え、介入する民俗学の可能性を読み取ってほしい。

沖縄市企画部平和文化振興課編『エイサー三六〇度——歴史と現在』沖縄全島エイサーまつり実行委員会（那覇出版社）、一九九八年。

＊エイサーの歴史、戦後の展開、沖縄県内各地域のエイサー団体の特徴などをまとめた文献。エイサーを知る上で網羅的な概論書であるとともに資料集となっている。エイサーに興味をもった人は、手に取って読み進んでほしい。

河野眞『フォークロリズムから見た今日の民俗文化』創土社、二〇一二年。

＊ドイツ民俗学を基点とした、フォークロリズムの理論書。フォークロリズムという概念を活用した研究の指針と可能性を示したもの。マスメディアや観光、地域振興という場面で伝統性やノスタルジーが注目される昨今の日本社会を考える上で示唆に富む。

多田治『沖縄イメージを旅する——柳田國男から移住ブームまで』中央公論新社、二〇〇八年。

＊近代から現代まで、沖縄のイメージが日本との関係性のなかでどのようにして構築されてきたのかを論じた文献。マスメディアと観光がいかに特定地域のイメージ形成に介在してきたのかが、その問題点とともに具体的に検証されている。

参考文献

宜保榮治郎『エイサー――沖縄の盆踊り』那覇出版社、一九九七年。

小林香代『演者たちの「共同体」――東京エイサーシンカをめぐる民族誌的説明』風間書房、二〇〇一年。

城田愛「踊り繋がる人々――ハワイにおけるオキナワンエイサーの舞台から」福井勝義編『近所づきあいの風景――つながりを再考する』（講座　人間と環境八）昭和堂、二〇〇〇年。

日本民俗学会編「特集〈フォークロリズム〉」『日本民俗学』第二三六号、二〇〇三年。

森田真也「フォークロリズムとツーリズム――民俗学における観光研究」『日本民俗学』第二三六号、二〇〇三年。

琉球新報社編『沖縄大衆芸能　エイサー入門』琉球新報社、一九八四年。

コラム２　在日外国人

日本には、いわゆる「日本人」だけが暮らしているわけではない。外国籍者や外国籍から日本国籍へと国籍変更した人々、外国籍者と日本国籍者との間に生まれた子をはじめ、海外に出自をもつさまざまな人々が暮らしている（ここではこれらの人々を便宜上、「在日外国人系の人々」と呼んでおく）。在日外国人系の人々は日本各地に居住しているが、とくにその居住が集中して見られる地域も存在する。横浜・神戸・長崎にあるチャイナタウン（中華街。中国系の人々の街）や東京・川崎・大阪のコリアタウン（在日コリアン集住地域）はつとに有名だが、他にも、群馬県太田市・大泉町、静岡県浜松市、愛知県豊田市、三重県鈴鹿市などにはブラジルやペルーからやってきた日系人の集住が見られる。

日本社会の国際化、多文化化はまさに現在進行中であり、在日外国人系の人々の集住地域やかれらが地域のなかで創出する生活文化は、今後ますます増殖することが予想される。それはたとえば次のような事例からも窺えよう。大阪東部の大阪市鶴見区から大東市にかけての一地域では、一九九〇年代後半に「中国人朝市」と称される市が発生し、今日に至っている。「大阪に小さな『中国』／帰国家族ら、食材豊富な市場開く」と題された『朝日新聞』（大阪本社版）二〇〇二年一一月一四日夕刊の記事によると、毎週日曜日の午前五時半ころから午前一〇時すぎまで、主に中国産の品物を扱う露店二〇～三〇店が路上に出現する。客は近畿地方各地から集まった中国帰国者（中国東北部から帰国した中国残留日本人孤児）や中国人で、その数は一〇〇〇とされる。

中国人朝市がこの地域で開かれるようになったのは、付近の公営団地に中国帰国者とその家族（中国人）が多く居住することによっている。たとえば、「朝市」に隣接する門真団地（門真市）の場合、「住人の一割が中国出身者。府が残留孤児を優先的に入居させたのを機に、周辺に二世や三世が引っ越してコミュニティを作った」（『朝日新聞』〔大阪本社版〕二〇一〇年七月一日朝刊）という状況であり、これが中国人朝市発生の母体となっている。そして、こうした事情から、この市で扱われる商品は中国東北部産の品物が多く、また客も中国東北部出身者であることが多い。

筆者もこの中国人朝市を現地で観察したが、頭をよぎったのは、戦前、大阪、神戸、東京などに出現した「朝鮮市場」のことであった。朝鮮市場は、朝鮮から日本に渡って間もないコリアンたちが、集住地域の一角で朝鮮食材を同胞対象に商った露店市がそのはじまりである。そして、今日のコリアタウンと呼ばれている場所は、歴史をさかのぼると朝鮮市場がルーツとなっている場合が多い。もちろん、中国人朝市と朝鮮市場を単純に同一視することはできないが、中国人朝市の行方を占ううえで、朝鮮市場が歩んだ道は示唆に富む。すなわち、新たなチャイナタウンの発生が予想されるのである。

（島村恭則）

第4章

集いを楽しむ

都市の熱気

夏、ヨサコイシーズンの到来。家の近くの神社の夏祭りと前後して、商店街でもイベントが開催される。その一環として数年前からヨサコイのパレードが行われることになっている。これが若者に結構人気がある。私たち世代にとっては、神社の祭りよりもこういうイベントのほうが馴染みやすい。幼馴染に誘われてヨサコイに参加して以来、夢中になってしまった。大勢の人に見られるなんて初めての経験でドキドキしたけど、踊りだしたら楽しいのなんのって。すっかりはまってしまい、今年はどんな振付で踊るのか、衣装や髪形をどうしようか、あれこれ考えるだけでワクワクする。練習はちょっと大変だけど、なんといっても気の合う友人と気楽に参加できるのが楽しい。だけど、両親は「また今年も踊るの？　もういい加減に卒業したら？」と、あきれ顔。「神社の祭りには行かないの？」と母。「だって、神社の祭りよりこっちのほうが楽しいんだもん」と、ついつい反発する。「何言ってるの。伝統行事は大事にするものよ」と母親も負けてはいない。

近くの神社で夏越しの祓いをやっているのは知っている。だけど神社の祭りにはワクワク感がないし、夜店をブラブラすることぐらいしか興味はない。そもそも行事の意味を知っている人はどれだけいるのだろうか。意味を知らずに昔からやっていることだから、という理由で続けていることは案外多い。現代でもこういう行事がなくならないのはどうしてだろう。

べつに神社の祭りを全部否定しているわけじゃない。最近では、昔からの神社が新たなご利益をもたらす神社として注目されたり、新たなカミが創られているとも聞く。今も昔も日本はカミサマだらけなのだ。東京の三社祭や神田祭を見たときは、町全体の雰囲気がいつもと違ってウキウキした。なんだか神輿同好会ばかりが目立っているような気はしたけど、住民の少ない都心部ではこういう形も一つのやり方なのだろう。

ムラの祭り

以前、滋賀の祖父が「宮座の一員だから祭りのときは忙しい」と言っていたのを思い出した。「宮座って？」

と尋ねると、祖父は、「宮座というのはな、祭りのときの特別な組織のことをいうんだよ。メンバーは男性だけで、どこの家でも入れるわけじゃあないんだよ」と教えてくれた。もちろんこの祭りは神事だ。群馬の祖父母も、春祭りや秋祭りの話を楽しそうにしていたことがあった。春は実りを祈り、秋は収穫を感謝するのだと言う。青年にとって神輿担ぎは最大の楽しみだったと祖父が言えば、女性は担ぐことができずに見るだけで、子どものときは羨ましかったと祖母が言う。娘神輿も子ども神輿もあたりまえで、祭りといえば誰でもが参加できると思っていたアイにとっては、ちょっとショックだった。そういう話を聞くと、やっぱり新しいイベントのほうが良いと思わずにはいられない。

Section 1 都市の熱気

都市を簡単に定義すれば、多くの人々が集住した場所といえる。そこには、多種多様な人々が集まるため、いくつかの特徴が現れてくる。

多文化の都市

普通、村落では、農林水産業、つまり第一次産業に従事する人が多い。しかし、都市では、第二次、第三次産業に携わる人々が圧倒的な割合を占める。広い農地を必要とする農業の場合、かなり経済効率が良い農業以外、都市では成り立ちにくい。広大な自然環境を舞台とする林業も、やはり成り立ちにくい。なお、漁村ではなく、漁家が密集する漁師町の場合は少し特殊で、社会的には都市と呼びうるという意見もあり、また町の規模が大きくなれば、水産加工業や流通業など第二次、第三次産業の比重が増えるのも確かである。

つまり、都市では、第一次産業以外の産業が主になる。第二次産業では、労働力や原材料の獲得、製品の出荷などが不可欠となる。人口移動、物流の中心が形作られる。産業都市が成立する。人々が集まり、物流が盛んになれば、それに対応したさまざまな業態が現れる。広義のサービス業を主とした第三次産業である。

歴史的に、政治・経済の中心となった場所、たとえば城下町では、物流や情報および人員の管理が必要となり、第三次産業が発達する。同時に、人々が集まる都市は、地域における文化の中心地、あるいは新しい文化を周辺に発信する場所となる。ヒト、モノ、カネが集まり、都市の熱気が生まれる。

熱気を帯びる代表的な場所は、繁華街や盛り場であろう。人々は慌ただしく動き回り、見知らぬ人々とすれ違う。都市の性格を特徴づける流動性と匿名性である。

多くの人々が集まれば、彼らの属性、たとえば経歴、所得、個性など、さらに人種・民族も多様になる。異なる価値観や文化的背景をもつ人々が共存せざるをえない。そこには、多様な価値観に対応する社会が形成される。それは軋轢《あつれき》を生むと同時に、多様さを受容する柔軟性が、その社会の活力となる。多文化が生む都市の熱気といえよう。

多文化の都市について、もっと、具体的な話をしてみる。まずは、東京のＪＲ山手線に乗って、一周してみる。乗客の会話に耳を傾けてみると、東北弁、関西弁ほか日本各地の方言を耳にすることができるだけでなく、中国語やポルトガル語を話すアジア系の人々が少なくない。後者は、日系ブラジル人だろうか。明らかに東アジア以外から来た、彫の深い顔立ちの数人は、駅前に陣取って、ペルシャ語で談笑している。もちろん、英語やフランス語で会話する欧米系の人々とも、頻繁に出くわす。この多様性が、東京の賑わいを構成する大きな要素となっている。東京同様、世界都市と分類されるロンドン、パリ、ニューヨークなどでも、同じである。

池袋駅で降りてみる。駅西口の周辺に、この二〇年ほどの間に移民してきた中国人たちのコミュニティがあるという。ニューカマーによる新しい中華街、通称「池袋チャイナタウン」ができあがった。横浜、神戸、長崎の中華街、オールドカマーによる歴史的なチャイナタウンとは異質な活気がある。ニューカマーたちの情報交換だけでなく、情報発信の拠点ともなっている。

次に、大阪のＪＲ環状線に乗ると、東京ほど、民族性のバリエーションがないものの、多民族、多文化が共存することを実感する。まずは、在日コリアンが集住する鶴橋駅で途中下車してみよう。駅前（駅下《えきした》）の活気ある鶴橋商店街では、朝鮮半島の食材や民族衣装が店頭を飾り、店員と客が韓国語（朝鮮語）で会話をする。地域住民や関西一円の在日の人々が集まるだけでなく、一九九〇年代後半からはじまった韓流ブームにも乗り、観光客も少なくない。さらにＪＲ環状線の西端、大正駅で下車してみよう。

真夏の休日、太陽が照りつける大阪市大正区の千島グラウンドには、沖縄の伝統的な太鼓踊り、エイサーを演舞するグループが多数集まっていた。彼らの演舞を楽しもうと続々と観客が集まる。演舞する人々や観客の間で、独特のイントネーションで語る日本語を耳にする。沖縄出身者とその子孫たちである。集まった人たちを沖縄出身者と一括りにはできないとも聞いた。たとえば、大東市から来た「沖縄かりゆし会」。この街に住む久米島出身者が中心となって活動している。関西一円の久米島出身者も、応援に駆けつけたらしい。沖縄の文化が、発祥の地から離れ、伝えられ、花開く様子を垣間見ることができた。この日、土煙が上がるグラウンドに集まった多数の人々は、それぞれ出身の町、村、島を意識しながらも、しかし、かつては日本とは別の王国だった琉球・沖縄の自文化意識を拠り所に、集い、歌い、笑い、楽しむ。

多様な価値を認め合い、折り合いをつけながら共生する多文化の都市。そこでは、個々の文化が伝承され、あるいは融合し、独特な活気を生み出している。それこそ、都市が熱気を帯びる大きな要因のひとつであることは間違いない。

熱気を帯びる都市の伝統的な祭り

毎年七月に行われる九州・福岡の博多祇園山笠は、日本を代表する都市の祭りである。博多旧市街の鎮守、櫛田《くしだ》神社の祭りであり、クライマックスとなる、山笠（山車）の「櫛田入り」には、深夜から早朝の開催にもかかわらず、一〇〇万人余の観客が全国から訪れる。山笠を舁《か》く（引く）コミュニティは、七つの「流《ながれ》」である。鎌倉時代から、流は続いている。博多の男は、山笠を体験して、一人前になるといわれてきた。一基の山笠を舁くには、約一〇〇〇人の男たちが動員される。単純計算でも、七基合わせて、七〇〇〇人の舁き手が要る。

だが、最近、それぞれ流の常住人口は、中心市街地のドーナツ化により減少し、また、厳格なしきたりを嫌う若者の祭り離れもあり、地域住民による舁き手は減る一方だという。一方、西日本有数の大イベントを体験してみたいという地域外の人々が増えている。彼ら、いわゆる「外人部隊」が、この祭りを支えはじめている。

この事実だけを見ると、現代的、一時的な現象のように思われるが、そうではない。少なくとも、江戸時代以来、地域外の住民が、すべての流を少なからず支えてきたのである。古文書に現れる「加勢」である。つまり、昔から、よそ者が、祇園山笠を盛大なものにしてきた。都市の伝統的な祭りは、周辺地域との関係性で成立してきた。よそ者の、町内への日常的な出入りは、当たり前の前提である。

同じく西日本を代表する夏祭り、京都祇園祭の山鉾巡行において、祭りを支える人々は昔から、山鉾がある地域の外から「山鉾町」に参加している。大工方、囃方《はやしかた》、曳《ひ》き手ほか、山鉾に欠かせない人々の多くが、町外から集まってくる。

現在、京都の大学生たちが山鉾を引いているのも、現代風というわけではなく、伝統のバリエーションである。また、関東有数の都市の祭り、千葉県香取市の佐原《さわら》の大祭《たいさい》でも、近世以来、囃方は町場（佐原）から離れた周辺農村から出ている。現在でも同様である。山車の曳き手も伝統的に各町以外の人々で構成され、今ではボランティアとして参加する人々である。参加型ツアーの一環で、曳き手に志願する観光客も少なくないと聞く。つまり、今も昔も、多種多様な人々が結集することで、都市祭礼の熱気が維持されたことは間違いない。

話を博多祇園山笠に戻せば、山笠の姿も明治・大正以前と、それ以後では大きく異なる。街中に電線が張り巡らされた結果、かつては一体だった「飾り山」と「舁き山」が分離された。電線の邪魔になったからである。祭り期間中、町内には、巨大な「飾り山」がおかれ、「舁き山」だけが「櫛田入り」の際、博多の街を走り回る。京都祇園祭の山鉾巡行コースも、時代により、次々と変わったことも、よく知られる事実である。

博多祇園山笠や佐原大祭の飾り人形は、現代では古風な題材を基にしているように見えるが、かつては流行のテーマを追いかけてきた。祇園祭の緞帳《だんちょう》、ペルシャ絨毯《じゅうたん》の題材も、ある時期の流行を反映している。これが都市の伝統、いわゆる風流《ふりゅう》である。

つまり、伝統的な祭りでさえ、都市では開放的であり、よそ者や流行を柔軟に取り込んできた。また、都市は変化することが常態であり、伝統的な祭りも例外ではない。柔軟性や変化が、都市の祭りに新しいエネルギーを吹き込み続けてきた。

隆盛する都市の祭り

夏になれば、各地で神輿《みこし》の祭りを見かけることが多い。担ぎ手が躍動し、見物の人々が群れ、露店が並び、街は熱気に溢れる。地元の鎮守の夏祭りだから、地域住民が参加し、また見物に集まったのだと考えるのが順当だろう。

露天商に話しかけてみる。ある露天商によれば、今日はここの祭りに来たけれど、来週末は、まったく離れた街の祭りで店を出すという。彼らは、大げさにいえば、流浪する職業民の系譜に連なるから、地域との関連が薄いことは納得できる。次に、神輿の担ぎ手と話をしてみる。「俺たちは、神輿の同好会のメンバーさ。今度は、〇〇の祭りで担がせてもらうよ」との話。神輿を担いでいる男たちの多くは、実は地元とはまったく無縁だとわかる。同好会のメンバーは週末に、各地から集まる。インターネットを通じて連絡を取り合い、お祭りの開催情報を交換するという。彼らは時々、神輿に関する勉強会もしているせいか、地域の古老も驚くほど、全国各地の神輿の担ぎ方に詳しい。

コミュニティのシンボル、伝統的な地域集団と考えられる神輿の担ぎ手さえ、これが現状なのである。伝統的な祭りをめぐる作法・技術をはじめとする文化の伝承や、それらを伝承する人々の現在の姿は、旧来の民俗学的な理解とは大きく異なっている。

より現代的なイベント祭りでは、なおさらである。たとえば、現在、全国各地で開催されている、よさこい（ＹＯＳＡＫＯＩ）系のイベント祭りや踊り手を少し調べてみれば、よくわかる。よさこい系のイベント祭りの起源は、一九五四（昭和二九）年に四国の高知市ではじめられた、鳴子踊りの競演する夏の商工イベントである。一九九二年に札幌で模倣されたＹＯＳＡＫＯＩソーラン祭りが大成功したことをきっかけに、各地の商工会や自治体が類似のイベントをはじめた。若者たちをなかなか取り込めない地域の伝統的な祭りを尻目に、よさこいでは、老若男女のグループが踊り、熱気が溢れる。開催されるよさこい（ＹＯＳＡＫＯＩ）系のイベント数は全国八〇〇余に及ぶと推測され、踊り子総数は二〇〇万人以上という説もある。さらに、海外各地でも、同種のイベントが数多く開催される。

踊り子のグループのメンバーは、毎年同じではない。よさこい系の踊りは、チームごとに毎年、創作される。好みの振り付け、音楽で踊るグループを渡り歩くメンバーも少なくない。そのグループは、地域単位、職場単位、学校単位だけでなく、神輿の担ぎ手同様、同好会（クラブチーム）が圧倒的に多い。隣近所、会社、学校などの結びつきではなく、同好の士の集まりである。毎年、振り付けを変えるから、芸能としての伝承性は弱い。メンバーも入れ替わり、また、技が継承されないから、民俗学でいう伝承母体が定まらない。あるチームのメンバーは全国に散らばり、普段はインターネットの動画で練習をし、定期的に集まって合同練習するという。

鳴子を両手にもち、音楽の一部に民謡が含まれれば良いという、「よさこい」の簡単なルールは汎用性が高い。ある街に拠点を置くチームでも、夏から秋の毎週末、全国各地で開催されるよさこい（ＹＯＳＡＫＯＩ）系のイベントに、積極的に遠征する。〇〇YOSAKOIという、特定の都市名を冠したイベント祭りにも、実は、〇〇の街とは無関係なチームや人々が多数参加する。現代の祭りは、シンボルとしてのカミがないだけでなく、民俗学が想定した、地域限定の民俗芸能の枠組みではとらえられない。

二〇〇六年、北海道で開催された洞爺湖《とうやこ》サミット（先進国首脳会議）では、日本の伝統芸能を代表して、札幌YOSAKOIソーラン祭りの有名チームが、その年の踊りを披露した。その背景に、当時の与党、自民党の意向が反映したという噂もあるが、伝統とはほど遠いよさこいがいつのまにか、日本の伝統的な民俗芸能に仲間入りする時代になったことは象徴的である。

都市の祭りのグローバル化

ある文化事象がどんどん伝播してゆき、日本各地、世界各地に広まることを、広義のグローバル化と呼ぶことができる。柳田国男は『蝸牛考《かぎゅうこう》』のなかで、民俗語彙を指標とした文化伝播を唱えた。京都を中心に畿内から、新しく生まれた言葉が同心円状に伝わっていき、その言葉が周囲に広まった段階では、畿内で次の言葉が生まれるという議論である。文化に関して中央と周縁の関係ができ、文化は広まり（文化圏）と重なり（文化層）から成るという。逆に、ある文化が特定の地域で広まり、その中心で洗練されることもあろう。これを広義のローカル化と呼んでおく。一般には、現代社会はグローバル化してきたといわれるが、施策的にも心情的にも、地域文化を強調する雰囲気があることも、現代社会の特色である。たとえば、郷土食が再評価され、あるいはローカルフード、地域限定のB級グルメが人気を博する。

都市文化の特徴は、グローバル化とローカル化の両方向のベクトルを行ったり来たりしながら成熟する。このような現象をグローカル化と呼ぶこともできるだろう。先ほど触れた祇園祭を例にすると、京都の祇園祭を起源として、全国各地、とくに近世期に、各地で祇園祭がはじまる。いずれも須佐男命《すさのおのみこと》（牛頭天王《ごずてんのう》）、つまり祇園神が勧請され、その神社祭祀として祇園祭が各地で催されたのである。各地の祇園祭は、それぞれ独自色を培い、地域オリジナルの祭礼へと進化する。博多祇園山笠もその一例である。この場合は日本国内に限定された現象だが文化現象のダイナミックな拡がりは近現代に始まったものではない。

先に触れた、よさこい（YOSAKOI）系の祝祭でも、スピードの速い、文化のグローカル化が顕著である。高知起源、札幌経由で全国八〇〇カ所、アメリカ、ブラジル、ベトナムなど世界各地に広がった。その一方、地域をまとめる新しいよさこいの拠点が、各地で生まれた。最初、高知、札幌をその中心としたものの、仙台、千葉、新潟、名古屋、神戸、岡山、福岡、佐世保などで、「うちこそが、よさこいのメッカ」と名乗りを上げるようになっている。各地のイベントのクライマックスで披露され、踊り手全員が参加する「総踊り」を観察すれば、よくわかる。千葉県を例にすると、「ちばYOSAKOI」というイベント祭りを中心に、よさこいの新しい中心となったと宣言する。「総踊り」曲は「ちばYOSAKOI島」「ちばYOSAKOI村」の二曲である。この二曲はそれぞれ、よさこい文化（あるいは、よさこいという文化活動）に関して、千葉は独立島になり、また濃密なコミュニティ（村）をつくるという内容である。グローバルに展開した現代文化、よさこいが、その揺り返しとしてローカル化する事例として興味深い。

都市の祭りは伝統的に、柔軟性に富み開放的である一方、それぞれが個性、独自性を自己主張する。前者は、都市の賑わいを生み出し、後者は、個々の都市の品格を涵養し、都市への人々の自信を生み出す。

なお、グローバル化という言葉は、冒頭に紹介した多文化という言葉に密接につながる。多民族共生による多文化社会は、それ自体がグローバル化の結果である。逆に、各都市に暮らす個々の民族、あるいは複数の民族の連合体が、個性的な地域文化を生み出し、その都市の活力を支えている。

都市が本来もつ性格が、都市の熱気を生むのである。

（内田忠賢）

読書案内

宮田登著者代表『都市と田舎――マチの生活文化』（日本民俗文化大系一一）小学館、一九八五年。

＊民俗文化の諸相を、民俗学、歴史学、考古学、文化人類学ほかの視点から、総観したシリーズの一冊。いわゆる民俗学講座に比べ、濃厚でダイナミックな文章が楽しめる。

松平誠『現代ニッポン祭り考――都市祭りの伝統を創る人々』小学館、一九九四年。
＊歴史的な視点を中心に、都市文化の独自性、都市民独自の心性を描く。

＊現代的「都市祭り」の解説本。社会学者の著者が、地域社会の変化に焦点を当てる。伝統的な都市祭礼だけでなく、首都圏の阿波踊りや日系ブラジル人によるサンバ・カーニバルなど、現代都市の「共同のかたち」を祭りに見出す。

松平誠『祭りのゆくえ――都市祝祭新論』中央公論新社、二〇〇八年。

＊都市祝祭の分析を通して、現代社会に祭りが必要とされる論理を追い、社会の激変に伴う都市祝祭の進化を説く。カミが共同体のシンボルであるという理念型を、現代では絵空事と喝破する。

内田忠賢編『よさこいYOSAKOI学リーディングス』開成出版、二〇〇三年。

＊上記の松平が、都市祝祭の進化の到達点とした「よさこい系」都市祝祭に関する研究のアンソロジー。現代社会は、地縁、血縁はもちろん、社縁を越えた選択縁で構成されており、その具体相を知ることができる。

内田忠賢ほか『都市の生活』（日本の民俗一〇）吉川弘文館、二〇〇九年。

＊旧来の民俗学では十分説明できない現代民俗の諸相を、多様な視点から総観したシリーズの一冊。現代民俗を担う社会や文化を、その現代性、伝統性および大衆性から読み説く。

参考文献

阿南透「伝統的な祭りと新たな祭りの創造」小松和彦編『祭りとイベント』小学館、一九九七年。

内田忠賢「よさこい系イベントがもつ都市祝祭の宿命」『都市問題』第九九巻一号、二〇〇八年。

内田忠賢「よさこいが生み出すコミュニティ」『都市問題』第一〇四巻九号、二〇一三年。

Section 2

ムラの祭り

都市の祭礼とムラの祭りには大きな違いがある。各地で盛んになってきているヨサコイソーランのような新しい祭りにせよ、京都の祇園祭のような伝統的祭礼にせよ、都市の祭礼の大きな特色はにぎやかさ、華やかさにあり、そこに集う人々が祭礼のなかに宗教的な色合いを強く感じることは少ない。これに対してムラの祭りを観察するときに、まず感じるのは、住民たちの宗教的意識の強さであり、その背景にある生産との深い関係性やそれに基づいたムラとしての結束の強さであろう。

ムラの祭りとは

ムラの祭りという場合、その舞台となるのは主に神社である。もちろん寺院を中心とした祭りもあるが、それがムラを単位として行われるときには、その性格には神社の祭りとそれほど差異は見られない。それがもっともよくわかるのはオコナイと呼ばれる行事であろう。

オコナイとは西日本で広く見られる年頭の祭りで、農民の収穫祈願と仏教寺院の年頭行事である修正会《しゅじょうえ》、修二会《しゅにえ》が習合して誕生したものと思われる。さまざまな要素がそのなかに見られるが、この行事が盛んな滋賀県下では大きな餅を作り、それを村人らが分配することが重要な要素となっている。滋賀県の北部ではオコナイが神社で催されることが多いが、南部の甲賀地方ではこれが寺や堂で行われている。ともにムラを単位とした行事であり、共通した要素が多く見られる。実際にこの行事を担っている住民に聞いても、寺か神社かという意識はそれほど強くはなく、ムラの行事であることを重視しているようである。

氏神と氏子

現在では一つのムラに一つの神社があることが普通で、その神社は氏神《うじがみ》と呼ばれることが多い。氏神とは古代においては氏族がその祖神をまつったものをいうが、その後の歴史のなかで地域の守護神とされるにいたった。また同じ氏神をまつる人々を氏子と呼ぶ。しかしながら現在でもムラでまつる地縁神以外に、家単位の屋敷神や、同族でまつる神を氏神と呼ぶ地域もある。これらのことをふまえてここではではムラ単位でまつられる神社のことをムラの神と呼んでおきたい。さきにオコナイについてのべたムラ単位で祭祀される寺堂などもムラの神に含めることができるだろう。

神社の歴史を見ると、古代の神社は朝廷や豪族によってまつられていたが、律令国家の弱体化によって、中世には広域に分布する有力者などが神社をまつるように変化した。中世後期から近世にかけては、各ムラに神社が設けられた。近世にはムラ内にも多くの小さな社があり、同族組織やさまざまな講などによって祭祀されていた。近世には水戸藩や長州藩でこれらの神々を整理する動きがあり、明治以後は政府によってその動きが進められた。ことに明治末期には一つの行政村に一つの神社を理想として全国的に神社合祀が行われている。このような歴史の影響を受けて、現在のムラと神社の関係性が生まれたのである。

一つのムラに一つの神社という形のほかに、先に述べた歴史を反映して現在も広域にわたる多くのムラが共同祭祀する神社が存在している。とくに歴史の古い大きな神社にはそのような例が多い。同じ神社をまつるムラの連合を郷《ごう》と呼ぶことがあるが、神社の郷は共有林や水利施設を共同利用するムラ連合と重なりあうことが多く、これは自然資源の共同利用と神社祭祀の関係を考えるうえで重要である。このような地域では自分のムラにある神社（ムラの神）と、広域でまつる神社の二つを祭祀することとなり、これを二重氏子《うじこ》と呼んでいる。歴史的には郷の神社が古く、後に村々に神社が作られていったと考えられる。

奈良県五條市の波宝《はほう》神社は旧白銀村の北部一四大字の氏神といわれ、これらのムラで氏子総代を交代で務めている。氏子総代のほかに年番という役もあり、これは七つのムラが交代で務めることになっている。氏子総代・年番のほかに九月の秋大祭についてはトヤという役割があり、これは湯川・赤松・百谷・平沼田という神社にもっとも近い四つのムラが交代で務めている。各集落にはそれぞれムラの神があり、九月の秋大祭には、一日目に各ムラの神社の祭りが行われ、翌日に波宝神社の祭りが催される。この時には四つのムラが順番でトヤを選出して祭りの中心的な役を担うことになっている。これなどは典型的な二重氏子の一例であろう。

氏神の語意の変化と同様に、氏子という言葉も同じ氏を名乗り同じ祖神を祀る人々という意味から、地縁神である氏神を祭祀するムラに住みそれを信仰する人という意味に変化してきた。一八八一（明治一四）年の内務省達によって氏子のなかから氏子総代を選出することとなったが、現在ではこの氏子総代を中心に祭りが行われることが多い。

神社祭祀をめぐっては多くの課題があるが、民俗学においてとくに熱心に研究が進められてきたのは宮座についての問題である。

神社当屋制

宮座の研究は中世史の立場から開始され、現在の祭祀組織についてもその言葉が使われるようになった。もともとは中世以降に見られるようになった特権的な神社祭祀組織を宮座と呼んでいたが、肥後和男は戦前の研究においてムラの全部の家が祭祀に参加する形態の祭祀組織も宮座に含める見解を示し、後の研究に大きな影響を与えた（肥後、一九四一）。民俗学的な立場から宮座をどうとらえるのかは研究者によって大きな差があるが、そこで取り上げられてきた具体的事例の大半は当屋制をもつ神社祭祀組織である。中世の宮座は近世、近代を経て大きな変容を加えられており、現在の祭祀組織を宮座と呼ぶことは、歴史的な混同を生む危険性がある。ここでは民俗学的立場から現状の祭祀組織に対しては宮座という言葉をなるべく使用せず、交替で神社祭祀を行う役割をムラ内あるいはムラ連合内に設ける制度を神社当屋制、その組織そのものは当屋制神社祭祀組織と呼ぶことを提言しておきたい。

これまでの研究では、いわゆる宮座とは一座する形式をもつ神社祭祀組織であること、また特定の家だけが加入する株座と全戸が加入する村座に分類されることなどがその特色として指摘されてきた。ただ全戸といっても家の代表者である男性が参加することが一般的であり、女性が祭祀に参加する例は少ない。また先に宮座にかえて当屋制神社祭祀組織という言葉を用いることを提唱したが、当屋とは交代で役割を務める者を指している。地域によって名称はさまざまであるがこのようなシステムは神社祭祀以外にも信仰集団である講や隣近所の組織、農業水利などの生産集団などに広く見られる。先に見た奈良県の波宝神社ではこれをトヤと呼んでいた。神社祭祀の場合、「頭屋」と書かれることもあるが、これは頭がもともと祭祀の主宰者を意味する言葉であったためである。もちろんこのような性格をもった役割は当屋・頭屋と呼ばれなくても同質であり、制度そのものを当屋制と呼んでいる。当屋制神社祭祀組織の一例として再び滋賀県下の例を見てみよう。

滋賀県近江八幡市の馬見岡《まみおか》神社は周辺の岩倉・千僧供《せんぞく》・馬淵《まぶち》の三つのムラによって祭祀される神社である。三つのムラにはそれぞれにムラの神があるので、この形態は先に見た二重氏子の一例であるといえる。この三集落の祭祀組織は大きく外座と内座にわかれる。内座はそれぞれのムラの神の祭祀組織で千僧供には一つ、他は二つずつの組織がある。基本的には昔からそのムラに住む家はすべて加入している。また外座は馬見岡神社の祭祀組織で、全部で六つあり加入する家はほぼムラの範囲に収まるが、複数のムラにまたがる例もあり、それぞれの成員が家筋で定まっている。内座も外座も長老をオトナと呼び、各家で子どもが生まれたときにはオトナのもつ帳面に記入してもらう。これを村付《むらつけ》と呼んでいる。この帳面に従って年長者数名がオトナとなり祭りを主導している。この地域では祭祀組織を、神村《しんむら》・氏村《うじむら》・幣村《へのむら》など、村と呼んでいるが、それぞれの村からは輪番で社守《しゃもり》が選ばれ、神社の一年の諸事を担当している。さらに神村のなかには鉾之本という家筋があって、そのなかでも毎年交代で宿《やど》という家が決められて宴会などが行われている。この社守や宿、あるいは各村が集まって行われるシュウシと呼ばれる宴会のときに世話する盛番《もりばん》などが当屋にあたるものである。

このような複雑な組織によって五月初旬の春祭りが行われるが、この時にもそれぞれのムラの神と馬見岡神社の祭りが並行的に進行している。このような重層的な祭祀組織の形態は滋賀県だけではなく近畿地方に広く見られる。また近年の研究では中国・九州地方では複数のムラで祭祀される神社の祭祀を各ムラが交替で務める例や、村落の下部組織が務める例などが多く報告されているが、これらも神社当屋制の枠組みのなかで理解することができるだろう。

図１　馬見岡神社のシュウシ（滋賀県近江八幡市）

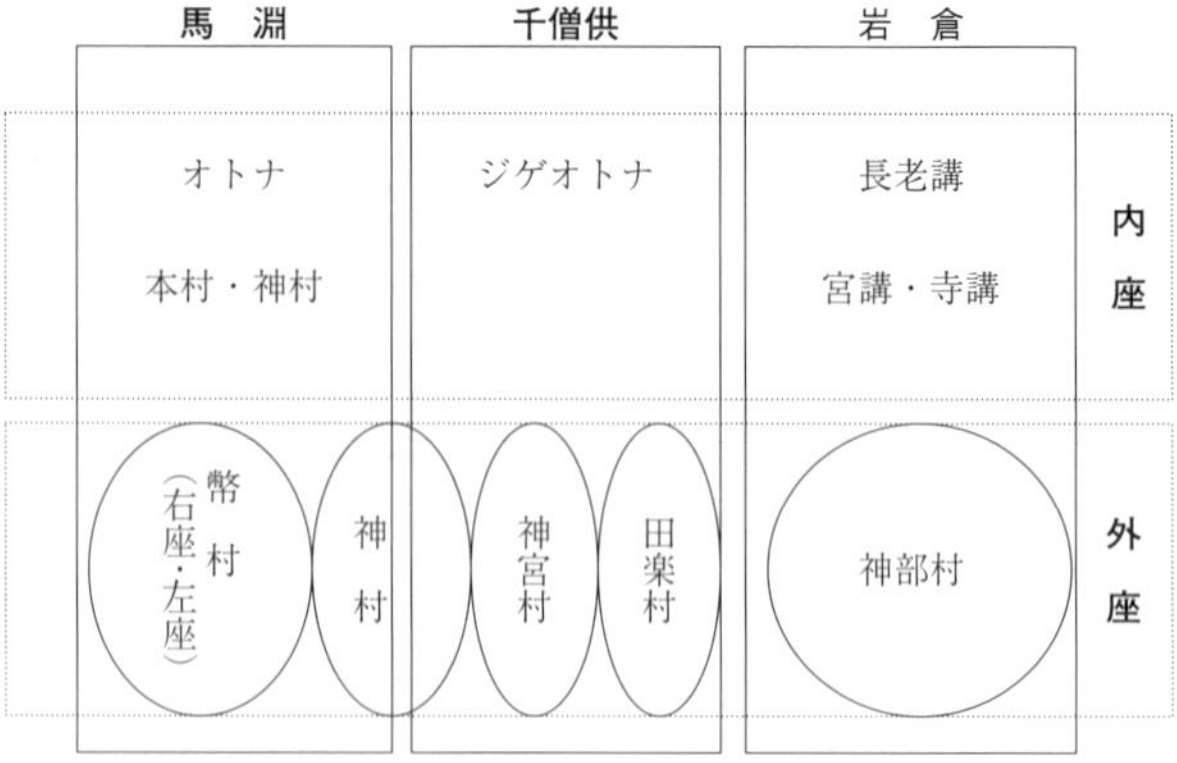

図2　馬見岡神社の祭祀組織

年齢階梯制

馬見岡神社のオトナの例からもわかるように、神社祭祀が当屋制とともに年齢階梯《かいてい》制と結びついている例は多く見られる。年齢階梯制とは組織がいくつかの年齢集団によって細分され、個人は年齢に従い上位の集団へと移っていくような組織制度をいう。それぞれの年齢集団にはおのおの権利と義務があり、メンバーはそれに従うこととなる。神社祭祀集団の場合には長老が権威をもって全体を監督し、若い衆が祭りの準備や神輿かきなどの実務を担う。中年層は若い衆の指導にあたるのがよく見られる形である。

兵庫県加東市上鴨川にある住吉神社の祭祀組織は年齢階梯制が芸能などと結びつきながら強固に伝承されている例として知られている。この地区の家に生まれた長男は八歳ごろに若衆となり、それを二五、六歳で卒業すると清《きよ》座《ざ》、さらに年寄というように階梯を上がっていく。年寄りの最長老二名は横座と呼ばれ、一〇月初旬の秋祭りの際には長床《ながとこ》と呼ばれる桟敷のもっとも上座に座る。その他の人々もほぼ年齢順に長床に座りながら若衆が演じる芸能を見る。若衆の内部は年齢順にさらに細分され、最年少の子ども九人は田楽、その次は井戸、その上は万歳楽というように特定の芸能を演じることとなっている。若者達はある芸能を修得しても、翌年にはまた別の芸能に取り組むこととなるのである。さらに若い衆の最年長者は神主、その次は祢宜《ねぎ》と呼ばれており、こちらは神社の儀礼を担当することとなっている。このムラでは当屋も若衆のなかから年齢順に選ばれている。

上鴨川に典型的に見られる年齢階梯制と深く結びついた神社祭祀組織は近畿地方に多く見られるものの、当屋制神社祭祀組織のなかでも年齢階梯制が見られないものもあり、また逆に若い衆などの年齢集団が大きな役割を果たす神社祭祀において当屋制が見られない例も多い。いわゆる宮座を年齢階梯制との関連だけで説明することは困難であろう。

当屋制による神社祭祀は大半が男性によって担われ、その場に女性が入ることすら認められていない例も多い。これは当屋制の組織がない場合でも神社祭祀では広く見られる傾向であろう。

男性と女性

先に例をあげた滋賀県下のオコナイ行事では、かつては当屋にあたった家の座敷にムラのメンバーがあつまり、神事や直会《なおらい》（説明は後述）などが行われていた。現在では集会所などが行事の場となることが多いが、その様子を見学すると、台所では女性たちが宴席の料理の準備などにかいがいしく働いているものの、座敷に料理などを運び給仕をするのは男性であることが普通である。女性の学生がその行事の見学を断られることもある。ただ近年では、女性がオコナイの当屋を務めることはないものの女性だけの家では女性が宴席などに参加する光景も次第に見られるようになってきている。

このように女性が神社祭祀から排除される理由として、これまで唱えられてきたのは女性のケガレの問題であった。女性を不浄なものとする思想がかつては存在し、それゆえに女性は神社祭祀に加われないのだという論理である。これに対してムラの神の祭祀集団の構成単位は家であり、家の代表者が男であるから女性が参加することが少ないという考え方も存在する。神社祭祀に巫女など女性が関わることは古くからあり、沖縄地方では女性による祭祀がむしろ中心である。また夫婦で当屋を務める例も全国に広く見られる。これらのことを考えあわせると、ケガレ観と女性排除の関係についての固定的な理解には修正が必要と考えられるだろう。

女性と神社祭祀の関係を考える上で興味深い事例が中・近世史研究から提示されている。宮座研究の先駆者でもあった中世史研究者の豊田武は、中世には宮座に女性が参加する場合もあったとして、惣村文書として著名な今堀日吉神社文書の「結鎮入物注文」など数例をあげている（豊田、一九八二）。また大和国小泉（現在の大和郡山市）の宮座で近世はじめの承応四（一六五五）年に作成された定書に座衆の女房による女房座が組織されていたという記載があることが高牧實によって紹介されている（高牧、一九八六）。もちろん女性が宮座に加入していたことを示す史料は多くはないが、中世から近世のはじめには女性が宮座から完全に排除されていたわけでもなかったことにも注意を払っておくべきであろう。女性と神社祭祀の関係には、地域的・時代的な多様性が見られるのである。

これまで神社の祭りを支える組織について見てきたが、次に祭りそのものの構成について考えてみたい。

一年の祭り

ムラの祭りは年頭から春にかけて農事を象徴的に模すことによって豊作を祈り、また秋には収穫を神に感謝することが基本となっている。前者を予祝儀礼と呼び、後者を収穫儀礼と呼んでいる。これらは生産の基本単位である家で行われることもあるが、ムラの行事として神社で行われることも多い。かつては労働力が生産に直結しており、またともに生命力に関連するという連想からか予祝儀礼のなかには性的な要素がよく見られる。奈良県桜井市の江包《えつつみ》・大西の二つのムラは初瀬川をはさんで立地するが、江包は稲藁を使って長さ五メートルにもおよぶ巨大な男根を、また大西は女陰を作って、二月一一日には両者をかついでムラの周囲をまわり、村境で結合させるという御綱祭りを行っている。この日に配られるお札に木をそえたものはそれぞれ苗代の水口に立てられ、また結びつけられた綱は実際の農耕直前のカワノボリ（水路の清掃をかねて分水地点まで村中で行き、そこで簡単な祭祀を行う行事）のときまで吊るされるなどこの行事には豊作を願う予祝儀礼として性格が色濃い。それが性的なモチーフを用いて行われることに大きな特色がある。先に見たオコナイ行事のなかにも、性的な要素が見られるものもあり、オコナイもまた年頭の農耕儀礼としての性格を内包していることを感じさせる。また多くの神社で行われる春祭りも山から里に神を迎え、御輿にのせた神が耕地を祝福してまわるという構成のものが多く、予祝儀礼としての性格が強いといえるだろう。

図３　担ぎ上げられた男綱（奈良県桜井市江包）

収穫儀礼は各家の土間などで行われたり、また関東・中部地方のトオカンヤ、近畿・中国・四国などのイノコのようにムラの子どもたちによって行われたりすることもあるが、神社での行事としては秋祭りがそれにあたるだろう。

このほかに夏には旱魃や台風、害虫の発生などの生産上の危機を回避するための儀礼が行われることが多い。雨乞いや風除、虫送りなどがそれである。ここではこれらを危機回避儀礼と総称しておきたい。これらの行事も雨乞い踊りなどさまざまな芸能が加わり、今日では随分と祝祭的な様相を帯びている。

以上の予祝儀礼・危機回避儀礼・収穫儀礼の組み合わせによっておおむねムラの一年の祭りは構成されている。このような構成はいうまでもなく農耕の周期を基盤としたものである。山村や漁村ではこのような構成を基本にしながらも、それぞれの立地・生業・社会組織などによって独自の儀礼構成が見られる。

祭りの構成

次に個々の祭りそのものの構成について考えてみたい。

祭りは神を迎え、それを饗応し、また送り出すことによって成り立っている。神を迎えるために、神官や当屋は潔斎を行う。先にあげたオコナイの当屋やその家族は、かつては一年間肉食をさけ夫婦でも夜をともにしないなどのきびしい禁忌があり、祭りの前には神社に籠もって潔斎を行った。同様の例はオコナイの当屋以外にも多く見られる。また神の饗応は神に供物をささげることが中心となる。滋賀県栗東市大橋の三輪神社では毎年五月初旬に祭りが行われるが、このときの供物で異彩を放っているのはドジョウとナマズのなれずしである。これはドジョウ・ナマズに塩をまぶし、米飯と合わせて発酵させたものだが、これらの魚はかつては集落周辺の農業用水路で捕られるものが利用されており、水田稲作とそれに付随した漁撈による産物が供物とされている例といえる。また滋賀県湖北のオコナイでは先にも述べたようにさまざまな餅が供物とされる。長浜市びわ町川道のオコナイでは直径一メートルほどもある巨大な鏡餅が供えられる。餅が供物としてよく用いられるのは、水田稲作の象徴としての意味をもつからであろう。同じく長浜市西浅井町集福寺は山間部の村落であるが、このムラのオコナイでは畑作を象徴する粟をつきこんだ餅やヨンボ(ヤマノイモの茎が肥大化したムカゴ)、ワラビなどの山の植物が供物とされている。このように神社祭祀に見られる供物はその地域の環境や生業を表現するものでもある。

祭りでは供物をささげるほかにも、神を喜ばせるためにさまざまな芸能や競争が行われる。祭礼に多くの人々が集まるようになると、これらの芸能や競争は観客に向けて演じられるようになっていく。神を意識した祭りから人を意識した祭礼への転換である。文頭にあげたヨサコイソーランなどの都市の祭礼は、後者を極端に発達させたものとして理解できるだろう。神事が終わると供物は下げられ、参加者によって直会と呼ばれる宴席が行われることも多い。直会は下げられた供物を分配し参加者が神前で共食することに起源をもつと考えられる。
このような構成をもつ祭りはおおむね神社を舞台として行われるが、日本の祭りのなかには神霊の移動を伴うものが多く見られることにも注意が必要である。神霊は神輿などに移され神社から御旅所に直線的に移動する場合と、御旅所や休憩所を巡りながら氏子圏をまわる場合がある。複数のムラによって神社が祭祀される場合には、このような神霊の移動はムラ間の結束を強める機能をもつが、神輿をかつぐ若者たちの競争意識などによって逆にムラ間の対抗の場となる場合もある。ムラ単位でまつられる神社が集落から離れた山中などにある場合には、祭りに際して集落に神霊を迎えるためにこのような神霊の移動が行われると考えられるが、御旅所のなかには川原や海辺に設けられたもの、別の神社を御旅所にするものなど多様な形があり、その意味についてはそれぞれの神社と集落の歴史や立地を考慮する必要がある。このような神霊の移動を前提として、神霊を載せる神輿や、神をはやす山車《だし》やだんじりなどの祭具、移動しながら奏される太鼓や鉦《かね》、あるいは舞踊などのパフォーマンスが生まれ、それが祭りをより華やかなものへと変化させる一因となったのである。ムラの祭りと都市の祭礼の結節点は、この神霊の移動に求められるだろう。

（市川秀之）

読書案内

肥後和男『宮座の研究』弘文堂書房、一九四一年。
＊宮座研究の基本文献。近畿地方を中心とした多くの神社の事例をもとに、宮座の分布・組織・行事・財政などについて、歴史をふまえながら包括的に解説した書物である。弘文堂・教育出版センター・アジア図書センターなどから復刻されている。

原田敏明『村祭と座』中央公論社、一九七六年。
＊原田は肥後とならぶ宮座研究の先駆者で、本書には近畿地方を中心とする多くの事例の分析が掲載されており、神社祭祀の幅広い世界を知ることができる。滋賀県近江八幡市の馬淵祭りについても「変形的な座」として取り上げられている。

八木透編著『フィールドから学ぶ民俗学』昭和堂、二〇〇〇年。
＊関西を中心とした民俗事例の分析を集めた論考集であるが、初学者向きに編集されておりわかりやすい。本節で取り上げたオコナイ、当屋制などの事例も多く掲載されている。

上井久義『女性司祭と祭儀』（上井久義著作集二）清文堂、二〇〇六年。
＊祭祀にかつては女性が深く関わっていたことを、民俗事例と古代史料から解明した論考が収められている。神社祭祀からの女性の排除の問題を歴史的にとらえるときに参考となる著作である。

参考文献

黒田一充『祭祀空間の伝統と機能』清文堂、二〇〇四年。
高牧實『宮座と村落の史的研究』吉川弘文館、一九八六年。
豊田武『豊田武著作集』第五巻、吉川弘文館、一九八二年。
真野俊和『日本の祭りを読み解く』吉川弘文館、二〇〇一年。

第5章

感性を育む

「ただいまあ」。元気なショウタの声が玄関に響く。二泊三日の移動教室から帰ってきたのだ。久しぶりに賑やかな夕食の時間、話題は移動教室の様子に集中する。ショウタの第一声は「楽しかったけど……」とすっきりしない。怪訝な顔の両親を横目に、アイははたと思い当たる。「ショウタ、夜中に怪談したんでしょ」とニヤリとする。「どうしてわかるの?」「私たちも同じことをしたのよ。それで眠れなくなった人もいたからね。まだ続いてたんだ」。何がなんだかわからないという表情の両親に、二人は移動教室恒例の怪談の説明を始めた。

夏休みに入ってすぐの移動教室は、中学生にとっては夏のビッグイベントのひとつだ。寝る前の怪談大会は、すっかり恒例となっていた。学校のトイレや理科室、音楽室に出るという幽霊の話は定番で、毎年少しずつ改良された話が披露される。話のパターンはなんとなくわかっていても、いつもと違う環境で真っ暗ななかで聞くと、本で読むのとは違い、やっぱり怖さを感じてしまうものだ。気の弱いショウタにとっては、かなりスリリングな二泊三日だったようだ。怪談は昔からあるけど、学校が舞台になったのはいつからだろう。現役の小学生や中学生にとっては、舞台が学校になるとリアリティが余計に増すような気がする。

移動教室の二日目は金鶏山の登山、というのがお決まりコースだ。だらだらとつづく山道を二時間ほど歩いて箸立峠《はしだてとうげ》につくと、最初の休憩がある。ここで社会科の福田先生が箸立峠の伝説をみんなに話す。これも定番だ。そんなこととは知らないショウタが「お姉ちゃん、なぜ箸立峠っていうのか知ってる?」と訊いてきた。一応知らないふりをして、「知らない。なぜ?」と答えると、まってましたとばかりに話し始めた。箸立峠だけでなく金の鶏の話も飛び出した。これも福田先生だ。やっぱり今年も金鶏山の頂上で「この山のどこかに金の鶏が埋めてあるぞ」という話をしていたのだった。アイは、山頂で得意そうに話す福田先生の顔を思い出して懐かしくなった。

四季の遊び

移動教室からショウタが帰ってきてしばらくたった頃、母親が「最近のショウタ、少し活発になったと思わない？」とアイに訊いてきた。日頃からどちらかというと室内で遊ぶことが好きで、少々気弱な性格のショウタであるが、確かに最近は友だちと自転車で出かけていく機会が増えていた。帰宅したショウタに何気なく尋ねてみると、移動教室で山登りをしたり、キャンプをしたことがとても楽しかったのだと言う。手足に小さな傷は作りながらも、ナイフやロープを使って木に細工をしたり、山で食べられるものを教えてもらったり、自分たちで食事を作ったり、といったことが新鮮だったらしい。都会で育ったショウタには、魚釣りや虫獲りを気軽にできる環境は少ない。神社の境内や近所の公園ぐらいだろう。そのせいか、虫もあまり好きではないようだ。そんな弟が少しでも活発になったのは嬉しい。これまでも群馬や滋賀の祖父母から子どもの頃の冒険談や遊びの話を聞くことはあったが、アイもショウタもピンとこなかった。環境が違いすぎるのだ。よくよく周りを見ると、童謡の歌詞にあるような風景や動物、植物は、自分も含めて今の子どもにとっては実感の伴わないものになっていた。

Section 1

学校の怪談

学校の怪談と都市伝説

一九九〇年代、児童書を中心としてマンガ・アニメ・ゲーム・映画と、メディアを通して一大ブームとなった「学校の怪談」は、口承文芸研究者の常光徹が、勤務先の中学校で生徒たちの間に学校空間を舞台とする怖い話や逸話が脈々と伝わっていることに注目し、放課後を利用して聞き集めた資料をまとめた論文「学校の世間話」がもとになっている。そのうちの怪談のみを児童向けにリライトしたのが『学校の怪談』であった。それらは主に、トイレで名を呼ぶと出現する「トイレの花子さん」や、上半身だけで這い寄ってくるテケテケなどの妖怪や、「ひとりでに鳴るピアノ」「こっくりさん」などの、怪異や霊の目撃譚《たん》・遭遇談である。

同時期にマスメディアでもてはやされたものに「都市伝説」がある。現在では、国際的な陰謀論や芸能人のゴシップ、地方の変わった食生活やおまつり、はては犯罪実話の類までを都市伝説に含めているが、一九九〇年代の都市伝説は、「ハンバーガーショップの肉の材料がネコ（あるいはミミズ）だった」とか「外国の試着室でさらわれ、売り飛ばされた女性がいる」「夜中峠を通ると、首なしライダーがバイクで追い抜いていく」「宅配便トラックのキャラクターのふんどしに触るといいことがある」などの、「友だちの友だちから聞いた本当の話」として主に都市部の若者の間でささやかれる、怪談や笑い話、おまじないやジンクスの類であった。この都市伝説という言葉は、アメリカの民俗学者ジャン・ハロルド・ブルンヴァンが、マスメディアを通じて広まる現代的な逸話や怪談、笑い話に与えた呼び名であった。

学校の怪談は学校という近代的な制度に支えられた空間で生まれ、話される説話であり、都市伝説は都市的な生活を背景とする説話であって、両者ともに現代の生活様式を背景とする説話といえる。

口伝えで広がる説話といえば、私たちは前近代において、老人から子どもへと伝承されていた、いわゆる民話を想像しがちである。しかし学校の怪談や都市伝説は、現代に生きる私たちもまた、現代の民話を育み、伝えていることのあらわれといえる。これら学校の怪談や都市伝説を、民俗学では口承文芸の一領域である世間話として考えている。

民間説話の三分類

口承文芸は、民俗文化における「ことば」の伝承を広く対象とする領域である。口承文芸ということばは英語の oral literature、フランス語の littérature orale の翻訳による造語であり、造語者は民俗学の泰斗・柳田国男である。文字で書かれたものが主である「文芸」と、口頭の音声で伝わる「口承」の組み合わせは矛盾を含んでおり、一種の撞着語法ともいえる。柳田は新しい言葉を用いることで、文芸意識は貴族や武家といったハイ・カルチャーだけがもち、伝えてきたものではなく、普通の人たちの生活文化のなかにもあるのだと主張しようとした。口承文芸の研究を発展させてきたのは、民間で語り継がれてきた口伝えの物語である民間説話、世間では略して民話と呼ばれる分野の研究である。口承文芸研究では、民間説話を昔話、伝説、世間話の三つに大きく分類して考えている。

フィクションの語り、昔話

昔話は世間でいわゆる民話としてイメージするものに最も近い民間説話といえる。昔話の特徴は、「昔々あるところに……」といった決まり文句ではじまり、架空の時と場所を舞台とするフィクションの物語という点にある。

昔話研究者の関敬吾は、著書『日本昔話大成』で昔話をその内容から、動物の世界の物語である「動物昔話」、人間を主人公とする「本格昔話」、笑いを語りの目的とする「笑話」に分類している。有名な昔話でいえば勝々山《かちかちやま》や猿蟹合戦は動物昔話、桃太郎や笠地蔵は本格昔話、屁《へ》ひり嫁や吉四六《きっちょむ》話は笑話になる。

昔話は、実際の民俗文化のなかでは昔話という呼称ではあまり呼ばれていない。各地で「昔語り」というほかに、「昔コ」（青森・岩手）、「ざっと昔」（福島・新潟）、「とんと昔」（山形）などと呼ばれ、多く語りはじめの文句が呼称の由来となっている。

昔話は語り始めと語り納めに決まった文句が述べられる。前者を発端句、後者を結末句ともいう。昔話の発端句や結末句には、地方ごとに特徴的な文句が伝わっている。発句には「ざっと昔あったーど」（新潟・福島）、「とんと昔あったと」（山形）、「なんと昔があったげな」（中国地方）など、昔話がここからはじまるという宣言として機能している。昔話絵本などで使われる「昔々あるところに……」という語りはじめも、発端句のひとつだと考えられる。

昔話の結末句は「どんどはれ」（岩手）、「とっぴんぱらりのぷう」（秋田）、「どんぴん」（山形）、「市が栄えた」「一期栄えた」（新潟・群馬）、「しゃみしゃっきり」（岐阜）、「昔こっぷり」（岡山・広島）、「候えばくばく」（香川）、「昔まっこう」（高知）、「もうすもうす米ん団子」（大分）など、地方ごとにバリエーションにあふれている。昔話の結末句は発端句と対応して、昔話の語りがここまでであることを示している。全体に発句よりも長く、語り手の創造力によって「昔まっこう猿まっこう、猿のお尻は真っ赤っか」（高知）とか「これで市が栄えた、市が酒買っておっ父《と》うがひん呑んだ」（群馬）「どんびん三助猿まなぐ」（山形）など、笑いを誘うような文句を付け加えることもある。

こうした語り始め・語り納めの句が示すのは、昔話は「昔々、あるところ」、すなわち、今でない時／ここでない所で起きた出来事だということである。それは昔話の内容はフィクションであり、登場人物は架空の存在であるとの宣言と確認なのだ。昔話の出来事は架空のもの、語り手と聴き手のいる現実の世界とは関わりをもたないのだということが発端句で宣言され、そして「昔話はここまで」と語りを区切る結末句において、それが再確認される。

そうしたフィクションであることの確認は、昔話の語り口においても繰り返される。中国地方の一部では昔話を「げなげな話」と呼ぶが、それは昔話を「……だったそうだげな」という特徴的な形式で語ることに由来する。他の地域でも昔話は「……だと」「……だそうな」「……って」のように、伝聞・推定の話法で語られることが多い。これらの語り口をもって語り手は、昔話の内容が「あったらしいことであるよ」というまた聞きであり、その真偽についての責任をまったく負わないことを繰り返し宣言しているといえる。

昔話の時と場と禁忌

昔話の伝承は多く、家庭内で行われた。子ども時代に老人や両親から寝物語に、また囲炉裏端の団らんの場や、柿の皮むきや子守りなどの仕事の合間に聞かされたという伝承者は多い。昔話は誰もが聴いて育つものであったが、多くの話を語れる人は少なく、特定の語り上手な人物がたくさんの話を記憶し、求めに応じて披露していた。このような多くの話を管理する語り上手な伝承者は地域の貴重な人材であった。新潟では

「語り爺さ」「語り婆さ」などといい、ムラ内の子どもたちはそうした語りの名人のもとに通い、昔話を聴き憶えたという。昔話は家庭内で伝承されることが多かったが、芸能者や行商人、渡り職人など村外からやってくる人たちが故郷の昔話を語り、それが家庭内の伝承に加わることも多かった。近代に入り、昔話の伝播には新たに本や雑誌、ラジオやテレビなどのマスメディアが加わり、外国の昔話が日本化して語られることもあった。

昔話の語りの場において、聴き手の存在は重要であった。聴き手は語り手の呼吸に合わせて「おーど」（福島）や「さーんすけ」（山形）といった相槌を打ち、語りを助けた。さらに語りが気に入らなければ、拒否の相槌を打つことで語りを止めさせることもあった。昔話の聴き手は単なる聴衆ではなく、語りの場を形づくる能動的な参加者なのである。

そして、語りの行われる時間の多くは夜と決まっていた。各地に「昼昔の禁忌」の文句が伝わっており、昼に昔話を語ると「ネズミに小便ひっかけられる」「天井から血のついた片足が下がる」「お寺の釣り鐘が割れる」「裏山が崩れる」「昼昔語ると刀で切られる、だから昔刀《かたんな》」などの不吉な文句で語りを禁止している。また「ハナシは庚申《こうしん》の晩」「節季ナンゾ（謎）の正月ムカシ」などの、昔話は特別の夜に語るものだと述べた慣用句もある。こうした文句は、平常の日中の労働に差し支える昔話を制止するための方便というだけではなく、昔話がある特定の夜にのみ厳格に語られるものであった名残りであるとされる。また昔話「蛇聟入《へびむこいり》」「食わず女房」が五月節供の菖蒲《しょうぶ》酒・菖蒲湯の由来を語るように、ある特定の行事や儀礼と結びついた昔話が、そうしたハレの日に語られていたと考えられる。

こうしたことから柳田国男は昔話が娯楽のために、子どもたちに日常的に語られるようになったのは後世の変化であって、元来は成人が語り聴く、神聖性を備えたものであったと考えた。そして柳田は昔話の原初の姿に、祭りやハレの夜にムラやイエの由来を語ったであろう神話語りを幻視していた。柳田は、昔話の備える語りの形式や禁忌を、そうした神話語りの名残りだととらえたのである。

史実ではない歴史、伝説

そうした語りのもつ神聖性や儀礼性は伝説にも引き継がれている。伝説は、一般語においては「ビートルズ伝説」「イチロー伝説」のように、目覚ましい業績を残した個人にまつわる逸話の総称としても使われるが、口承文芸においては伝説を、木・岩・川・湖・山のような自然物や、寺社・お

図1　上流の増間集落から流れてきたという伝説の残る「増間島」（千葉県南房総市）

堂・橋・田畑・塚のような人工物、また年中行事や儀礼・家例・芸能・地名のような文化がいかにして起こり、現在に伝わっているかを伝えるイワレ、イイツタエの物語として考えている。

伝説の要点は歴史時間のある一点に起きた事件の結果が眼前にある事物として現在まで引き継がれていることをいう点にある。伝説はたとえその内容が空想的であったとしても、事物が現存する（していた）以上、それが過去実際に起こったこと、ノンフィクションとして話され、聴かれる。伝説は歴史学的な事実とは必ずしも適合しないが、その伝説の対象に対して話し手と聴き手がもっている認識を、もっともよく表している。柳田国男は伝説を「歴史になりたがる話」といったが、伝説は口伝えの、民俗文化的に構築されたムラの歴史認識なのである。伝説はもともとは在地の伝承であるが、伝説と深く結びついた宗教者や芸能者や渡り職人などによってもち運ばれ、新たな地で語られることでかたちを整えて、その土地の歴史として根付くこともあった。

そうして伝説は民俗的な歴史認識を伝えるものであるため、その情報が伝わりさえすれば、語り口に決められた形式を取る必要はない。「望夫岩《ぼうふいわ》は海の彼方に見送った夫を待つうちに化した岩」と一行知識的にも話せるし、情感をこめて長編の物語に脚色することもできるし、また口頭の伝承だけでなく、書物や石碑や立札に由来を記載して伝えることもできる。

伝説はその歴史志向により、合戦や貴人の来訪といった日本史上の出来事や、弘法大師や源義経などの歴史上の有名人を多く登場させて真実の歴史らしさを装う。そうした伝説の地は史跡・名勝として早くから観光地として開発され、今も多くの観光客の足やカメラが伝説の現場に向けられている。その意味で伝説は現代、最も盛行している口承文芸といえる。

同時代の異事奇聞、世間話

最後の世間話は、日常生活のなかで話される、実際に起きたとされる珍談・奇談・怪談・異事奇聞・うわさ話の全般を指す。いずれも伝聞・体験談として話されることが多い。一般語の世間話は日常の雑談、無駄話という意味であるが、柳田国男はそれを社交のために話される、世間を把握するための説話という意味づけで、学術用語として定義した。

かつて村落で話されていた世間話には、妖怪の出現や怪異の目撃、狐狸《こり》に化かされるなどの怪異談や、奇人や地域の有名人の言行、日常の失敗などの笑い話、大食い・怪力などの異常人物、もしくは大工や鉄砲撃ちや泥棒などの一芸に秀でた名人・達人の逸話、火事や地震、一揆や犯罪などの災害や事件・事故の顛末、などがある。これらの世間話はいずれも、話し手と聴き手がよく知る場所で、身近に思える人物に、実際に起こったこととして話される。そうした意味で学校の怪談や都市伝説はもちろんのこと、現在の私たちが日常交わしている雑談やうわさ話もその多くは、口承文芸でいうところの世間話として考えることができるのである。

図２　世間話は日常空間に展開する。狐が化かすという「寺坂」も，何の変哲もない道である（新潟県阿賀町）

昔話が現実とは無関係の時空間で起きたフィクションであり、伝説が過去のある点で起きたとされる歴史上の事件であるのに対し、世間話は話し手と聴き手が現に生活する「いま・ここ」と連続する時間・空間で実際に起きた事件の報告として話され、聴かれる。私たち自身のこととして話される世間話には、私たち自身が、生活する「いま・ここ」をどのように認識しているかが色濃く反映されるといえる。

昔話・伝説・世間話はお互いに通交しあってもいる。たとえば昔話のひとつであるおどけ者話の機知にとんだ主人公の行動がごく最近の実在

図３　恋占いで繁昌する地主神社（京都市）

人物の言動として話されたり、桃太郎が討伐した鬼が島だと名乗る伝説地が日本各地にあったりする。昔話・伝説・世間話の差異は説話の内容にあるのではなく、その説話をどのように演ずるのかという、説話の語られ方・話され方の次元にあるのである。

ことばの民俗とこころの民俗

口承文芸には民間説話を中心とするカタリ・ハナシの領域に対してもうひとつ、ウタ・コトワザの領域がある。カタリ・ハナシが長い章句で紡がれることばの技術であるのに対し、ウタ・コトワザは短くまとめられたことばの技術である。

ウタの領域の中心となるのは民間の歌謡、いわゆる民謡と呼ばれる言語芸術であり、民俗芸能とも深い関わりをもつ。民謡には神事や祭礼の場で歌われる神歌・祭り唄・祝い唄、田植えや地引網などの共同作業の調子を合わせたり、粉挽きや麦打ちなどのリズムを取ったり、筏乗りや馬方が道行に歌ったりする労作唄、盆踊りや獅子舞などの芸能に伴って歌われる踊り唄・舞謡、子どもたちの管理下にあった子守唄・わらべ唄などがある。

こうした生活のなかで歌われた歌謡が酒宴の席に入り、音曲のプロの手によって座興唄《ざきょううた》となり、また家々の門口で歌う鳥追いなどの門付《かどつけ》芸人に歌われ、流行歌となって全国各地に運ばれた。近代以降はそうした座敷芸・舞台芸能となった民謡がラジオなどのマスメディアに乗って流行し、さらに広く歌われるようになった。

専門の芸能者に担われた歌としては、奥浄瑠璃や説経節、口説き節、近代の浪花節などの語り物芸能がある。語り物芸能は神仏の縁起が祭文として歌われ、心中事件の顚末が口説きとして歌われるなどの、物語性のある長編の歌謡であり、民間説話と民謡の中間にあるものといえる。

ことわざは短い章句にまとめられた知識や警句であり、生活や人生の経験的な真理を、巧みな比喩を用い、簡潔で調子のよい語句で言い表す。秀逸な譬《たと》えがもたらす笑いの効果によって一言で対象をやりこめる、もしくは民俗知識を整った語調で瞬時に記憶できる、ことばの威力がことわざの命である。将来の計画を楽天的に述べる相手に「捕らぬ狸の皮算用」と言って黙らせるのは前者の例だし、「朝焼けは雨、夕焼けは晴れ」として天気の推移を予測するのは後者の例である。現在は日常の会話で使われることが少ないことわざであるが、もともとは自らの考えを他者に伝えることばの技芸であった。遊戯的なことばの技芸には「しゃれ」や「地口」「なぞ」などもある。いずれも日本語の同音異義の特性を用い、ことばに複数の意味を掛け合わせて笑いを起こす技芸である。

そうしたことばの技術のなかで、柳田国男はとくに「新語作成」や「命名技術」に注目した。新しい事物を表すことばをいかにつくり出すかという、生活におけることばの技術を柳田は、自らの思うところを、自らのことばとして表現する技術として重視したのである。

図４　地域のツチノコ伝承を町の PR に用いた例。妖怪伝承は現在では，観光や町おこしにも使われている（兵庫県宍粟市）

ことばが言い表す内容は、私たちのこころの内実である。現代の学校の怪談や都市伝説に多く登場する妖怪の知識やおまじないは、私たちの心のなかに今もある呪術的な意識の表れである。民俗学はこうしたもののいいを「俗信」と名付けて、私たちが世界をいかに感じ取るかという領域、すなわち心意現象の一部として研究してきた。

俗信にはある特定の出来事に、未来の別の出来事の先触れを見る予兆、ある特定の行為を、それが不吉な結果を招くとして禁止する禁忌、ある行為をもって能動的に未知のことを知ろうとする占いと、未来に良い結果を招こうとしたり、悪い結果を未然に防ごうとしたりする呪《まじな》い、それに民間療法や妖怪・幽霊といった霊的な存在の知識が含まれる。「茶柱が立つといいことがある」は予兆、「夜爪を切ると親の死に目に会えない」は禁忌、神社で引くおみくじやテレビ・雑誌の星占いは占い、「雷が鳴ったら桑原と唱える」「霊柩車を見たら親指を隠せ」は呪いの例である。占いや呪いには特定の呪文、「唱えごと」が付随することもある。くしゃみの後に抜け出た魂を魔物に狙われぬよう、「畜生」とか「クスクェー」（糞食らえ）と口走るなどがその例である。

これらの俗信の多くは原因と結果の間に科学的な因果関係が存在するわけではない。元来無関係の両者が因果関係で結ばれるのは、私たちの心もち、すなわち心意現象の働きにほかならない。なお民間療法には山野草などを用いた薬効のあるものと、「冬至にカボチャを食べると中風にならない」のように、呪術的な意識にもとづくものとがある。俗信は民間信仰と深く結びついており、そのなかで、かつての生活では意味のあった俗信が、現代においては健康で文化的な社会生活の妨げとなるものをとくに迷信と呼ぶ。

俗信は多く一行知識的な短い章句として伝えられ、ことわざとの関係が深い。口承文芸はことばの技術の分析を通じて、私たちのこころを明らかにすることでもあるのだ。

（飯倉義之）

読書案内

日本口承文芸学会編『シリーズことばの世界』（全四巻）三弥井書店、二〇〇七年。

＊現在の口承文芸研究の到達点や課題を、読みやすく通覧できる入門書シリーズ。「つたえる」「かたる」「はなす」「うたう」の四冊からなり、それぞれ総説・カタリ・ハナシ・ウタとコトワザの領域に対応している。

久保田淳・栗坪良樹・野山嘉正・日野龍夫・藤井貞和編『口承文学2・アイヌ文学』（岩波講座　日本文学史一七）岩波書店、一九九七年。

＊講座の一冊として、ことばの民俗をとらえなおそうとする論文集。基本的に文学研究者に向けて書かれるが、執筆者には民俗学者が多い。昔話・伝説・世間話の各領域のありようと研究の進展、今後の課題がまとめられている。

関一敏編『民俗のことば』（現代民俗学の視点二）朝倉書店、一九九八年。

＊ありうる民俗学の方法の提示を目指して編まれたシリーズの一冊。ことばの民俗から開かれる可能性について、近代以降の制度が私たちに与えた影響なども視野に入れ、提示している。少し口承文芸分野に踏み込みたい人向け。

常光徹『しぐさの民俗学——呪術的世界と心性』ミネルヴァ書房、二〇〇六年。
＊俗信のうちでもとくに現在も行われているものを、身体や身ぶりとの関係を重視して論じている。俗信の理論的なメカニズムと、生活の場面に現れる俗信の実際的考察がバランス良く配置され、俗信研究の理解に有益である。

参考文献

板橋作美『俗信の論理』東京堂出版、一九九八年。

常光徹『学校の怪談』ミネルヴァ書房、一九九三年。

長野隆之『語られる民謡』瑞木書房、二〇〇七年。

『野村純一著作集』一・二、「昔話伝承の研究（上・下）」清文堂、二〇一〇年。

ジャン・ハロルド・ブルンヴァン（大月隆寛ほか訳）『消えるヒッチハイカー——都市の想像力のアメリカ』新宿書房、一九八八年。

松谷みよ子『現代民話考』（全一二巻）ちくま文庫、二〇〇三～〇四年。

松田美佐子『うわさとは何か』中公新書、二〇一四年。

『昔話・伝説を知る事典　やまかわうみ　vol.7』アーツアンドクラフツ、二〇一三年。

Section 2
四季の遊び

「大人は子どもの黄昏《たそがれ》である」という表現は逆説的であるが、大人の子ども時代へのはかないけれども強い憧憬を表しているといえるだろう。その子ども時代への憧憬の中心をなすのはやはりなんといっても「遊び」である。故郷を離れた人が、思い出す故郷や原風景と、一九一四（大正三）年に作曲された尋常小学校唱歌『故郷《ふるさと》』「うさぎ追いしかの山、コブナ釣りしかの川、夢は今もめぐりて、忘れがたき故郷」の歌詞の思いが共振することはそれをよく表している。共振する中味は遊びなのである。もっとも遊びは時代や地域によって異なるので現代の子どもはこの歌詞の「うさぎ追いし」を経験しないので、「うさぎオイシイ」と思っている人が多いという笑い話もあるが。

遊びへのあこがれ

野山での遊びは故郷とか原風景の核になるようなものなのかもしれない。それは地域や時代によって異なるけれども、大人が遊び道具として与えてくれる玩具や絵本・漫画・雑誌などと違って他のものと代替できないその地域やその時代の固有の自然のなかでの遊びだからである。もちろんゲーム機やパソコンなどのＩＴによる遊びに地域性が存在しないかどうかわからない。どういう時代区分が遊びの通時代的な研究では妥当なのかわからないが、近世の子どもの遊び、近代のアジア・太平洋戦争前までの子どもの遊び、そして戦後高度経済成長期までの子どもの遊び、高度成長期以降の子どもの遊びが大きく変容しているのは事実である。この四つの時期に通底する遊びもまったくないわけではないが、むしろ子どもの遊びは時代性を表現していると考えておいたほうがいいだろう。

遊びの本質

現在では都市の人口のほうが農山漁村部の人口より多い。一九六〇年代にはじまった高度経済成長期以降、人の移動では向都離村が続いている。したがって、故郷や原風景とかいうものは再び帰ることのない離郷者の一時的な思いにすぎないのかもしれない。

ここでいう遊びは近代の教育システムのなかで核をなす小学校や中学校という学校のなかでの遊びではなく、そうした義務教育における管理された場から解放された時間と空間における自由な遊びを指す。そのような遊びこそが子どもにとっては遊びなのである。そのことは昔も今もそれほど事情は変わっていないようである。近代においては監視や管理は両親などの家族と教師であるが、近世では主として管理者は両親など家族とムラであった。監視や管理から解放され自由であることが子どもの遊びの世界ではもっとも重要なことである。

子どもは未成熟で未発達な存在であり、大人への移行過程にあるものという認識が長い間続いてきた。子どもが創造性豊かな独自の文化をもつ存在として、子どもの人格が認められるようになってきたのは近代になってからである。その意味では子どもは近代になって発見されたものだといえる。しかし、子どもそのもののもつ文化は、古今東西にかなり普遍的な遊びの世界に顕現してきた。中世の流行歌を編んだ『梁塵秘抄《りょうじんひしょう》』のなかの次の歌は子どもの存在に関して本質的なことを見抜いている。

遊びをせんとや生れけむ
戯れせんとや生れけん
遊ぶ子どもの声を聞けば
我が身さえこそゆるがるれ

遊ぶ動物である子どもはどのような遊びをするのであろうか。子どもの遊びは、時代と地域によって大きく異なることはいうまでもない。時代と地域によって大きく異なるのは、子どもがおかれている社会が異なるからである。

図１　高知県津野町北川を流れる四万十川

民俗学の対象としての子どもの遊びは何も野山で自然を対象にしているものばかりではない。またその遊び自身に強い伝承性を備えているものばかりでもない。子どもの遊びは、そのおかれている社会や大人の文化から強い影響を受けている。こうした時代や地域を超えて「子どもの遊び」のもつ普遍的な特徴を見出そうという研究の立場と時代や地域の特徴を見出すことを目的とした民俗誌的な研究がある。もっとも多くの民俗誌的な研究を比較することによって日本の子ども文化としての普遍性やもっと広くアジアのなかでの普遍性あるいは異文化との比較を考察することもありうる。

遊びの研究

遊びのもつ文化を超えた普遍性について考察したのはホイジンガとロジェ・カイヨワであり、前者は人間とは遊ぶことに本質があると喝破したのであり、後者はフランスの社会学者でホイジンガの継承者であり、遊びの理論を構築した。とくにカイヨワの遊びの分類はこの方面の研究に大きな影響を与えた。遊びには競争（アゴン）、偶然（アレア）、模擬（ミミクリ）、眩暈（イリンクス）があり、遊びはこれらの要素の複合であることが多いが、四つのうちのいずれかが優位になるというものである。また、これらの四分類とは別に遊びは二つの両極の傾向のなかに並べることもできるという。それは気晴らしや騒ぎや即興などの発散を核にした遊びをパイディアとし、反対の極にある努力や忍耐や技などを核とした遊びをルドゥスとして、遊びをこの二つの傾向性のなかに配列するというものである。いずれも日本の遊びに限らず遊び研究に重要な仮説を提供した。

ただ、日本の子どもの遊びをすべてこの分類や理論で語ることができると考えるのは早計である。時代や地域に限らず日本の子ども遊びは二つの点でこれらの遊びの普遍性理論から逸脱している。ひとつはここで述べる「四季の遊び」などに見られる自然を対象とした遊びが子どもの遊び全般のなかでかなりの比重を占めていたことである。もうひとつは言葉遊びである。言葉遊びの側面は「なぞなぞ」や「ことわざ」あるいは「遊戯に伴う歌」などおもしろい問題がある。

敗戦後の子どもの遊び

「四季の遊び」について過去形で書いたのは日本の社会が一九六〇年代の高度成長期を境に農業的社会から工業的社会へ転換するけれども、その前後で子どもの遊びも大きく変わったからである。高度成長期以前に子どもであった世代は現在六〇歳前後であり、いわゆる団塊の世代がその中心である。四季の遊びは必ずしも自然を対象とした遊びだけではなく、独楽回しやボカンスイライあるいは女の子の竹籤《たけひご》遊びなどがどちらかといえば寒い冬の遊びとしてあった。ボカンスイライとは地域的な名称も異なるけれども、各地で戦前からあった冬の遊びで、発生や伝播はよくわからない。

このボカンスイライは大将と水雷と母艦の役割を割り振られた子ども集団が二つに分かれて闘う冬の遊びであった。大将は二つのチームなので二人、それにはガキ大将がなり、足の速い子どもは水雷に、足の遅い子は母艦に割り当てられる。大将は敵方の母艦をタッチすれば相手の母艦を捕虜、水雷は敵方の大将をタッチすればゲームはタッチした側の勝利、母艦は足の速い水雷を追ってタッチすれば捕虜にできるが、ひとり大将から離れてウロウロすれば敵方の大将にタッチされ簡単に捕虜になる。足の遅かった低学年の頃、足の速い水雷に憧れ、できれば将来大将にもなってみたいというのが、筆者ら一九四五年前後生まれの者たちのボカンスイライへの思いであった。

このボカンスイライが母艦、水雷、大将の意味であることを筆者が知るのは後年であり、この遊びが戦前から子どものなかで日本中に伝播していった遊びであることを知った。野球帽のツバの向きによって地位を決めたり、敵味方の差異の表現など地域性があるようだ。この遊びがどこで発生しどのように伝播したのか誰も調べていないのでわからないが、近代起源の子ども遊びにも、子どもの文化や民俗を考えると興味深い事実がある。

野山での四季の遊び

「四季の遊び」と「言葉遊び」は遊びの普遍的な理論には該当しない遊びであるが、とくに前者については対象が生物である場合が多く、特徴的である。「昆虫少年」や「虫めずる姫」という表現は欧米ばかりではなく中国や韓国などの世界でも通用はしない。それでは一九六〇年代の高度成長期以前に少年時代を過ごした人がどのように四季の遊びのなかで自然と接していたか具体的に見てみよう。

少年（一九四八年生まれ）は小学校三年までは高知県東津野村北川《ひがしつの》（現　津野町）で過ごし、小学校四年から高校までを高知県中土佐町久礼《なかとさ　くれ》で過ごした。中土佐町といえばカツオの一本釣りで有名な町である。東津野村は自然に恵まれた山村、中土佐町は海に面した漁村であり、この少年の自然とのつきあいがどのようなものか四季に応じた遊びを思い出

表1　山村の遊び（高知県津野町北川）

春の遊び	イタドリ採り（大人たちは皮をはぎ，塩につけ煮しめの材料。子どもは塩をつけてすぐ食べる）——川岸や裏山
	イチゴ採り（クサイチゴやキイチゴ）
	茶摘み（製茶工場へ，小遣稼ぎ）
夏の遊び	マナゴ掘り（ジョレンで石をこねてウナギを追いだし突く）
	手づかみ（ハヤゴと呼ぶオイカワが対象） 釣り（ハヤゴ・イダ〈ウグイ〉） チャッスンでゴリ・ドンコなどの魚を突く
秋の遊び	栗ひろい（山栗は小さいが甘い）
	柿もぎ（先をＶ字形に割った竹の竿ではさんで枝をねじ切る）
冬の遊び	キンマ（木馬という子ども用のソリ，雪の日）

表2　海沿いの町の遊び（高知県中土佐町久礼）

春の遊び	メジロとり（竹で作った鳥籠〈コバン〉でメジロを飼う） ——オトリと鳥モチで野生のメジロをとる
	クモの喧嘩（コガネグモを方言でジョログモという） ——竹箒でクモの巣ごとかきとり，横棒の上で闘わす
夏の遊び	アユ獲り（６月１日解禁）　①エサ釣り　②キヌタマ　③カナツキ
	川原での遊び（競泳，石積のゲーム）
	貝とり（シッタカほか，和名は不明），　夜釣り（クエなど），　ウナギ釣り
	トンボとり——セセリチョウを囮にシオカラトンボをとる
	かっくり（小さな石を30～40センチメートルの糸の両端に結んだものを投げ上げてトンボにからませてとる）
秋の遊び	山芋ほり・椎の実ひろい （ヤマイモを掘るのには技術がいる）
冬の遊び	コブテ（曲げた木の枝の反動を利用した野鳥をとる仕掛け） ——狙ったのはツグミである

してもらった。表1と表2は、山村と漁村での遊びの代表的なものである。

　山村での四季の遊びといって思い出すのが、ほとんど自然を対象にしているのは当然といえば当然であろう。山の春の遊びに「イタドリ採り」と「イチゴ採り」と「茶摘み」があげられている。イタドリは各地の方言名が数百あり、いくつかの系統に分けられるが、高知県では標準和名となったイタドリ系の名称をもつことが多い。今でも高知の日曜市ではイタドリが煮しめの材料としてよく売られているが、当時でも裏山や川岸で大人たちは大量に採取していたようだ。子どももそれを真似て採り、塩をつけておやつとして食べた。「茶摘み」は山で栽培している茶を摘み、製茶工場に売って小遣い稼ぎをしたようだ。この少年の山村での遊びと漁村での遊びにはいくつか大人の漁撈や採集の模倣が遊びになっている特徴がある。

少年時代を敗戦後から高度成長期の間で過ごした人々は、多くは日本全体が貧乏な時代であり、子どもの遊びが明治や大正の時代に逆戻りしてしまった場合もあり、注意する必要がある。大人の副業を模倣して小遣い稼ぎをする例はこの少年にもいくつか見られる。

どんなふうに子どもの頃の遊びを覚えているのか、この大人になった少年に表にある遊びの思い出を書いてもらった。実に詳細に記憶していることに彼自身も驚いていたが、遊びが豊かな伝承の世界にあったことを教えてくれるので、彼の秋の山の遊び「栗ひろい・柿もぎ」の記述を引用しておきたい。

「裏山に大きな山栗の木があり、実が落ちるころには拾いにいった。丹波栗などとちがい実は小さいが甘みは強い（筆者注：栽培種のものより野生の栗は実は小さく甘みが強いのは事実であり観察と記憶が正確であることを示す）。一回に拾う量はたいしたことはないので何回かに分けてためておいて茹でてもらった。野生のような栗なので虫がくっているものが多かった。裏山にはまた柿の木があり、祖母とよくとりに行った。V字形に割った竹の先端に柿の小枝をはさんで捻《ひね》りとるのだが、籠はすぐいっぱいになった。渋柿なので祖母が皮をむき細く綯った縄につけて軒下につるした。白い粉がふく頃に食べる。外でチャンバラゴッコなどをして手足が汚れたまま家に入ると、きまって『まあ、黒い足をして、早う洗うてこんと柿の木が養子に来いいうが』といわれた。黒く汚れた手足を『柿の木が養子』とは、今思うとなかなかうまいタトエで、黒くカサカサした柿の表皮をよく表現しているが、その当時は、『こればぁのことで、柿の木の養子にやられてたまるか』などとぶつぶつ言っていた」。

何か昔話のなかの子どもと祖母のやりとりを思わせるが、教育制度外のところで伝承や言葉の文化がどのように伝えられていったのか見事に示している。

もうひとつ春の遊び「メジロとり」を挙げてみたい。メジロとりは現在禁止されているが、当時の少年と鳥のつきあいが活写されているので引用する。メジロは春先にヤブツバキやサザンカなど早春の花の蜜を吸いにやってくる。ヤブツバキやサザンカは高知県ではカタシあるいはヒメカタシなどの地方名で呼ばれるが、それが純林を構成していることがある。漁村ではかつて椿油をこれらの実から絞り食用に使っていたところが多い。そんなところには早春メジロが多くやってくる。この少年の「メジロとり」の詳細な記憶を見れば、四季の遊びがいかに感性や感覚に大きな影響を与えたかということは想像にかたくない。

「コバン（竹で作った鳥籠《とりかご》）でメジロを飼っていた。飼ったのはオスである。メスはツーツーと鳴くだけだが、オスはハルといって高い声で鳴き続ける。毎朝、学校に行く前に近所の畑へいって、青い菜をすこし採ってきて擂り餌をつくって与え、水を入れ替える。休みの日などにオトリ（囮）に行く。メジロの入ったコバンを風呂敷で包み、長さ六〇〜八〇センチほどの細い木の枝（または竹）に鳥モチを巻くように塗りつけたものをもって近くの山に入る。鳥モチをつけた棒は二、三本用意する。途中で椿の花などを見つけると取って鳥モチにつけたりする。手ごろな場所を見つけると、風呂敷をとってコバンを木の小枝に掛け、その周りの枝に鳥モチをつけた棒を水平にわたす。このあと少し離れた茂みのなかに隠れて見ていると、オトリの声につられて山のメジロが近づいてくる。いつ鳥モチのついた棒に止まるかとわくわくする。小枝と間違えて鳥モチの棒に止まると、足がくっつくため体の重みでくるりと反転する。つまり足が上、頭が下になる。すぐに茂みからでてメジロを捕まえてコバンに入れる。野生のメジロはコバンから出ようとして暴れると怪我をしたりして死ぬので、風呂敷でコバンを包んで中を暗くする。その後、メスのメジロは放してオスを残す。高い鳴き声でよく鳴くハルメジロほど山のメジロが寄ってくる。胸に黄色い線が走り、腰の高いメジロほどよいとされていた。私はしなかったがスズメのタチゴ（雛）を捕って育て、手のりにする子もいた。しょっちゅうエサを与えねばならないので、学校にもってきて机のなかに入れていたが、授業中にピイピイ鳴くので教師に見つかっておこられていた」。

彼が大人になっても鮮やかに記憶がよみがえり、それも微細なことにまでおよぶことがこの文章でもよくわかる。ここに登場するメジロとその生態、コバンという籠のつくりかた、メジロの捕り方、飼育方法などはおそらく遊び仲間から伝授されたり、大人の真似をしたりして、この伝承的な野山の遊びは存在していた。この少年の野山や海での四季の遊びには「アユ獲り」や「クモの喧嘩」など漁法やコガネグモの特異な民俗など注目すべきものもある。けれどもこの少年がいかに野山や海という自然と色濃いつきあいをしてきたかということのほうが重要である。この少年の豊富な四季の遊びが、彼自身の自然観や人生観につよい影響を与えているにちがいない。

子どもの遊びは時代と地域によって大きく異なる。この少年時代の野山での遊びは、敗戦後の日本の山村や漁村の子どもの遊びの特徴を備えたものである。もちろん四国の山村と漁村なので、かりに同じ年代の人でも東北出身であったり、沖縄出身であったりすれば、遊びの内容は異なるわけである。地域によって憧憬としての故郷や自然の中身が異なるともいえる。両親や親族の出郷した地域で少年少女時代の四季の遊びを聞いてみることから自然観や故郷観などを考えてみるのもおもしろいのではないか。

（篠原　徹）

読書案内

R・カイヨワ（多田道太郎・塚崎幹夫訳）『遊びと人間』講談社、一九九〇年。

＊遊びということに少しでも関心のある者は必ず読んでおかねばならないものである。またこの必読文献はおもしろさにかけても第一級の著作である。

青柳まちこ『「遊び」の文化人類学』講談社現代新書、一九七七年。

＊世界のなかにどんな遊びがあるのか概観できる著作である。また「労働と余暇」と遊びの関係や「遊びの伝播と受容」などの問題についてもどんな問題があるのか教えてくれる。

斎藤慎一郎『クモ合戦の文化論』大日本図書、一九八四年。

＊高知県や鹿児島県ではコガネグモを捕ってきて、それを養育して戦わせるクモ合戦という遊びがある。これに熱中する子どもや大人たちの姿を余すところなく伝えていて圧倒的におもしろい本である。

参考文献

嘉田由紀子・遊磨正秀『水辺遊びの生態学』農山漁村文化協会、二〇〇〇年。
亀井伸孝編『遊びの人類学』昭和堂、二〇〇九年。
西郷信綱『梁塵秘抄』筑摩書房、二〇〇四年。
斎藤慎一郎『虫と遊ぶ――虫の方言誌』大修館書店、一九九六年。
J・ホイジンガ（高橋英夫訳）『ホモ・ルーデンス』中公文庫、一九七三年。
柳田国男『こども風土記』（『柳田国男全集』二三）ちくま文庫、一九九〇年。

コラム３　鯨とイルカ

哺乳綱クジラ目に属する海獣はクジラと総称されている。現生のクジラ目はヒゲクジラ亜目とハクジラ亜目とに分類され、国際捕鯨委員会（ＩＷＣ）によれば、現在、八六種が確認されている。両者は生態や食性が全く異なっている。前者には上顎左右下側に餌を濾しとる直角三角形状のクジラヒゲがあり、四科一四種に分類される。後者には食物を捕えるための歯牙があり、一〇科七二種に分類される。一般に体長が四メートル以下のハクジラ亜目の小型種をイルカと呼び分けている。これは欧米でも同様である。

日本民俗学では、これらの鯨類《げいるい》を対象として、漁法、食文化、祭礼、信仰、供養等の研究が行われてきた。鯨類は赤道をはさんで北半球と南半球とに分かれて回遊している。島嶼列島である日本列島の沿岸域を多くの鯨類が索餌回遊しており、プランクトンや小魚を餌とするヒゲクジラ類がイワシなどの豊漁をもたらすエビス神に準えられたり、群で移動するイルカの活動が参詣にたとえられるなど、沿岸域に住む人々にとって鯨類は身近な存在であった。近世期にはいって各地で組織的な捕鯨活動が行われるようになると、鯨類の分類や生態に対する日本人の関心が一層深まり、鯨類は沿岸域に住む人をはじめ、多くの日本人の日常生活にとってなじみ深い存在や資源になっていった。日本民俗学の鯨類に対する視座はこの時代を基点としている。

これに対して、欧米人の鯨類に対する視座は異なる。石油の機械採掘が開始されるまで、欧米では鯨油が燃料等として重用されたが、主に鯨油生産をするための捕鯨は洋上解体を前提にしており、欧米社会の人々が鯨類を実際に目にする機会は総じて限られたものであった。そのために当時の欧米社会において、多くの人々にとって未知の生物であった鯨類を、怪物などの姿として描くような視座が定着されていく素地が形成されていった。現在の捕鯨問題の背景を理解するためには、歴史的に鯨類を鯨油資源としてきた国々と、鯨油をはじめ鯨肉や骨粉等を得るための資源として利用してきた国々との間で、鯨類に対する視座がまったく異なっていたことに留意しなければならない。

加えて、一九七二年に開催された国連人間環境会議で、商業捕鯨の一〇年間のモラトリアム（一時的停止）が採択されたのを契機に、鯨類は資源としての位置づけから環境保護のシンボルへと転換されたことも忘れてはならない。

日本民俗学が蓄積してきた鯨類に関する研究は、各地の地域社会と鯨類との多様な関係を明らかにしてきたが、従前の「鯨を研究する」ことだけでは日本民俗学に関心をもつ人々から、過去との関係性の検証に対する評価を得ることができても、日本であたりまえに行われてきた事象が直面している課題に対して「鯨で研究する」という姿勢で臨まなければ、現代社会が直面する課題に対処していく学問としての民俗学のあり方は、国際社会はもとより日本の人々からも理解を得られなくなるであろう。　（小島孝夫）

第6章

家族の縁をつくる

結婚

すっきりとした秋晴れの日曜日、今日は滋賀県に住む母方のいとこ、トオルの結婚式だ。一人っ子のトオルはわがままで、アイとはあまり気が合わない。結婚式に出席するのも気が進まなかったが、仕方がない。相手の女性は名古屋出身で同じ職場で知り合ったらしい。当人たちの希望で結婚式までの段取りは至ってシンプルなものだった。当初、披露宴は会費制にすることを計画していたらしいが、両方の親から大反対にあい、結局、招待制にしたとトオルがこぼしていた。北海道は会費制だと聞いたことがあるし、そんなに抵抗は感じないけど、年配者にはそうはいかないようだ。

祖父母たちの頃は、自分の意志で配偶者を選べるとは限らず、両親や親戚あるいは世話人が決めることもあったというから信じられない。結納（婚約）から結婚式、式の後も決まりごとだらけだったのだ。とくに嫁は、家族のなかでの役割も複雑で、長男の嫁ともなれば気苦労が絶えなかったと聞く。現代は結婚式場も新生活の場も自由に当人が選択することができるが、以前は決められていた地域もあったというし、嫁が里帰りする日も自由にならなかったなんて、今の時代なら即離婚だろう。とにかく聞けば聞くほど、窮屈な感じがぬぐえない。世話好きのおばさんが、「アイちゃんにも誰か良い人がいないかしら……」なんて言いだしたときには、ちょっと慌てた。もちろん丁重にお断りをした。

親戚のおじさん・おばさん

最近では冠婚葬祭でもなければ親戚に会う機会も少なく、アイ自身、母方の親戚に会うのは小さい頃にあった曾祖母の法事以来だ。親戚一同が集まると本家や分家という話題が必ず出て、時折、微妙な雰囲気になる。イエとイエの関係は対等なものだと思っていたが、そうでもないようだ。以前ほどではないが、家格の上下、というものがあるらしい。かつてはその序列に応じて、モノや労働力のやりとりが決まっていたそうで、長男の嫁になった女性はどれほど気苦労が多かったことだろう。今では姑の立場になったおばさんが「嫁は姑から学ぶことも多かったのよ」と教えてくれた。その点、うちの母親は舅や姑とは離れて生活しているので嫁姑問題からは解放されているが、若い頃はちょっとしたしきたりがわからず、困ったこともあったらしい。イエとイエの関係やつきあいって難しい。つきあいの複雑さを考えると、つくづく今の時代に生まれて良かったと思う。

その一方で、一人っ子が増えている現代ならではの新しい問題も起こりそうだ。おじさんもおばさんもいとこもいない、という子どもだっているのだろう。親戚づきあいの煩わしさと楽しさ、その両面を知っている身としてはなんとも複雑な気持ちだ。

Section 1
結婚

娘遊びとヨバイ

昔の人は親のいいなりで結婚していたように思われがちだが、家制度が法的に確立するまでの世のなかでは比較的恋愛結婚が多かった。娘遊びなどといって、夜に若者（今でいえば高校生から大学生くらいの男子）が何人か集まっては年頃の娘の家を訪問して世間話に興じる習わしがあり、訪問がたび重なるうちに恋愛に発展し、結婚に至ったのである。娘の家を訪れる若者は、普段は若者組（青年会）などで一緒に活動する仲間であり、最初は先輩に連れて行ってもらって手ほどきを受け、次第に自分たちだけで出かけるようになった。そのうち特定の娘と仲良くなる者がいれば残しておき、あとの仲間は次の娘のところに出かけ、一晩に何軒もの娘の家を訪れた。娘の親は、若者が来れば遠慮してその場を離れ、隣の部屋で様子を見守っていたといい、娘遊びは親も認めた一種のグループ交際であった。

太平洋沿岸から瀬戸内海一帯の漁村では、同年代の若者が一カ所に集まって寝起きをする寝宿《ねやど》のしきたりのあったところが多く、この宿が娘遊びの基地となっていた。娘遊びに出かけた若者は、仲間の恋愛がうまくゆくように援助をした反面、二股をかけるような者に対しては制裁を加えた。娘遊びは自由恋愛と呼ばれるような無軌道なものではなく、一定のルールをもった恋愛慣行だったのであり、ムラの娘との恋愛は若者仲間が特権的に管理し、他の者が口を出せばトラブルになった。愛知県佐久島（西尾市）では、このことを「若い衆と蜂の巣にはかまうな」という言葉で表現している。

互いに好き同士ともなれば、夜中に若者が娘のもとに忍んで行くこともあった。これをヨバイといい、柳田国男はこれに「呼ばい」の字を当てた。好きな女の名を呼んだのが原義なのである。かつては結婚までの純潔を尊ぶ風潮はなく、

「ヨバイに来ない娘では仕方ない」と言って、親もこれを排除することがなかった。娘遊びからヨバイを経て、やがて子どもができて結婚に至る道筋は、明治の半ば頃まではごく普通に見られたものである。

しかし、家制度の確立を意図した明治民法が一八九八年に施行されると状況は一変した。家制度は家の存続を第一に考え、そのためには個人の犠牲もやむをえないというシステムである。これは孝行や貞節という儒教的道徳観に裏打ちされ、近世の武家や商家の世界ではあたりまえのものであった。しかし、庶民にとってはあくまでも理念であり、その実行が求められてはいたが法的な拘束力はなく、そのため、結婚においても個人の意思が尊重され、離婚もまた多かったのである。これに対し、明治民法は子どもの結婚に対する戸主の権限を大きく認める一方、妻の財産権を制約した。

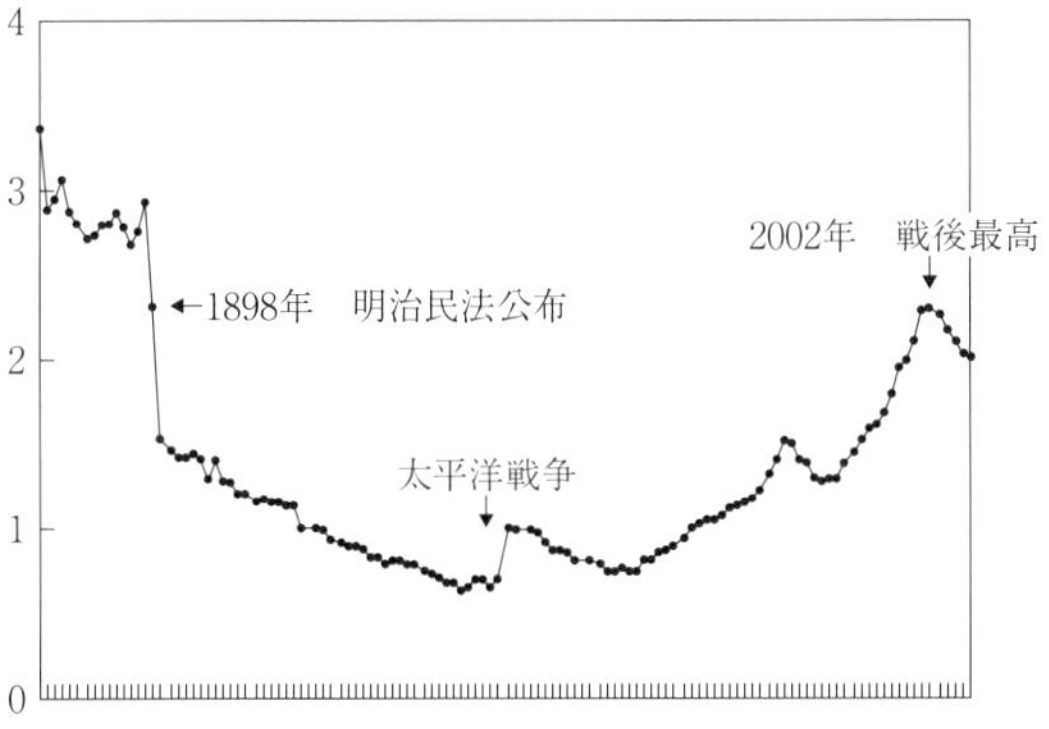

図１　離婚率の推移（1883～2006年，千人あたり）

離婚した女性の再婚は難しくなり、男性にとっても再婚すれば先妻の子と後妻の子の扱いが難しくなった。この民法により、結婚はやり直しのきかないものになったのであり、離婚率は著しく低下する。結果として、結婚相手の選択も慎重にならざるをえなくなる。男子の親は家の存続のため、従順でよく働き、子宝に恵まれるような嫁を獲得しようとし、女子の側では、経済的に少しでも上位の家に嫁がせることを望んだ。こうして子どもの結婚に親が全面的に介入するようになり、娘遊びやヨバイの習わしは排除されていったのである。

仲人と見合

結婚の仲介を行う仲人が一般化するのは、さほど古いことではない。近世においては、武家や商家では家格の釣り合いを重んじ、配偶者の選択に気を遣ったため仲人が活躍したが、恋愛結婚があたりまえの庶民には無用のものだった。しかし、家制度が確立し、結婚相手にさまざまな条件を満たすことが求められるようになると、たくさんの若者や娘の情報に通じた者が欠かせなくなった。愛知県西三河《にしみかわ》山間部では、そうして結婚相手を紹介してくれる人をオタイコとかハシカケと呼んだ。名古屋を中心とする尾張地方では、このような結婚仲介者が半ば商売のように存在し、オチュウニン屋と呼ばれたりした。結婚をまとめてもらえばお礼を出すことが必要であったものの、どのような家の者に対しても必ず釣り合う相手を見つけてきたといい、家に年頃の若者や娘があれば、こうした世話焼きの人が結婚話をもち込み、見合を勧めたのである。

結婚話が舞い込んだとき、決定権をもったのは親であった。相手の素性を調べるため、時には人権侵害の恐れもあるような聞き合わせ（身上調査）を行い、よいとなれば見合をさせた。この頃の見合は、若者が仲人に連れられて娘の家を訪問する形式が多く、主として娘の親と話をし、娘は途中でお茶を出しに来る程度で見合の場にはいないのが普通だった。結婚に際し、本人同士の意向は考慮されなかったのである。もっとも、こうした結婚をした人たちからの不満の声は少なく、むしろ、親が配偶者をしっかりと見定めてくれたメリットが語られることが多い。

仲人には結婚の仲介者という側面のほか、新夫婦の後見役、相談役という側面がある。こうした仲人は古くから存在していたと考えられ、単なる仲介者とは別に立てられることもある。愛知県西三河山間部では、オタイコに結婚相手を紹介してもらって話がまとまると、オキモリと呼ばれる仲人を新たに立てた。オキモリを頼まれるのは本家分家などムラで生活してゆく上で支え合う関係の家の者で、代々オキモリを務め合った。オキモリは婿方嫁方の双方で立て、嫁ぎ先で嫁が辛い思いをしたときには相談に乗ってくれた。また、助産婦が登場する以前、嫁の出産の時にはオキモリの奥さんが立ち会って子どもを取り上げていた。離婚話がもち上がったような場合、両家を代表して解決に当たったのもオキモリであり、頼れる存在だったといえる。

愛知県渥美《あつみ》半島では地引網漁が盛んで、たくさんの若者が網元のもとで網子として働いていた。網元の家は若者を寝泊まりさせる寝宿として使われたため、網元と網子は宿親と宿子という関係でもあった。宿子が結婚する際には宿親が仲人を務め、新夫婦の庇護者となったのであり、若者が宿を離れた後も宿親との擬制的親子関係は一生涯続いた。網元の漁業経営を支えたのは、このような仲人親と子の関係だったのである。

図2　結納飾り（愛知県名古屋市，1931年）

結　納

結納《ゆいのう》は「結いのもの」の意味とされ、結婚をきっかけに新たな親族関係をつくるに当たり、婿方から嫁方に酒肴《しゅこう》を持参して共に食べたのがもとである。結納のことを「酒入れ」と呼んだり、話がまとまったときに飲む酒を「決め酒」と称するなど、この時には酒が欠かせなかった。愛知県西三河平野部では、トックリコロガシといって、婿方が持参した酒一升を飲み干すことになっていた。

現在では、結納は婚約式と理解されているが、本来は結婚成立の儀礼だったと考えられる。伊勢湾に浮かぶ愛知県篠《しの》島《じま》（南知多町）には、結婚当初、夫と妻がそれぞれの実家に拠点をおき、夜だけ妻のもとに夫が通うカヨイ婚の習わしがあった。ここでは結納のことをオミキ入れと呼び、婿方から酒一升と懸魚《かけうお》（二匹のメバルを用いた結納飾り）を持参し、これが済めば若者が娘の家に通うことが正式に認められた。結婚式のことを祝言《しゅうげん》といったが、これは行わない場合も多く、オミキ入れだけで結婚生活がはじまったのである。

家制度が確立すると結婚のしきたりは重々しくなる。真綿や麻など五品、七品の結納飾りの他、結納金も添えられるようになっていった。水引で作った松竹梅の他、名古屋地方のように呉服細工が用意されるところもある。これは反物《たんもの》を使った飾り物で、女のものは鯛、男のものは富士山や夫婦岩などの形に仕立て、着物の裏地や帯揚げ、兵児帯《へこおび》などに使用した。さらには家族や親戚、先祖への土産として、帯や扇子、線香などを持参することもある。こうしたしきたりは多くの結婚式を執行した仲人が教えたもので、嫁入道具は結納金の一〇倍、仲人の礼は結納金の一割を用意するとしたり、これ以後、破談した場合には婿方の都合であれば結納金は放棄、嫁方の都合であれば結納金の倍返しなどの暗黙のルールも作られていった。

婚礼と披露

婚姻儀礼の大事な要素は、夫婦間の結婚成立、親子関係の構築、親族近隣への披露である。このうち結婚成立儀礼として

図３　婚礼の披露宴（愛知県豊田市，2000年）

第一に思い浮かぶのは三三九度の盃ごとであろう。いわゆる夫婦盃は、その様子がムラの人たちに公開されたりもした。しかし、この儀礼は小笠原流の礼法の影響で広まったもので、さほど古い歴史はない。それよりもワケメシといって、寝所でこっそり、一膳の高盛飯を夫婦で分け合って食べるしきたりなどに古い形が見出せる。娘遊び、ヨバイから結婚に至った場合、夫婦間には結婚が成立しており、それをあらためて公開する必要もなかったのである。

新婿と嫁の親との間に関係を構築する儀礼が婿入りである。多くの場合、婚礼当日午前中に新婿が嫁方を訪問し、嫁の親と親子盃を交わしたり近隣に挨拶をする形で行われる。嫁方では酒肴を用意してもてなすが、これを食べた婿はそそくさと帰ってしまうため、「婿の食い逃げ」の名で呼ばれたりもする。かつての日本の結婚の形態は、女性が実家から婿方に嫁ぐことで成立する嫁入婚が主流であった。一方、太平洋沿岸の漁村を中心に、結婚当初は嫁が実家にとどまり、夫が妻の家を訪問して寝所を共にし、一定期間後に夫方に引き移る婿入婚（カヨイ婚、妻問婚）と呼ばれるものも一部に見られた。柳田国男は日本の婚姻形態は歴史的には婿入婚から嫁入婚へ変化したとみなし、婚礼当日の婿入り儀礼は、婿入婚の名残りと考えた。もっとも、これに対しては異論も多い。

親族近隣への披露は酒宴の形をとって行われる。披露する相手が多い時は、宴が何日にも及ぶことになった。また、新嫁が婿方で暮らす場合、もっともつき合いの頻度が高くなるのは女性たちであるため、女客ばかりを招いて披露をすることもある。近隣には手拭などを持参し、挨拶に回るのが普通であった。また、一般のムラ人に対しては、祭りや報恩講などの際に新嫁が着飾って参加することで披露の代わりとすることもあった。

嫁の境遇

女性が結婚して夫の親と同居する場合、その家の主婦として認められるまでの間が嫁の時期である。「百姓屋の嫁さんは日中、全部野良仕事をやってきて、このあと、洗濯や縫いものなど家事をこなしていたので、男の倍は働いていた。嫁さんをテマガワリといい、嫁をもらうということは労働者を入れるということであった。当時の女性はただ黙々と働き、ナマカワ（怠ける）ということは聞かなかった。それでも、嫁いだ家から逃げ出したという人はいなかった」。これは、愛知県西部の農村に住む明治生まれの人が語ったもので、嫁の境遇をよく示している。「嫁は角のない牛だ」という言葉もあり、嫁はまるで家畜のように働かされた。炊事、洗濯、掃除などの家事一切は嫁がするのが普通であったが、それには姑の指導を仰ぐ必要があった。たとえば献立の決定権は姑がもち、嫁は好きなものをつくることもできなかった。

家制度のもとでは一家の収入は一元的に家長が管理したため、嫁が自由にできるお金はなかった。現金は里帰りなどのときに若干の小遣いをもらうだけで、着物なども作ってもらえなかったため、着るものは嫁入りの時に持参した衣類でやりくりした。嫁入道具の中心は衣類の他、収納のための箪笥《たんす》などで、他には鏡台、下駄箱、盥《たらい》、針箱などが付随したが、これらは嫁いだ後、一家の家計を譲られるまでの間、嫁が使う嫁の私財であった。したがって、離婚するようなことがあればすべてを引き上げてきたのであり、そのためにきちんとした目録が作成されていた。

戦後も農業収入のウエイトが大きかった時期は家制度が継承され、嫁が職業をもつようになってからも家計を一元的に家長が管理する傾向は続いた。農家に嫁ぎ小学校の先生をしていたというある女性は、働いて得た給料はすべて舅に差し出し、そのなかから小遣いをもらう生活だったと語っている。

家制度のもとでは個人が勝手な振舞いをすることは厳に戒められた。姑が嫁を指導し、時には「嫁いびり」と呼ばれるような事態が起きたのも、その家の家風を理解させて家族の一員として働かせ、家の存続を図るためであった。嫁にとっては辛い日々であったが、「親が『この敷居をまたいだら二度と戻ってくるな』と言っていたので、どこまでも辛抱した」という女性は多い。

愛知県尾張地方のある女性は「嫁の年季は十年、礼奉公十年」といい、家庭内での実権を握るまで、嫁は年季奉公をしているようなものだったと語っている。嫁は結婚してからしばらくの間、その家の完全な構成員とは認められず、もっぱら指導を受け、労働力を提供する立場であった。そして年季を済ませて四十代も後半になるころ、ようやくサイフ（家計）を渡され、はじめて自分の意志で家事を切り回すことができるようになった。そして、その時期には一家に新しい嫁が迎えられ、今度は姑の立場で嫁の指導に当たることになったのである。

主婦になるまでの嫁という立場は一家のなかで何かと中途半端な境遇であり、不安定な存在であった。

実家の存在

それは、嫁の居場所が実家から嫁ぎ先に完全に移っていないことに由来した。

嫁は盆や正月、節供や祭りなどの際に実家に里帰りが許され、耐える毎日を過ごしていた嫁にとってつかの間の息抜きの機会であった。通常、里帰りは日帰りか一泊で行われることが多いが、北陸地方ではセンダク（ガエリ）などと称し、一年分の衣類のセンダク（補修・洗濯）を名目に、冬季の間、一カ月以上の長期にわたる里帰りが行われていた。これは少なくとも、冬の間の嫁の居場所が実家にあったことを示すものである。

岐阜県宮村（現 高山市）の場合、正月になると嫁は衣類を携え、子どもを連れて実家に帰ったが、「冬中は大方が実家の厄介になっていて、彼岸になってから嫁のところの仕事をするくらいだった」という。この間、嫁は婚家の労働や家事をすることがなく、夫婦別居の生活が行われた。長期里帰りが行われた理由として、宮村では冬の時期に男はほとんど山仕事に行ってしまうため、残された嫁と姑がひとつ屋根の下にいるのが何かと気詰まりだったからと説明される。嫁が里帰りをすれば、反対に嫁いだ娘が帰ってくるのであり、親子水入らずの状況が生まれた。

もっとも、「楽々とオヤウチに行けるのは二〜三年の間のヨメザカリ」の期間に限られていた。実家や嫁ぎ先の親の具合が悪くなったりすればセンダクで帰る期間は短くなり、最終的に一家の主婦になればセンダクには行けなくなった。センダクの習慣は嫁という不安定な立場の時期にだけ認められ、嫁ぎ先に居場所ができれば必要がなくなったのである。

一方、結婚が成立した後も嫁が実家に居住し、夫がここに通ってくるカヨイ婚の場合、嫁の居場所は完全に実家である。愛知県篠島では、島のなか同士で結婚すると、そのまま妻が夫の家に住むことは少なく、妻は実家で生活して夫が夜だけ通ってくる場合がほとんどであった。漁師の夫は自分の家で夕食と風呂を済ませた後、妻の家に泊まりに行き、朝起きると自分の家に戻って朝飯を食べ、漁に行った。夫の儲けた分は夫の実家の家計に入れ、妻は実家の収入で生活し、夫婦の間は家計も別、生活も別である。子どもができ、次の兄弟が結婚する頃に妻は夫の家に引き移るが、引き移りの時期はその家々でまちまちであった。

篠島のカヨイ婚は、住宅事情の悪さによって説明されている。狭い島のなかでは広い家を建てることができず、結婚しても嫁を迎え入れる場所がない。このため、しばらくの間、嫁を実家で預かってもらうというのである。こうすると嫁姑のいさかいも生じず夫婦生活も円満であるとされ、一定期間、嫁の居場所を実家におくカヨイ婚は島内婚を主とする篠島では合理的な結婚形態であった。

実際に実家に居住しなくても、実家は嫁にとって心の居場所であった。家制度は「家」を父系で継承するシステムであるが、もともと日本には父方、母方の双方からさまざまなものを受け継ぐ伝統があり、母方の実家は大きな力をもっていた。

家制度のもとで実家の力が表されるのは、嫁いだ娘が妊娠・出産した際である。たとえば愛知県尾張地方を例にとれば、初子の妊娠に際して実家ではハライタ餅という胎児を象徴する餅をつき、嫁ぎ先の親戚近所に配っている。初子の出産は実家で行い、出産後は三日目の祝いのイゾメ、七日目の祝いの七夜、産後の区切りとして宮参りを伴うカリアガリ、百日目頃にはじめてご飯を食べさせるハシゾロエ、さらには初正月、初誕生、初節供、初七夕と実家からの贈答の機会が続いた。とくに、初子を在所で出産し、産後三三日目に婚家に帰る時に行われるカリアガリの儀礼では、「小さな嫁入り」ともいわれるほどたくさんの子どもの荷物を実家で準備して持参した。その後も、外孫に対しては中元に麻裏草履、歳暮に下駄などを贈り、孫娘であれば、嫁入りの際の色留袖を用意しなくてはならなかった。婚家と嫁の実家とのつき合いは、嫁いだ人が亡くなるまで続き、おばあさんが亡くなると、実家の跡取りの人が来て「一代お世話になりました」と、葬式の後で会葬者一同に挨拶をした。この地域には、火葬後、骨になって戻ってきた祝いとして赤飯を出す習わしがあるが、それを負担するのも実家であった。このように、嫁いで老年に至っても、女子にとっては実家とのつながりが大切だったのである。

結婚と家族の変化

戦後、農業の衰退と合わせ、「家」という農業経営体の維持に欠かせなかった家制度は解体していった。給与生活があたりまえとなると、収入や家計は夫婦や個人単位で管理されるようになり、夫の親と同居する場合でも嫁の地位は著しく向上した。結婚は家を維持するためのものから個人の幸せを希求するものへと変化し、婚姻儀礼も大きく様変わりした。

住宅事情の変化は家での婚礼披露を不可能とし、式場結婚式が普及した。人前結婚式や会費制披露宴などが民主的な新時代の婚礼のあり方とされ、一方では専門の業者が結婚する当事者の望みに応じ、さまざまな儀礼をコーディネートするようになった。現在は婚姻儀礼に一定のしきたりが存在する時代ではない。他人とは違う個性豊かな式が求められるのであり、ホテルや教会での挙式はもとより、ハウスウエディングやリゾートウエディングなど新しい形態が次々に開発されている。そのなかで、結婚の仲介、新夫婦の後ろ盾を役目とした仲人は姿を消しつつある。

結婚とそれから派生する家族のあり方は、家制度の呪縛から脱し、家ではなく個人の問題に回帰するようになった。しかし、ことさら婚活が必要となる一方で離婚率が増加し、さらには核家族が増えて老親が放置される状況が出現したりしていることを考えると、手放しでは喜べないのもまた確かである。

（服部　誠）

読書案内

柳田国男『婚姻の話』岩波書店、一九四八年。

＊婚姻研究の第一歩として必読の書。日本の結婚形態の沿革をたどり、恋愛による村内婚が遠方婚へと変わって仲人が登場したことなどを説く。とりわけ「聟入考《むこいり》」は日本の婚姻形態が婿入婚から嫁入婚へと変化したことを述べ、民俗学を歴史学のなかに位置づけることになった記念すべき論考（ちくま文庫『柳田国男全集』一二巻に所収）。

瀬川清子『若者と娘をめぐる民俗』未来社、一九七二年。

＊若者仲間、若者宿のもつ意義を明らかにした基本文献。若者の恋愛・結婚に対して若者仲間が積極的に関わって仲介役となっていたことを述べ、これが仲人の古い形であった可能性を示唆する。

大島建彦編『嫁と里方』岩崎美術社、一九八八年。

＊嫁とその里方との交渉に関する論集。嫁入婚のもとでの嫁の長期里帰り、婿入婚と嫁入婚の関係、嫁と里方との決別、紋章を通じた母系継承の論考からなり、嫁いだ段階ですぐに嫁が婚家の人間になるという嫁入婚の常識に疑問を呈している。

八木透『婚姻と家族の民俗的構造』吉川弘文館、二〇〇一年。

＊歴史的視点ではなく、社会構造から婚姻を解明しようとした書。妻問い婚、長期里帰り、隠居制の分析を通じ、日本の婚姻は夫婦が徐々に関係性を熟成するものとした。これまでの婚姻研究の流れが整理され、現時点での到達点が把握できる。

斎藤美奈子『冠婚葬祭のひみつ』岩波新書、二〇〇六年。

＊家制度の消長と婚姻の変遷、恋愛結婚の隆盛と今どきの結婚式について記す。現代の婚姻についての研究業績が少ないなか、民俗学を現在学として理解するために有意義な本。

参考文献

愛知県史編さん委員会『愛知県史』別編（民俗三　三河）愛知県、二〇〇五年。

愛知県史編さん委員会『愛知県史』別編（民俗二　尾張）愛知県、二〇〇八年。

愛知県史編さん委員会『愛知県史』別編（民俗一　総説）愛知県、二〇一一年。

蒲生正男「日本の婚姻儀礼」『明治大学社会科学研究所紀要』五、一九六七年。

白井宏明「婚姻成立までの習俗」『婚姻の成立』（講座家族三）弘文堂、一九七三年。

新修名古屋市史編集委員会『新修名古屋市史』九（民俗編）名古屋市、二〇〇一年。

高木侃『三くだり半――江戸の離婚と女性たち』平凡社、一九八七年。

服部誠『婚礼披露における女客の優位――嫁社会への加入式』名古屋民俗研究会、一九九三年。

宮村史編集委員会『宮村史』宮村、二〇〇三年。

八木透・山崎祐子・服部誠『男と女の民俗誌』（日本の民俗七）吉川弘文館、二〇〇八年。

Section 2

親戚のおじさん・おばさん

親戚を意識するとき

私たちは普段どのようなときに親戚という関係を意識するのだろうか。現代の都市生活者にとって、親戚を意識する機会はさほど多いとはいえない。せいぜい盆・正月に帰省して顔を合わせる程度か、年賀状の交換を通じて互いの消息を知るといったところだろうか。結婚式や葬式などには「親族」として立ち会うことを求められるものの、結婚式の集合写真や披露宴の席次表、あるいは祭壇に飾られた花籠の名札を見て「そういえばそういう人もいたな……」と思い出すというのが実情である。

しかし、一昔前までの村落社会では、その土地に暮らすうえで親戚はなくてはならないものだった。葬儀や結婚式を行ううえで、本家の当主夫妻や父母の兄弟姉妹、妻の実家の父親などが果たすべき役割は厳格に決まっており、その人が来なければ儀式を進めることはできないとされていた。家族に病人が出たり火災にあったりといった非常時に、まず手をさしのべてくれるのもこれらの関係者だった。だから転入者など地域社会にこのような相手をもっていない者は、地域の有力者や転入する際に世話になった者に本家になってもらう、あるいは親戚になってもらうということがしばしば見られた。タノミホンケ・タノマレホンケなどとよばれるもので、寄り親・ワラジヌギなどと称される擬制的親子関係の一種である。それをあえてホンケと称するところに、この社会の親戚の重要性をうかがうことができる。ここにいう親戚や親類は、学術用語としての親族を意味する最もポピュラーな日常語であるが、こうした関係を言い表す用語はこの他にも数多く知られている。なかには、同じ用語を使っていても土地によってその意味内容がまったく違っているという場合もある。そこで本節では、さまざまな用語で示されるこのような関係を一括して親族ととらえ、その各地各様の実態について考えてみたい。

親族の範囲と民俗的生殖観

それではまず、親族とは具体的にどのような関係者を指すのかということから考えてみよう。「血のつながり」「縁故関係」などという表現があるように、親族とは親子間の血縁的な結びつきと男女間の性的な結びつきを基盤として、その連鎖によって形作られる人間関係の網の目、あるいは集団を指すというのが常識的な理解であろう。このような関係者は、理念的には私たちのまわりに無限に広がっているが、実際に互いの存在を認識し何らかの関係をもっている範囲はもちろん無限というわけではない。無数ともいえる関係者の広がりのなかから、一定の方法で選びとられた人々のみが社会的に意味のある親族となるのである。

その「一定の方法」とはどのようなものなのだろうか。現在の日本の民法では、六親等内の血族、三親等内の姻族と配偶者を親族と定めている。この場合の親族は、十数人か多くても数十人の範囲内であろう。ところがこれよりはるかに広い、場合によっては万の単位で親族の関係をたどろうとする社会がある。中国漢民族の社会などはその典型例で、春秋時代の思想家孔子の子孫一八〇万人を収録した家系図が改訂されたなどという記事が二〇〇七年二月二一日付の『岐阜新聞』に掲載されていた。もちろんこのような膨大な人々と日本の親族とを同列に扱うことはできないが、問題はどうしてこんなにも大きな違いが生まれるのかということである。

この点を理解するうえで、民俗的生殖観は大きな手がかりとなる。民俗的生殖観とは、子どもはどのようにして生まれてくるのか、子どもが生まれるにあたって父や母はどのような役割を果たすのか、子どもは父母からそれぞれ何をどの程度受け継ぐのかといった、生殖に関するその社会独特の考え方のことである。生物としてのヒトの誕生には一対の男女が必要であり、両者から等しく遺伝的形質を受け継いでいるはずである。しかし、こうした現象をどのように理解し説明するかは、文化・社会によってさまざまである。

そのなかで、田中真砂子が報告した沖縄本島北部の民俗的生殖観は、私たちにとって比較的理解しやすいものであろう（田中、一九七七）。沖縄の民俗的生殖観では、妊娠とは男のサニ（胤、種子）が女のハラ（腹）に入ることであり、胎児は父母のチー（血）によって成長するとされる。子どもは父親からはサニを、両親からチーを受け継ぐとされるが、チーを両親から均等に受け継ぐのに対して、サニは一〇〇パーセント（いわば薄まることなく）父親から受け継ぐ。このためチーを共有する人々とサニを共有する人々とでは、同じく親族といっても関係のあり方に大きな違いが生まれる。サニを共有する父系血縁集団を沖縄本島北部では門中《ムンチュウ》というが、門中は始祖以来のサニを等しく受け継いでいるという信念のもと、強固な閉鎖的集団を形成している。公的な身分や財産は、この集団単位に継承される。一方、チーを共有する血縁集団はウェーカーとかハロジとよばれ、さまざまな場面での互助協力を担う関係網を形づくる。門中とは異なり、集団内でもチーを共有する程度には濃淡があり、どこまでがその範囲に含まれるのかという境界も曖昧である。

先に述べた一族が何万人という漢民族の父系集団は、沖縄でいうところのサニを共有する集団ということになる。強固な父系制を特徴とする中国漢民族の社会では、始祖以来父子関係を通じて受け継がれてきた要素は極めて重要であり、何世代経過しようともその人の子孫であることは記憶され、集団のメンバーでありつづける。巨大な親族集団は、こうした発想が生み出した結果であるといえる。

親族の構成単位

日本の親族を考えるうえでもうひとつ忘れてはならない重要な特色は、その構成単位にある。先ほど現行民法の親族の規定にふれたが、この規定では親族は個人単位に示されていた。法律上の親族が法的な人格である個人単位に規定されるのは当然であるし、日頃よく耳にする「親戚といえばイトコぐらいまで」といった表現もやはり個人単位の認識を示している。ところが、実際の社会生活では事情は少し違っている。冒頭の文章で「本家の」当主、「実家の」父という表現を例にあげたが、日本では親族はこのように家を単位として認識されるのが普通である。たとえば本家と分家、婚家と実家といった家と家との関係として、あるいは家々の集まりとして親族は認識される。したがってその家のメンバーは（当人同士に血縁関係はなくとも）すべて自動的に親族に含まれてしまうことになる。

親族の範囲に婚姻によって結ばれた姻戚関係者、つまり「義理の関係」を含むかどうかは、社会によって異なる。日本の場合、「義理の関係」つまり姻戚関係者も親族に含まれるとされ、民法の規定もこの現実をふまえたものになっている。それはここに述べたような事情による。あくまでも個人個人について親族としての資格や位置づけを認定しようとする、中国漢民族など東アジアの父系社会と日本社会との違いは、こんなところにもある。

同族と親類

日本社会で親族を表すもっとも一般的な用語といえば、先にあげたシンセキ（親戚）やシンルイ（親類）があげられるが、この他にもマキ、イッケ、イットウ、ヂルイ、アイヂ、カブウチ、チミチ、エンルイ、ナカマ、ヤウチ、エドシ、イトコ、オヤコなど数多くの親族関係用語が知られており、その意味するところも各地各様である。したがって、その土地の親族のあり方を理解するためには、まずはそれぞれの言葉がどのような範囲の人々や家々を指しているのかを知ることからはじめなければならない。

各地の事例を概観してみると、日本の親族はおよそ次の二種に大別される。ひとつは本家と分家からなる親族集団であり、もうひとつは婚姻・養子縁組・分家独立などによって結ばれた家々からなる親族関係である。学術用語では前者を「同族」、後者を「親類」とよぶ。先にあげた語群のなかで、マキやイッケ、イットウ、カブウチなどはおおむね前者に、エンルイ、ナカマ、イトコ、オヤコなどは後者に該当する。

図１　同族の祭り（山梨県北杜市須玉町浅川マキイワイジンのオヒマチ）

同族は、本家と分家の間で互いに本末の系譜関係を認知し合うことによって形成される家々の集団である。分家した当人にとって本家は、親兄弟とともに幼少年期を過ごした生家（オヤウチ）であるが、自分自身が創設した家にとっては系譜の大本《おおもと》ととらえられる。こうした本家分家の関係は、いったん形成されると両家が存続する限り維持されることが多い。したがって分家後何世代かを経て、親族としては遠い関係者になってしまったとしても、家同士の関係はかわることはない。分家時点があまりにも古い場合には、互いにどういう関係なのかわからないこともあるが、それでも本家であり分家であることに変わりはない。それどころか古い分家であればあるほど、系譜の大本である本家に近いと考えられている場合すらある。このようにして本家を中心に、そこから分かれた分家や孫分家が、なにがしかの序列を伴いつつ集団を形成しているというのが、同族の基本構造である。

図2　石神斎藤大屋の構成員

一方親類は、互いの構成員の間に近い親族関係があることに基づいて成立している家関係である。家族員の誰かにとって近親者が含まれる家は、まずもって最も近いつまり「濃い」親類となる。たとえば自分の家から嫁いでいった兄弟姉妹やオジ・オバの婚ぎ先、分家に出た兄弟やオジの家、自分の家に嫁いできた母や妻の実家などがその範囲であり、分家した当人にとっての本家もこのなかに含まれる。こうした直接の親類を介してより遠い関係者との間にも親類関係の連鎖は広がっていくが、実際に親類として親しく交際する範囲はこのなかの一部、よくいわれるように「イトコぐらいまで」である。「イトコの範囲」といっても親世代と子世代では当然相手が違ってくるので、世代の経過とともに子世代の新しい関係を中心に親類は更新されていく。一方で、兄弟同士であっても結婚して家庭をもてばそれぞれの親類の範囲はずれてくることになる。このようにして、常にその時々の家族員を中心として関係が設定されるところに親類の特徴がある。

このように、同族と親類の仕組みは異なっているが、両者は互いに排除し合う関係とは限らない。同族と親類は、多くの地域社会で役割を分担しつつ併存している。その併存の仕方に、地域ごとの特色や個性が現れているのである。

本家分家と同族

同族を構成する家々は、本家とその家族員が分かれて創設した血縁分家、さらにそこから分かれた孫分家というのが基本である。これにくわえて、非血縁の奉公人や移住者などが分家として組み込まれる場合もある。このような非血縁者たちは、本家からなにがしかの財産分与や社会的支援を得て一家を構え、本家の姓を名乗りその系譜につらなることで同族の一員として認められている。同族を構成する家々は、本家との系譜上の位置関係によって集団内で一定の序列を与えられる。血縁分家ならば分家創設の新旧によって、また直接の分家か孫分家かによって序列が決まり、非血縁分家は血縁分家の下位に位置づけられる。同族が一堂に会する場合の座順や儀礼上の役割、墓地での墓石の配置や寺位牌の配置もこうした序列に従うものとされる。とりわけ同族の頂点に立つ総本家には、経済的・宗教的にさまざまな特権や役割、そしてそれに付随する義務も集中することになる。

本家と分家が、実際にどのような関係を保っているかということは、後で述べるように地域によって、また時代によってもさまざまである。一般的にいって、地域社会のなかで同族の果たす機能が大きければ大きいほど同族の結合は強固であり、またその統括者たる本家の分家に対する統制も強いものになる。そのような同族の典型例として、ここでは東北農村における本家分家の関係を取り上げてみたい（有賀、一九三九・一九六七、及川、一九六七）。

戦前までの東北農村において、本家の分家に対する統制はまずもって本家の経済的優位に基礎づけられていた。その典型的なケースは、本家が大土地所有者として安定的な農業経営を行い、分家はその小作として本家の農業経営に依存しつつ生計を維持するという場合であった。有賀喜左衛門《あるがきざえもん》の報告によれば、岩手県二戸郡旧荒沢村（現在の八幡平市）石神という村落は、開発者である大屋（総本家）を中心にその直接間接の別家（血縁分家）と名子（非血縁の奉公人分家）、その他の作子（小作）から構成されていた。家々の生活はすべて大屋との密接な関連のもとに営まれており、大屋・別家・名子からなるマキ（同族）の間では、農作業や屋根葺き、建築、婚姻、葬儀、災害などの際にスケ（労力提供。名子の場合は賦役）やスケアイ（相互的な労力提供）が行われた。とりわけ名子は、大屋から耕作地を貸与されるばかりでなく、無利息の融資や食い継ぎ米・家財道具なども貸与される一方で、大屋の農作業に対しては一定の労役をおさめることを求められた。また別家や名子は婚姻にあたって大屋に相談するのはもちろんのこと、婚礼そのものにも必ず大屋が立ち会うものとされ、さらに、正月の年礼、小正月の田植、五月節供、盂蘭盆、氏神の祭礼である八幡トウなどの年中行事も、大屋を中心にマキ全戸が、さらに

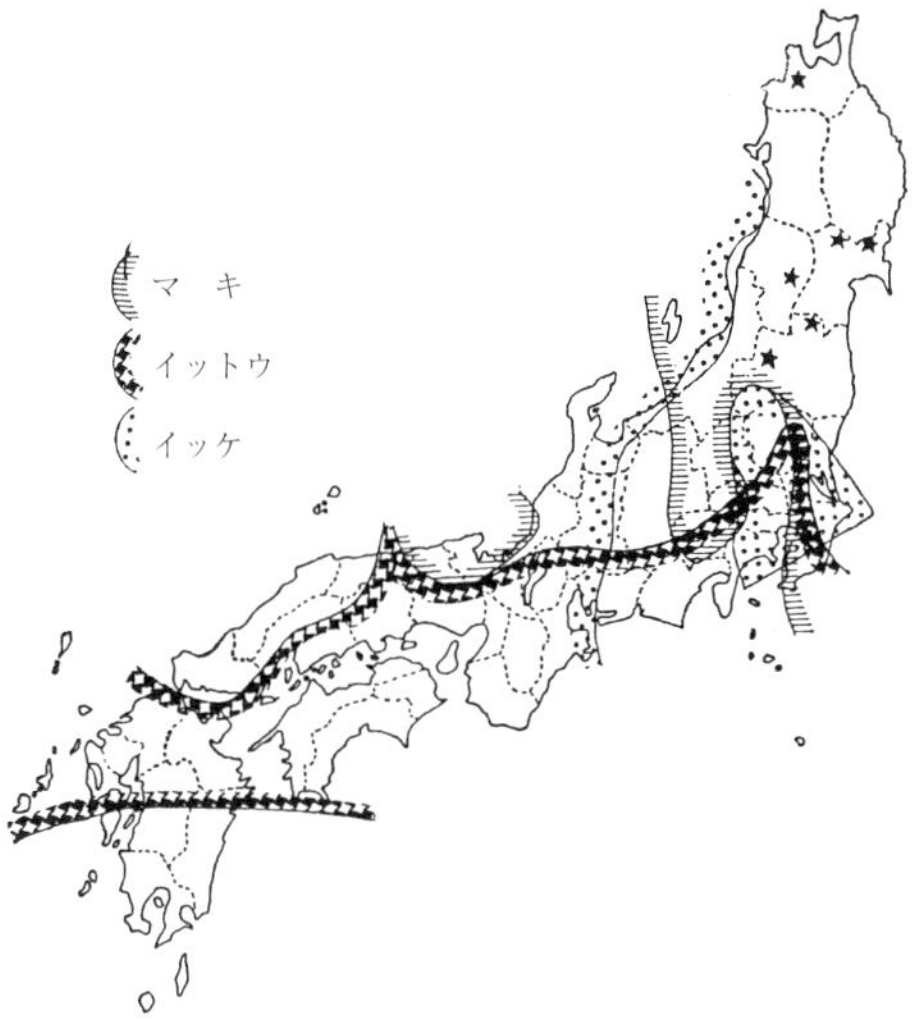

図3　同族呼称の地域分布（本分家集団の呼称）

表1　本分家関係と本分家集団の呼称（%）

		マキ	イッケ	イットウ	総計
本分家間のつきあい	末代	82%	69%	65%	70%
	限定	18	31	35	30
	計	100	100	100	100
本分家間の序列	アリ	90%	73%	70%	75%
	ナシ	10	27	30	25
	計	100	100	100	100

はムラ全体が参加して行われた。同族全体で同族神祭祀や祖先祭祀を行う場合、石神のように本家はその主宰者となるのが普通であり、同族神自体本家の家の神であったと伝えている例が多い。祖先祭祀の場合、一族の始祖の直系の子孫である本家の地位は、さらに決定的な意味をもつことになった。このように本家は強い権限や威信を帯びている一方で、分家が困窮した場合に経済的・社会的援助を行うのは本家として当然の責務とされた。

こうした同族の姿は、東北農村のみならず東日本には広く認められたところであるが、西日本ではいささか様子が異なる。一九六〇年代はじめに行われた全国調査によれば、本家分家の集団呼称には地域的な偏りがあり、また本分家関係の永続性と本家分家の序列意識にもかなり明確な地域差が認められた（泉・大給・杉山・友枝・長島、一九六五）。たとえば、代表的な同族呼称であるマキ、イッケ、イットウは、それぞれ東北地方、東北地方の日本海側から中部以西、関東以西の太平洋側に分布するとされる（図3）。このうちマキの分布範囲では、すでに述べたように本家分家の関係は末代まで続くとされ、本家を分家より格上とする序列意識も顕著である。一方で、イッケやイットウの分布する地域では、本家分家の関係は分家後何世代かに限定され、序列意識も必ずしも強いとはいえない（表1、図4）。あくまでも本家中心の系譜的序列に従って組織される同族が見られる一方で、直接の、より新しい関係を重視する（いわば近い親類のひとつとしての）本分家関係も地方によっては認められるわけである。

戦後の農地改革で本家の経済的優位が失われてからは、これまで見てきたような本家による統制は急速に消滅した。強固な系譜意識・序列意識を特徴としていた東北農村の同族もその例外ではない。現在では活動の場面も祭祀や儀礼的な交際などに限られており、戦前のような本分家間の厳しい格差は、どの地域でも失われつつあるといってよい。

親類間の互助協力

地域差、時代差があるとはいいながら、多少とも序列的な性格を帯びている本分家間の関係に対し、親類は原則として対等な家関係であると考えられる。もちろん、親類のなかにも、親族としての近さ遠さによって親疎の差はあるし、娘を嫁がせた側である実家と嫁ぎ先である婚家とでは立場の強弱、地位の優劣が認められる場合もある。しかし、実家としての立場と婚家としての立場は互いに入れ替え可能なものであり、親族としての近さ遠さも誰を基準とするかによってかわってくる。つまり親類には同族に見られたような絶対的な序列は生まれえない。親類間での交際や相互協力は、このような対等な関係を前提として相互に（つまり互いに立場を入れ替えつつ）行われるものなのである。

親類間の相互協力には、日常のこまごまとしたつきあいから祝儀不祝儀や災害時の助け合いにいたるまでさまざまなものがある。とりわけ同じ村落内に住む親類（ムラシンルイ）の間では、朝晩の挨拶や日用品・食料の貸し借り、田植えや稲刈りのときの労力交換（ユイ）、金銭の融通や相談事など、多種多様な助け合いが行われる。さらに家屋の新築や屋根替えの際の資財提供や労力援助、病人がでた際の見舞いや手伝い、火事や水害の際の支援、困窮時の債務保証など、いわば緊急時のセイフティー・ネットとしての役割も期待されている。

図4　同族の地域的特色（本分家間の序列と交際）

一方、盆正月や出産・結婚・葬式などには、村落内の親類ばかりでなく遠方の親類も訪れ贈答を行う。大規模な人寄せとなる祝儀不祝儀には、親類は客として列席するだけでなく、裏方として客を接待したり儀式の段取りを整える側に回ることもある。こうした機会の贈答には、贈与品の品目や分量に厳格な決まりがあり、贈答を通じて親類としての近さ遠さを世間に示すとともに、当事者間で関係の程度を確認しあう意味ももつ。三重県四日市市では濃い親類は糯米《もちごめ》一斗を贈るモチヅキアイ、薄い親類はぼた餅または粳米《うるちまい》二升のボタモチヅキアイ・二升ヅキアイ、近隣は粳米一升のウルチヅキアイ・一升ヅキアイとされ

表2　佐渡の〈親族〉の構成原理

		土　地	
		分与あり	分与なし
人	分出	オオヤインキョ （ヂワケノシンルイA）	シンケカマド
	婚出	ヂワケノシンルイ（B）	エンルイ
	養出	ヂワケノシンルイ（B）	エンルイ
	なし	ヂワケノシンルイ（C／D）	〈他人〉

ている。ここではモチヅキアイをしているといえば関係の深い大切な交際相手を意味し、互いの関係が薄くなればモチからボタモチ、ウルチヅキアイへと贈与の縮小を図っていく。

こうした親類のなかでもとりわけ嫁の実家と婚家の間では、子どもの誕生と成長の各段階に数多くの（しかも欠くことのできない）儀礼的やり取りがある。子どもの出生と成長は嫁の婚家での立場に直結する出来事であり、同時に婚家実家間の関係に変化を引き起こす要因ともなる。同じような意味で、婚家の親（嫁にとっての舅姑）の葬儀や実家の親（婿にとっての義父母）の葬儀も、両家の関係にとって重要な節目となる。このようにしてそれぞれの家族の周期的変化に従い、親類関係全体の再編も進んでいくことになる。

土地の親類というとらえ方

最後に、これまで見てきたような親族のとらえ方とはまったく異なる考え方を紹介したい。同族にせよ、親類にせよ、これまで見てきた親族関係は、家族の一員の移動・所属変更を契機として取り結ばれていた。ところが、このような人の移動を伴わない家同士がシンルイとされる場合がある。

岩本通弥の報告した、新潟県佐渡のヂワケノシンルイはその一例である（岩本、一九九一）。佐渡では、広い意味でのシンルイが、人の移動を伴う関係と伴わない関係、土地の移動を伴う関係と伴わない関係という二つの軸で類別される（表2）。本家分家や婚家実家などはいずれも人の移動（分出・婚出）を伴う狭い意味でのシンルイにあたるが、このような人の移動に加えて土地の移動を伴う場合、その家はヂワケノシンルイとされる。したがって、同じ本家分家でも土地を分与した場合と分与しない場合は区別され、前者はオオヤインキョ（ヂワケノシンルイの一種）、後者はシンケカマドとよばれる。姻戚関係も同様に、土地の分与を伴うヂワケノシンルイとそうでないエンルイとに区別される。ここでいうヂワケノシンルイは、互いの葬儀に正装して野送りをする極めて深い関係とされ、その関係は分与された土地を清算しない限り永続する。土地分与を伴わないシンケカマドやエンルイの関係が、何世代かで解消されてしまうのとは対照的である。

さらに興味深いのは、人の移動を伴わない、ということは血縁でも姻戚でもない、いわば他人同士でも、土地を分与することによってヂワケノシンルイとなる場合があることである。たとえば、隣家に越してきた家に対して、先住者が屋敷地の端をわずかばかり分与または貸与することで、血縁の有無を問わずヂワケノシンルイとなる例がある。はじめに述べたタノミホンケ・タノマレホンケの場合と関係の求め方は逆になるが、血ならぬヂ（土地）を介して特別な関係を取り結び、その相手をあえてシンルイと表現するところに共通するものがある。

こうした例は何も佐渡に限られるわけではない。中部・甲信地方から南関東一帯にかけて、ヂルイ・ヂワケ・ヂシンルイ・アイヂ・ヂミョウなど、ヂ（地）を冠する親族関係用語は広く分布しており、しばしば先祖が土地（耕地や屋敷地）を分け合ったという地分けの由緒を伝えている（中込、二〇〇九）。山梨県には兄弟三人で土地を分け合ったという「三ツ割証文」の伝存する家があるが、「どういう関係かわからないがともかく昔から」と語られるのみの場合も少なくない。あまりにも古いことなので関係を締結した当時の具体的な事情はわからないが、それでも「切っても切れない関係」とされ、実際何世代にもわたって互いに冠婚葬祭を取り仕切るなど、互いの家の存続に重要な役目を果たしてきた。先行研究によれば、こうした耕地の均等分割が盛んに行われたのは近世の比較的早い時期と推定されている。検地帳に載せられた土地を分割した家同士は、当初はその土地にかけられた貢租に対して連帯責任を負っていたと考えられるが、やがて貢租一般について、さらにさまざまな役割を等量負担する関係へと変化していったのではないかと見られている。このような関係が今日のヂルイ・ヂワケの関係にまでつながるのではないか、というのが通説的理解である。

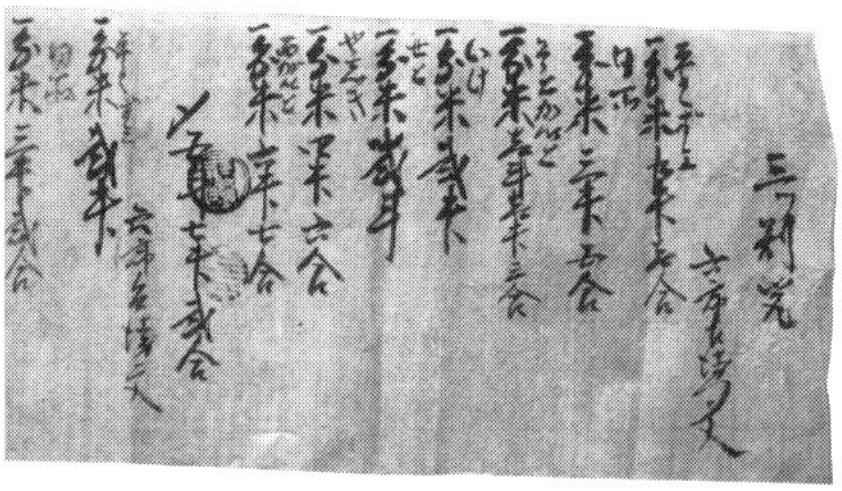

図5　山梨県道志村の三ツ割証文（山梨県道志村山口大八家文書「三ツ割究」）

親族の現状とその行方

先にあげたタノミホンケやヂワケノシンルイからうかがえるように、伝統的な村落社会では、同族にせよ親類にせよ親族という関係は何としても確保しなければならない大切なものとされていた。しかし、現代の日本社会ではそれらは必要不可欠なものではなくなりつつある。本家の圧倒的な経済力を背景とする同族組織などもはや過去の話であるし、親戚同士の互助協力も以前に比べればはるかに少なくなっている。それでは親族などもう意味のない存在になってしまったのだろうか。そうはいえないだろう。現代の都市家族の間でも兄弟姉妹やオジ・オバ、甥姪などの近親者との関係は依然として緊密であり、とりわけ人の生死に関わる決断は家族とこれら近親者に委ねられている。

戦後日本の家族のあり様は、父から息子へと継承される「家」から夫婦を基本とする核家族へと変容したというのがほぼ定説となっている。日本では……とひとくくりにはできないにせよ、こうした家族の趨勢は親族のあり方をも規定しているように思われる。つまり、父系的な同族中心のあり方から父方母方双方に広がる親類を重視するあり方へ、また、家単位の組織から個人単位の組織へ、という親族の変化が見てとれるのではなかろうか。同時に、自分自身と家族のアイデンティティを求めて系譜を遡及しようとする意識もたしかに存在する。現代日本の親族の様相とは、このようなさまざまな要素が混在する、いわばモザイクのようなものといえるのかもしれない。

（中込睦子）

読書案内

有賀喜左衛門『日本家族制度と小作制度』河出書房、一九四三年、『有賀喜左衛門著作集』Ⅰ・Ⅱ、未来社、一九六六年。

＊『南部二戸郡石神村に於ける大家族制度と名子制度』（一九三九年）と並んで、有賀の同族理論が示された代表的著作。石神村齋藤同族をはじめ各地の事例から名子の賦役の意味を考察し、日本の小作制度が同族団とその上下的主従関係に深く規定されているとする。

及川宏『同族組織と村落生活』未来社、一九六七年。

＊有賀・喜多野らを中心とする戦前の同族研究に大きな影響を与えた論文を含む論集。中心となるのは、岩手県旧仙台領増沢村の同族組織に関する論文（分家創設と耕地分与、同族組織と姻戚関係）で、これらの論文により同族概念が明確化された意味

は大きい。

蒲生正男『増訂・日本人の生活構造序説』ぺりかん社、一九七八年。

＊日本社会の地域的特質（地域類型）を主題とする論文集。同族団中心の従来の親族研究を批判し日本各地の親族組織の比較と類型化を試みた論文を収める。出自の方向・権利義務の範囲・構成単位といった類型化の指標は、親族の構造的把握を目指したものといえる。

喜多野清一『家と同族の基礎理論』未来社、一九七六年。

＊有賀とともに同族研究の先駆をなした喜多野の同族理論を収めた論文集。日本の「家」の二重構造——家父長制的な家長権によって統率される「家」と普遍的な小家族から成る二重構造——が、同族と親類という二つの異なる親族組織へと展開する内的な契機となっているとする。

福田アジオ『近世村落と現代民俗』吉川弘文館、二〇〇二年。

＊現在の民俗事象をその歴史的背景と成立過程に注目しつつ考察する。収められた南関東の地親類に関する分析では、検地帳などの史料から近世初頭の村落秩序を明らかにするとともに、今日の村落組織がそれによって深く規定されていることを指摘する。

参考文献

有賀喜左衛門「南部二戸郡石神村に於ける大家族制度と名子制度」『アチックミューゼアム彙報』第四三、一九三九年、『有賀喜左衛門著作集』Ⅲ、未来社、一九六七年。

泉靖一・大給近達・杉山晃一・友枝啓泰・長島信弘「日本文化の地域類型」『人類科学』一五号、一九六三年。

岩本通弥「佐渡のヂワケノシンルイ——土地を媒介とした〈親族〉の構成」『家と屋敷地』（社会民俗研究二号）、一九九一年。

及川宏『同族組織と村落生活』未来社、一九六七年。

蒲生正男「親族」『日本民俗学大系』三（社会と民俗一）平凡社、一九五八年。

喜多野清一・正岡寛司編著『「家」と親族組織』早稲田大学出版部、一九七五年。

田中真砂子「親族関係語彙と社会組織——沖縄県本部町伊野波の場合」『民族学研究』四二巻一号、一九七七年。

中込睦子「山梨県のジルイ——文字資料と伝承を素材として」『歴史人類』三七号、二〇〇九年。

村武精一編『家族と親族』未来社、一九八一年。

コラム4　ジェンダー

ジェンダー（gender　社会的・文化的性差）は、一九七〇年代、それまで自然とされ、したがって変えることはできないとされた性差を相対化するために創り出された概念である。以来、性差を解剖学的宿命から引き離すための不可欠な概念装置として働き続けてきた。たとえば近代社会においては、女は子どもを産む、だから子育ては女の仕事であるとされてきた。しかし、ジェンダー概念の創出は、妊娠・出産・授乳は生物学的性差として女性にしかできないが、生まれた子をどう育てるかは、極めて社会的・文化的な事柄であるということを明らかにした。つまり、解剖学的な宿命なのか、社会的・文化的問題なのかを分けて考えることができるようになったのである。

さて、日本民俗学は他の学問と比べると、ジェンダー概念の導入が著しく遅れ、かつ広がりも弱い。今なお、その概念がもつ有効性が十分に発揮されているとはいいがたい。

では、この概念を導入することで、何が変わるか。大きくは二つの転換が起こる。一つには、研究者が研究対象の性差に敏感になることで、民俗事象とジェンダー構造との関わりが見えてくる。それにより、各民俗事象の見え方はこれまでとはまったく違うものとなり、日本民俗学の既存の研究成果を根底から問い直すものとなる。

たとえば、日本民俗学は早くから女性をその研究対象に取り上げてきたリベラルな学問だと評価されてきた。しかし、ジェンダー視点に立つと、そこで描き出された女性像のもつ偏り（たくましく働き者の女性）に気づく。実際の女性たちは当該地域や社会における女性問題を抱えると同時に、所与の環境のなかでさまざまな工夫をしながら生活してきたというあたりまえの姿が見えてくるのである。

また、ムラの寄り合いや宮座等のように、その場に女性がいないことが自明視されていた民俗事象において、なぜ、女性がいないのかという疑問が、改めて湧いてくる。逆に、念仏講や子安講等、女性ばかりで成り立っている民俗事象において、男性はどうしているのか、という問いもまた然りである。こうして、話者も研究者も「自明＝自然のこと」としてとらえてきた社会のあり様が、研究者の視野に入ってくることになる。

二つには、研究する主体の性差の問題である。柳田国男以来、研究団体・学会や大学、行政等の教育・調査・研究組織における性差の偏り（職に就いているのは、なぜ圧倒的に男性か）、研究者の「知識の存在被拘束性」（あらゆる知識や思考は、認識者の視座ないしその視座のおかれている社会的存在や位置に制約を受けているということ）を問うことは、まさに根源的かつ過激な取り組みとなろう。

ジェンダー概念の導入は、単に「女性」を対象とした研究領域を広げるものなどではなく、あらゆる領域に関わる領域横断的なものである。私たちはジェンダー概念だけで分析することはできないが、もはやそれ抜きに分析を行うこともできないことを認識すべきである。

（靍理恵子）

第7章

節目を意識する

厄を払う

結婚式では久しぶりに会う母方の親戚と近況報告で盛り上がった。トオルの子ども時代の話では、宮参りや食《く》い初《ぞ》めに始まり、初節供、七五三の祝いの思い出話まで飛び出した。二〇歳になったばかりの自分を振り返っても、大人になったという意識はとくになかった。でも、成人式はちょっと楽しみにしている。

親戚のおばさんから、「もう二〇歳になったの。それじゃあ、厄年は過ぎたのね」と言われ、思わず「厄年って?」と尋ねてしまった。おばさんの説明によると、男女それぞれ社会的地位や身体の変化が生じやすい特定の年齢を指し、その厄難を逃れるために行う行事を厄払いと言うそうだ。一般に女性は数え年の一九歳と三三歳、男性は二五歳と四二歳とされていて、厄の払い方も年齢も地域で多少は異なるらしい。厄年なんて知らなければなんてことはないけど、知ってしまうとやっぱり気になるから厄介だ。

そう思っていると、「厄を払ったり縁起担ぎを大事にするのは海や山で働く人に多いんだよ」と、新婦のおじさんが話に入ってきた。このおじさん、昔は漁師だったらしく、海が荒れて死にそうになったこともあるという。「まさに、板子一枚、下は地獄だったよ」とおじさんは豪快に笑う。どんなに最新の設備を導入した船で漁をするようになっても、命に関わる仕事をする人たちにとっては、人間の力を超えた存在や自然への畏敬の念がなくなることはないと教えてくれた。

おじさんは、「せっかく関西まで来たんだから、旅行がてら四国（香川県）の金毘羅さんにお詣りしていく」と言う。金毘羅さんは海難救助や豊漁のカミサマらしい。四国といえば、八十八カ所の霊場巡りで有名だ。巡礼者を泊める接待は今でも続いているようで、ちょっと興味をそそられる。科学技術がどんなに発達していても、人の力ではどうにもならないことに対し、不安を振り払おうとする気持ちはどの時代や地域でも変わらないのだろう。

身近な言い伝え

厄年や縁起を担ぐ話を聞いているうちに、アイの身のまわりでも嫌なものを払ったり、幸運を願うおまじないがあることに気づいた。子どもの頃から、霊柩車《れいきゅうしゃ》を見ると親指を隠すしぐさをしていたのを思い出した。「親が早死にする」とか「親の死に目に会えない」といったことがその理由だが、根拠もわからないし、いったい自分がいつ頃からそんなことをするようになったのかも覚えていない。大学の友人と歩いているときに霊柩車に出くわし、二人とも同じように親指を隠し、思わず噴き出した。大学は全国から学生が集まってくるのに、同じことをしてしまうのがなんともおもしろい。

以前、夏の移動教室から帰ってきたショウタが、「夜、寝るときに北の方角を気にしている子がいたよ、おばあちゃんたちみたいだね」と言って笑っていたのを思い出した。アイたちは小さい頃から両方の祖父母宅に行く度に、「北枕にならないように」と言われていた。実際はほとんど気にしなかったが、気にする人がいたことに驚く。なんとなく気にしていること、無意識に癖になっていることは他にもありそうだ。

Section 1

厄を払う

民俗学や文化人類学で用いる術語のうち、日常的にもかなり通用するようになった言葉のひとつに、「通過儀礼」がある。人がある状態や身分から別のそれへと移行しようとするときに課せられる儀礼を指す語で、後述するように、二〇世紀初頭にファン・ヘネップによって提唱された概念である。身近な例をあげれば、成人式、結婚式、学校の入学式・卒業式やその関連行事、クラブへの加入の際のセレモニーなどがそれにあたる。一方で、王や聖職者・シャーマンなど、特殊な地位につくための即位儀礼・就任儀礼もまた通過儀礼に含まれる。もっとも、日常生活でこの語が使われる場合には、かならずしも儀礼を指すとは限らず、新しい状況に身をおく際に不可避的に経験する試練などを指して比喩的に用いられることも少なくない。

通過儀礼・人生儀礼

通過儀礼に近い言葉に、「人生儀礼」という語もある。通過儀礼のうちでもとくに、ある社会に属す人間が一様に人生の特定の段階で経験する儀礼を指している。具体的には、誕生にまつわる儀礼、子どもの成長段階に応じて行われる儀礼、成人および結婚に関わる儀礼、その後の加齢・老成の諸段階に配される儀礼、そして死を取り扱う諸儀礼(死後の祭祀・供養も含めて)などがそれである。要は人生の節目節目に配された儀礼であり、「冠婚葬祭」はこれを簡潔に表現した語だと考えてよいであろう(「冠」ははじめて冠を着す意で成人の儀礼のこと、「祭」はお祭りではなく死後の祭祀のことである)。人生儀礼は通過儀礼の一部であり、先の例でいえば、成人式や結婚式は人生儀礼であるが、王の即位儀礼などは通過儀礼ではあっても人生儀礼と呼ぶことはできない。

他の諸民族同様、日本の民俗社会も多様な人生儀礼を発達させてきた。とくに新しい生命の胚胎から誕生・成長の過程に配された産育儀礼と、人の死を取り扱う葬送儀礼は、いわばあの世のものとこの世のものという、大きく異なる二つの身分のあいだの移行に伴うものであるだけに、非常に複雑な儀礼が展開している。また、これと並んで、子どもから大人へと変身する成年儀礼（成年式）、独り身から夫婦者へと立場を変える（かつての家制度のもとでは女性が娘から嫁になる）婚姻儀礼も、重要な人生儀礼であった。ここでは成年式と厄年の儀礼について取り上げてみよう。

成年式

成年式は、成人式、成年儀礼などともいい、女子の場合にはとくに成女式と呼ぶこともある。今日の日本では市町村主催の成人式にほぼ画一化されてしまっているが、かつては土地ごとに、さまざまな成年式が展開していた。その内容としては、①着衣・髪形の変更や身体変工、②改名、③擬制的親子関係の締結（実の親ではないが社会的に後見してくれる人をオヤとして定める習俗）、④若者組など年齢集団への加入、⑤性的体験、⑥旅、などをあげることができる。年齢は、男子は一五歳前後が多く、女子は各自の初潮を目安とするか、または一三歳とすることが多かったとされる。

図１　七五三の受付（福岡県太宰府市太宰府天満宮）

成人にあたって身につけるものを変え、外見を改めるのは、成年式のもっとも主要なモチーフで、非常に広い範囲に確認される。公家や武家の社会で男子の成年式を元服とか烏帽子着《えぼしぎ》と呼んだのもそれで、衣服を改め、髪形を変え、頭に冠・烏帽子を加えた。民衆のあいだでは、元服や烏帽子祝いなどの語も用いられたが、むしろ男子の成年式を褌《ふんどし》祝い・ヘコ祝い（ヘコは褌の意）、女子のそれをユモジ祝い（ユモジは腰巻）などと呼ぶところが多かったように、大人としての下着をつけることに関心が向けられていたようである。オバクレフンドシといって、このときに母方のおばが褌を贈るという例も各地にあった。成人は性的成熟をも意味する。じっさい、かつての民俗社会では、成年式が済み、若者組や若者仲間・娘仲間といったムラの年齢集団に加わると、必然的にヨバイ慣行の当事者となるわけで、褌や腰巻の着用には性的に成熟したことを表示する意図もあったのである

（ヨバイは、性交渉を目的に夜間ひそかに男たちが女性のもとを訪れることで、未婚者のそれは反社会的行動とは見なされていなかった）。

女子の成年式、つまり成女式を鉄漿《かね》付け祝いと呼んでいた土地も多い。鉄漿すなわちお歯黒はのちには既婚女性の象徴のようになるが、元来は女性として一人前であること、結婚対象となりうることを表示するもので、これをはじめてつけるのが成女式となっていた。擬制的親子関係の習俗が存在した地方では、男女を問わず、しばしばその人をカネオヤとかカナオヤ、フデオヤなど呼んだが、これははじめてお歯黒をつけてくれる人、その筆をとってくれる人の意であった。ちなみにお歯黒は、入墨や抜歯などと同様、意図的に人体の一部を変形させる身体変工の一種に数えられる。成年式にあたって身体変工を施す例は世界のさまざまな民族に見られるところで、加工されない自然のままの身体は社会的存在とは見なさない思考がうかがえる。

成年式としての旅

さて、成年式のあり方のひとつに、大人になろうとする若者や娘に旅を課すというものがあった。一人前として扱ってもらうためには旅をしてこいというわけである。これについて少し詳しく述べてみよう。

おそらくもっとも広汎に分布していたのは、若者たちが伊勢神宮に詣でる習俗である。たとえば静岡県の伊豆半島では、正月から二月にかけての農閑期に、ワカイシュウ（若者組）に入って間もない少年たちが数人程度のグループで伊勢参宮をした。この習俗の最末期にあたる昭和初年（おおむね一九三〇年前後）のやり方では、汽車を利用して伊勢まで行き、奈良・京都・大阪を見物してまわり、帰りは神戸から横浜へ船で戻る三泊四日の旅であったという。鉄道以前には一〇日ほどかけたようである。ワカイシュウへの加入は一五歳前後で、各ムラでは数年に一度、この伊勢参宮が実施されていた。同様の習俗は関東から中国まで、広い範囲で確認されている。第二次世界大戦前には、修学旅行の目的地の定番は伊勢であったが、それは国家神道による思想教育の面をもつと同時に、こうした成年儀礼としての参宮の習俗につながるものでもあった。

成年式としての旅は、霊山への登拝というかたちをとることもある。大阪・奈良など近畿地方の一部には、一五歳前後の少年たちが修験道（山岳修行によって超自然的な力を身につけるという山伏の宗教）の聖地である奈良県の大峰山《おおみねさん》に登拝する習俗があり、これを山上《さんじょう》参りなどと呼んでいる。同様に、青森県の津軽地方ではお山参りと称して岩木山《いわきさん》に登り、山形県内陸部では出羽三山《でわさんざん》に三山《さんざん》参りをした。福岡県では宝満山《ほうまんざん》への宝満参り、英彦山《ひこさん》への彦山参りであった。

　こうしたなかで、四国の一部や瀬戸内の島々には、若者や娘が一人前になるために四国遍路に出るという地域があった。四国遍路というのは四国の島を一巡するように配された八十八カ所の霊場をめぐる巡礼で、歩いて廻ろうとすればどんなに急いでも一月以上はかかるという大きな旅である。

若者遍路・娘遍路

　愛媛県松山市の北郊《ほっこう》の村々はこの習俗の盛んな土地のひとつであった。およそ大正から昭和のはじめ、つまり一九二〇年代までのことであるが、このあたりからはムラごとに数年に一度、ワカイシ（若者組）に属す若者たちが集団で遍路に出た（図２）。これを済ましておかないと一人前ではない、嫁のきてがないなどといい、ほとんどすべての若者が二〇歳の徴兵検査前の一八、九で行くのが慣例となっていた。伊予絣《いよがすり》や無地紺の着物を新調してもらい、先輩から経を習い、父や兄の使った納経帳をもって出かけるのである。若者たちのこととて、道中ではいろいろないたずらをしたり、ときには他のムラの若者たちと喧嘩もしながら、おもしろおかしく旅を続けたという。最後は、松山市郊外の五十一番札所・石手寺《いしてじ》で迎えに来た家族と弁当を広げ、にぎやかにムラに帰るのであった。

　米四、五俵分になるという旅費は親が出したが、貧しくて金の工面がつかない者にはムラの裕福な家からの借金が期待できた。このことは、若者たちの旅が、一人前の村人を誕生させるために不可欠なプロセスであり、ムラからの要請であったことをうかがわせる。しかし、なかにはなお旅費に事欠くケースもあって、旅程を短縮して旅費を節約しようと、猛烈なスピードで駆けるように遍路するハシリヘンドもあったという。

図２　愛媛県和気村和気浜（現松山市）の若者遍路（1920年代）

この旅のなかで、金毘羅や丸亀などの大きな町に出た折、女郎屋《じょろう》に遊びに行くのを慣例としていたムラもあった。巡礼の最中に不謹慎なことと受け取られようが、これは若者たちの成年式の旅に関してしばしば聞かれるところで、伊勢参宮の場合にも神宮近くの古市《ふるいち》の遊郭が当然のごとく行程に組み込まれていた。旅のなかに性的体験がプログラムとして用意されていたわけで、むしろ成年式が本質的に抱えている重要な一側面であったろう。

また、松山市辺の若者遍路の場合、一緒に旅をした仲間を「同行《どうぎょう》」と呼び、遍路後も終生、親兄弟以上ともいわれる親密な交際が続いた。ムラ運営の基盤ともなる年齢集団を編成・強化することも、この習俗の機能のひとつに想定できそうである。

一人前になるための遍路の習俗は、女子にもあった。やはり一九二〇年代あたりまでのことというが、岡山県西部の笠岡諸島では、嫁入り前の娘たちが十数人、中年の女性などに率いられて四国遍路をするのが慣わしであった。無事に帰ると、親が用意したマチゴと呼ぶ晴れ着を着て、同行の娘の家を一軒ずつまわり、それぞれ餞別《せんべつ》をくれた家々を招待して盛大なお看経《かんき》（集団で経文類を唱える行事）を催した。マチゴはのちに嫁入り衣装になった。ここでも四国遍路をしないと嫁に行けぬなどといっていたから、娘が一七、八になると親は暮らしを切りつめてその用意をしたものだという。こうした娘遍路の習俗は、瀬戸内の他の島々や、徳島・香川・愛媛各県下でも確認されており、若者たちのそれよりむしろ分布は広かったようである。宮本常一の『忘れられた日本人』にも、周防大島《すおうおおしま》（山口県周防大島町）の例が登場する。

ここまであげた例のように、成年式としての旅は聖地へ参るかたちをとることが多かったが、なかには宗教性をまったく欠いた旅、それもかなり長期の旅が、大人になるための関門として用意されていた地方もあった。

成年式としての出稼ぎ

新潟県中魚沼郡などの山間部には、一五歳前後の少年たちが数人でかたらい、十五夜（旧暦八月一五日）の前後にこっそり家を出奔して東京に働きに行く「江戸行き」の習俗があったことが知られている。東京では同郷の口入れ屋に米屋・そば屋・銭湯など奉公先を斡旋してもらい、一冬働いて、翌年の三月節供に帰るのである。帰村の際には大勢がムラ境まで出迎え、さらに日を改めて「江戸行き祝い」「江戸行き振舞」と称する盛大な祝宴が張られた。少年たちはこれ以降、寄合でも祭りでも、一人前の若者として扱われたのだという。またここでも、江戸行きをともに経験した「同行」は終生、協力しあう仲間となったという。

一方、徳島県南部の沿海地方では、娘たちは大阪へ数年間の奉公に出るのがあたりまえとされており、それが嫁入りの条件のようにいわれることがあったという。これなども成年儀礼としての旅の一種に数えてよかろう。

なぜ旅か

では、なぜ娘や若者たちは一人前になるにあたって旅を必要としたのだろうか。これにはいろいろなレベルでの説明が可能である。親元を離れて肉体的・社会的試練を経験させるのだという説明は、もっともわかりやすいもののひとつであろう。くわえて、「世間を知る」という効用も、体験者たちから強調されることがある。宮本常一の周防大島での聞き書きにも「世間を知らん娘は嫁にもらいてがのうて」という言葉が出てくるが、生まれ育ったムラの外に出て、広く世間を見聞してくること、やや大げさないい方をすれば、自分の属するムラという小宇宙を相対化する視線を獲得してくることは、たしかに大人になるために必要な体験であった。また、成年式としての旅は集団で行うことが多く、松山あたりの若者遍路や新潟の江戸行きの同行のように、将来のムラの運営に必要な同世代の紐帯をつくることも、そこでは期待されていたと思われる。

ところで、通過儀礼という概念を作ったのは、二〇世紀前半にフランスで活躍した民俗学者、A・ファン・ヘネップであった。ヘネップは、すべての通過儀礼には分離・過渡・統合という三つの段階ないし局面があるとした。すなわち、まず古い状態・身分から分離され、それまでの状態・身分でもなく新しいそれでもない過渡的な状況に置かれ、最後に新しい状態・身分に統合されるというわけである。過渡の段階では何ものでもないことを象徴するために、無言の行が強いられたり、本来の性とは異なるものを身につける異性装が行われたりする例があることも指摘されている。

ヘネップの議論を念頭に置いたとき、旅は、通過儀礼の演出としてまことに効果的であることに気づく。少年・少女たちは旅立つことでムラの子どもという身分からの離脱を表現し（分離）、ムラから見えないところで子どもでも大人でもないものとして過ごし（過渡）、やがて一人前の大人としてムラに帰ってくる（統合）のである。旅のあいだにはさまざまな肉体的・精神的試練が待ち受けており、またムラにいたのでは知り得ないようなさまざまを見聞することにもなる。帰村した彼らは、以前とは異なる存在としての印象をもって人々に迎えられたに違いない。

成年式は婚姻儀礼とともに、人の一生におけるもっとも大きな身分の変更に伴う儀礼である（誕生と死を除けば、であるが）。しかし、人の一生にはもう少し細かな階梯も用意され、さらにいくつもの儀礼が配置されていた。厄年とか年祝いと呼ばれるものがそれにあたる。

厄年と年祝い

厄年は現代でも日常会話に登場する語で、一般に、人生のうちでもとくに災厄に見舞われやすい年齢を指すものと認識されている。大厄といわれる女の三三歳（以下、年齢はすべて数え年である）、男の四二歳、それに女の一九歳、男の二五歳が広く知られているが、これに一三歳や一五歳を加えていう地方もあり、さらに土地ごとに微妙に異なる伝承も聞かれる。一方、六一歳の還暦や、その後の七〇歳の古稀、七七歳の喜寿、八〇歳の傘寿、八八歳の米寿等々は長寿を祝う機会と意識されており、年祝いとか祝い年などと呼ばれる。

現代人の感覚では、厄年と年祝いは一方は凶、他方は吉という正反対の性格をもつようにも感じるが、これらをすべて厄年とか厄祝い、厄年祝いと呼ぶ地方が少なからずあるように、本質的には同種のものと考えてよい。中国地方では、三三は親が祝い、四二は自分が祝い、六一から上は子や孫が祝うといったりする。

一般に、成人・結婚後の人生には、それまでのような劇的な身分の変化は乏しく、人はゆっくりと成熟し、老いてゆく。厄年・年祝いという考え方は、そこにあえて人為的な節目を設け、通過儀礼を配することにより、加齢による身体の変貌や社会的に果たすべき役割の変化を自他に認識させる効果をもつものといえよう。三三をサンザン、四二をシニと読むような語呂合わせや、七七、八八といった重数が用いられるのは、これらの境目が人為的なものであることをよく示している。一方また、六一歳の還暦をはじめとして、一三歳、二五歳、さらに地方によっては三七歳を厄年とする例があるように、十二支が一巡する一二年をもって時間の区切りとする意識、生まれ年の干支《えと》が帰ってくる年を特別視する意識も、そこには認められる。奄美・沖縄はこの観念が明瞭で、一三、二五、三七、四九、六一、七三、八五歳をもって年祝いとしている。この考え方は中国起源と見られるが、古代・中世の辞書（『色葉字類抄《いろはじるいしょう》』『拾芥抄《しゅうがいしょう》』）にすでに見える。

人生の節目が災厄の年とされたのは、時間の経過のなかで悪しきもの・穢れたものが蓄積され、放置すればそれが生活や生命を危うくすると考えられたためであろう。とくに中年以降は、個人差はあれ、どこかで加齢に伴う身体機能の衰えに直面せざるをえず、一方で本当の老齢に達するまでは社会的責任は増してゆく。〝厄〟は、その不均衡のなかで生ずるさまざまな困難を特定の年齢と結びつけて実体化したものだといえる。厄年の儀礼は必然的に、厄払い・厄落としというモチーフを中心にすえることになる。

厄を払う

極めて即物的に厄を駆逐しようとするのは、銭貨や食物・衣類などを形代《かたしろ》（厄のように目に見えないものを移して取り扱うためのもの）としてこれを捨てるという方法である。厄年の者が、たとえば一月晦日《みそか》（月の末日、旧暦では二九日または三〇日）の早朝、戸口のところで米・塩と年齢の数の銭を入れたおひねりで身体をこすってから肩越しに後ろに投げる（青森県）、節分の夜、大豆とトベラの葉、銭、白糸ぎれをそれぞれ四九ほど紙に包んで道の交差する辻に捨てる（山口県）等々の例は、枚挙にいとまがない。手ぬぐいや櫛・褌・腰巻などを用いることもあり、なかには辻で着物をそっくり脱ぎ捨ててくるなどという例（愛媛県）もあった。いずれの場合も後ろ向きに捨ててあとを振り返らずに帰るというのが作法で、その意図は明白である。厄年に餅投げや銭撒きをするというのも、餅や銭を介して厄を分散させようとする呪術的行為と見ることができる。

他方、厄年には大きな宴を設けて人々を招く習俗も各地に見られる。ここには、食を通じて多くの人の力を結集し、生命力の強化をはかろうとする心意があるとされている。一月一四日の晩、子どもや若者がムラの家々を訪れて餅などを貰い歩く「小正月《こしょうがつ》の訪問者」と呼ぶ行事があるが、これを厄年の者が行うことになっていた地方も多く、やはり食物を介した力の結集が期待されていたように思われる。ただ、厄年の宴、とくに男四二歳のそれはしばしば生涯における最大の宴とされ、可能な限りの大盤振舞いを期待する風があった。大量の食と財を手放すことで厄を放逐しようという呪《まじな》いとしての性質を見ることも不可能ではない。厄年に家を新築したり、神楽や芝居などを主催して散財するとよいとされることや、厄年に生まれた子を儀礼的に捨て子する慣習、あるいは反対に女三三歳の厄年に子どもを産むことを吉とする伝承にも、同様の論理を見ることができるかもしれない。

図3　投げ餅を拾う人々（兵庫県加東市上鴨川）

時間の人為的更新

ところで厄払いの儀礼の時期は、正月・小正月か節分、さもなくば二月一日にほぼ集中していた。西日本では六月一日とするところもある。数え年では新年を迎えるごとに一つずつ年齢が加わるから、正月や節分という年初は厄年というやっかいな時間のはじまるときにほかならなかったが、二月や六月の一日にも意味があった。宮城県北部では、厄年の者は小正月か二月一日にもう一度松飾りを出して正月を祝い、これを「年重ね」とか「年直し」と呼んでいた。宮崎県でも、二月一日は厄年の者が年を取り直して一歳よけいに年齢を加える「月遅れ正月」「並びの正月」であった。類例は各地に確認される。これらは、ときならぬ時期に正月をすることで時間を更新し、厄年を手早く過去のものにしてしまおうという呪術である。よく似た例として、江戸時代、世に災いが続く際に、二月あるいは六月の一日に門松を立てて臨時の正月を祝い、それで年が替わったことにする「取越《とりこし》正月」が行われたことが知られている。いずれも人為的にトシの更新をはかるもの（ただし一方は個人単位で、他方は社会全体で）であり、それが可能となるのが二月または六月の一日だとの認識があったらしい。

もはや私たちには、時間そのものの吉凶を云々したり、さらにその時間を人為的に操作しようとしたりする感覚は薄いが、厄年と厄払いの習俗は、そうした時間感覚のうえに成り立っていたことになる。

（小嶋博巳）

読書案内

アルノルト・ファン・ヘネップ（綾部恒雄・綾部裕子訳）『通過儀礼』岩波文庫、二〇一二年。

＊原著は一九〇九年に刊行。「通過儀礼」という概念を説いた古典的著作。本文中でも触れたように、通過儀礼に分離・過渡・統

合の三つの段階が必然的に含まれると説く。なお、ファン・ヘネップはオランダ語読み、フランス語読みではヴァン・ジェネップとなる。

大間知篤三『大間知篤三著作集』三（通過儀礼その他）、未来社、一九七六年。
＊大間知篤三は柳田国男門下の優れた民俗学者で、今日まで通用する定説のなかには彼の提唱になるものも少なくない。著作集第三巻には、「成年式の民俗」をはじめ、通過儀礼に関わる論考を含む。

宮本常一『忘れられた日本人』岩波文庫、一九八四年。
＊優れたエッセイストの資質をあわせもった民俗学者、宮本常一の著作のうちでも、とくに人気のある作品。「女の世間」で、故郷である周防大島の娘遍路に触れている。他にも「土佐源氏」「土佐寺川夜話」などの魅力的な文章を収める。

矢島睿ほか『日本の祝事』（全一〇巻）、明玄書房、一九七七〜七八年。
＊一九七〇年代までの民俗学者の調査報告に拠って、各県の「祝事」すなわち人生儀礼を概観したシリーズ。『北海道の祝事』『東北の祝事』から『沖縄・奄美の祝事』に至る全一〇巻からなり、各巻は県ごとの章で構成されている。

参考文献

『愛媛県史』民俗編・下、愛媛県、一九八四年。

佐々木勝『厄除け――日本人の霊魂観』名著出版、一九八八年。

『新潟県史』資料編二二（民俗・文化財一）、新潟県、一九八二年。

平山敏治郎「取越正月の研究――日本民族信仰の伝承学的考察」『人文研究』三巻一〇号、大阪市立大学文学部、一九五二年。

松山市教育委員会編『おへんろさん――松山と遍路の民俗』松山市教育委員会、一九八一年。

三浦秀宥「娘の四国巡礼」『岡山民俗』一〇〇、岡山民俗学会、一九七二年。

Section 2
身近な言い伝え

民俗資料の分類と心意現象

「カラス鳴きが悪いと誰か死ぬ」（予兆）、「蹴り上げて落ちた下駄が裏返ると雨になる」（卜占《ぼくせん》）、「夜、爪を切ってはいけない」（禁忌）、「霊柩車を見たら親指を隠せ。隠さないと親が早死にをする」（呪術）といった言い伝えは、だれでも一度や二度は耳にしたことがあるだろう。私たちの日常は、こうした俗信とよばれる伝承に取り囲まれているといってもよいほどである。一般に俗信は、兆（予兆）・占（卜占）・禁（禁忌）・呪（呪術）を中心に、妖怪、幽霊に関する伝承を含んで用いられる場合が多い。身近な生活の一コマをすくい取り、比較的短い言葉で表現される内容が大部分を占めている。普段は気にとめていないようでも、いざとなると意外に気にかかるのが俗信というもので、生活の具体的な場面で拘束力を発揮することが少なくない。

こうした身近な伝承にいち早く注目したのは柳田国男である。柳田は、人々の感性や心のくせとでもいうべき心意を明らかにする際の手がかりとして、俗信が重要な意味をもつことに気づきその研究の道を拓いた。一九三五（昭和一〇）年に出版した『郷土生活の研究法』で、民俗資料の分類について、眼に映ずる資料を第一部とし、耳に聞こえる言語資料を第二部に、感覚に訴えて理解できるものを第三部として、つぎのような三部分類案を示した。

第一部　有形文化（住居・衣服・食物など）
第二部　言語芸術（諺・謎・昔話と伝説など）
第三部　心意現象（知識・生活技術・生活目的）

第三部の心意現象は、「知識」に基づいて「生活技術」（手段と方法）を駆使し、人は何のために生きているのかという「生活目的」を解明することがねらいだった。心意現象は、ものの見方や感じ方、心のくせ、幸福感や好き嫌いの感情など精神活動の幅広い領域を指しており、柳田はこうした心意現象の解明を重視し「実はこれこそ我々の学問の目的であって、あとの「一部」と「二部」のふたつは、謂わばこれに達するための、途中の段階のように考えているのである」と述べている。

ただ実際問題として、民俗資料を三部のいずれに分類するかという判断はそう単純ではない。柳田自身、伝説を言語芸術とするか心意現象とするかで迷った末に、第二部の昔話のあとに置いている。常に信仰との関係で伝説をとらえようとした柳田の関心事がその迷いを誘ったのであろうが、伝説と事物のつながりを強調すれば第一部の有形文化と結びつく側面をもっている。三部分類は民俗資料を分類する際の有効な指標であるのは事実だが、それぞれの資料はモノと口承と心意がわかち難く交錯するなかに多面的な意味を生成している存在であることを忘れてはならない。

オマジナイを研究する意義

柳田は、まず「知識」には、批判的知識（善悪、良否といった知識）と推理的知識（「なぜ」を伴う知識）があると説いているが、注目されるのは推理的知識で、ここに兆と応の概念を設けた点である。兆はある現象から未来のことを推理する知識で、たとえば「カラス鳴きが悪い、近いうちにだれか死ぬ」といったケースである。応は反対に、結果からその兆しを過去にさかのぼって推理するもので「〇〇が死んだ。そういえば数日前カラス鳴きが悪かった」と推理の方向が過去に向かう。

つぎに「生活技術」では、前代の人々の人生観を明らかにするために呪と禁に注目している。呪は呪術の意味だがふつうはマジナイとかオマジナイという。柳田は、呪つまりマジナイを生活技術と位置づけて、これを研究する目的をつぎのように述べている。

我々の知識と技術との結びつきはきわめて緊密であった。今残っている以前の技術のなかには、その基礎となっていた知識は消えてしまって、何のことだか解らずに、たゞ技術のみが惰性で以って僅かに残っているものが多い。これによって前代の人生観が分ると思うのである。即ち私たちがこうして一つひとつの技術を注意してみようとするのは、その基礎をなす知識であるところの、世の中の見方がどうであったかを、知ることに目的があるのである（柳田、一九三五）。

マジナイは災いを防ぎ除去するための生活技術だが、ただ、そのようにすることでなぜ効果がもたらされると人々は考えたのか、その裏づけとなっていた知識の多くは忘れられて、技術としてのマジナイのみが伝承されている場合が多いという。マジナイを深く意識する向こうに柳田が見すえていたのは、マジナイを意味づける基礎としてあった前代の人生観、世のなかの見方を知ることだったといってよい。たとえば、モノモライ（麦粒腫《ばくりゅうしゅ》）を治すマジナイを例にとれば、これができたときには、近所の家々を訪ねて障子の穴から手をだし、その家の子どもからお握りなどをもらって食べればよいとの伝承がある。今日からみれば取るに足りないたわいもないことのように映る、まして、こうしたマジナイを生活技術とよぶことには違和感があるだろう。しかし、かつてモノモライを治す手段・方法として、日々のいとなみのなかで生きた技術として機能していた生活があった。ここでは、手段・方法の優劣を問うことではなく、そうすることでなぜモノモライが治ると考えたのか、マジナイの背後に横たわる人々の病気観や世界観を明らかにするのがねらいである。マジナイを生活技術ととらえる柳田国男の考えは、俗信と心意の関係を考察するうえで大切な視点を示しているといえよう。

また、禁（禁忌）については、「為《し》てはいけない」という不行為で、予想される災害に対して呪の代わりに用いられたと述べ、禁忌は郷土の人以外にはなかなかわからないことだから、郷土人自身によって研究されなければならないと強調した。「夜、爪を切ってはいけない」という禁忌には、もし切れば「親の死に目に会えない」というように、それを犯した際の制裁を伴っている場合が少なくない。柳田は、昔の人が何をもって幸福と考えていたかは禁忌との関係によって見当がつくのではないかと予想していた。つまり、禁忌に伴う制裁を反転させれば、そこに人々が何を幸せと感じていたのかがわかるのでないかと考えたのである。そして、「生活目的」については「その時代の知識・社会観・道徳などを知り、何を目当てに生きていたかを、明かにしようとするのである。その生活の目的にはなおその奥に何か大きなものがあったかも知らぬが、だいたいに人は幸福とか家を絶やさぬといったようなことを、目あてに生活したのではなかろうか」（柳田、一九三五）と述べている。

柳田は心意現象に関わるさまざまな課題を分析し解明していく有力な概念として兆・応・禁・呪を見出したといってよいだろう。そして、心意現象に関わる諸事象を俗信と呼んだ。この四つの機能は習俗の多様な領域と密接に関わっているといってよいが、しかしその後、このなかから「応」が抜けて「占」と入れ替わる。この間の事情はよくわかっていないが、一九四二年に柳田が関敬吾と共著で出した『日本民俗学入門』（改造社）では、兆・占・禁・呪となっており、この考えが定着して今日に至っている。

カラス鳴きの俗信

ここで、生活のなかの身近な言い伝えのなかから、「カラス鳴きがわるいと誰か死ぬ」という広く知られている予兆について考えてみよう。この俗信がいつごろからいわれるようになったのかは定かでないが、一六九九（元禄一二）年刊行『咒詛調法記《まじないちょうほうき》』に「烏なくまじなひのこと」として「ちはやふる神代からすつげをしていつしかはらん本の[illegible]《アバンウーン》七難即滅七福即生寿命長遠喼急如律令《しちなんそくめつしちふくそくしょうじゅみょうちょうおんきゅうきゅうにょりつれい》　是を唱《となう》へし」と見えている。一八四二（天保一三）年刊行の『新撰咒咀調法記大全《しんせんまじないちょうほうきたいぜん》』にも「烏なき悪《あし》き時のまじなひ」と題して同じ呪文を紹介しているが、本書ではさらに「からす大小の二種《いろ》あり　大なるを鴉といひ小なるを烏《う》といふ　よく吉凶《よしあし》を人につぐ」と述べて、カラスの図を添えている。カラス鳴きに対する人々の関心ははやくからあったようだ。

図１　『新撰咒咀調法記大全』

ところで、人が「カラス鳴きがわるい」と気づくのはどのようなときだろうか。私自身も中学校の教員をしていたとき、教え子の父親が亡くなる前日に異様なカラス鳴きを耳にした体験があり、この俗信について考えたことがある。亡くなる数日前から危篤状態にあったことは知っており、家族とも気心が通じていただけに心が重かった。異様なカラス鳴きが聞こえてきたのはそうした状況のなかである。教え子の父親が死に直面している危機的な状態のもとで、私がカラス鳴きの異常を聞きとめたのはおそらく偶然ではないだろう。一人の人間の魂が、生と死のはざ間をさまよう危機的事態に陥ったと知らされたときから、家族をはじめ親しい関係者の間には重く息苦しい空気が漂いはじめる。口にこそ出さないが、人々の意識はその奥底に死の予感を孕みつつ不測の事態におののく。神経は過敏なまでに研ぎ澄まされていく。「もしかしたら……」という不安な心理状態は、平生は意に介さぬようなささやかな変化をも、異常の兆しではないかと過敏に感知しようとする。人々がカラスの異常な鳴き方に気づくのは、往々にしてそうした危機的状態においてであるらしい。言い換えれば、極めて緊迫した時間と空間に取り囲まれたとき、人は日常生活のわずかなぶれに心を動かし、異常の兆しを読み取ろうとするのではないだろうか。

そのことを示す例として、ひとつの記事を紹介しよう。昭和三〇年一〇月一八日に宮城県松山町（現 大崎市）で発生した放火殺人事件で、斉藤幸夫さん（当時二四歳）が逮捕・起訴された。松山事件である。この事件の無実が確定した直後の一九八四（昭和五九）年七月一二日の『朝日新聞』「天声人語」である。

カラスが「カーアカーア」と重苦しく鳴くときは人がどこかで死ぬ。斎藤ヒデさんはそう聞かされてきた。松山事件の被告である息子、幸夫さんの死刑が確定したときから、ヒデさんはカラスの鳴き声を恐れるようになったという。ふだん、カアカアと鳴くカラスの声がカーアカーアときこえてくると、急いで仙台拘置所にかけつけ面会を求めた。会えるとほっとして帰る、ということを繰り返した。

息子の死刑が確定したときから、母親はカラス鳴きを恐れるようになったという。つまり、そのときからヒデさんは神経質なまでにカラス鳴きに耳をそばだてるようになったのである。死刑確定の瞬間から、母親の心中にはいい知れぬ怒りと緊張が渦巻いていたにちがいない。ここに「危機が予兆を生み出す」契機が浮き彫りにされている。カラス鳴きの変化を不吉な予兆としてとらえ、意識の表層に浮かびあがらせる背後には、関係者を取り巻く抜き差しならぬ緊張関係が潜在している可能性を考慮する必要があるだろう。

カラスは人の死を予知するか

ところで、カラスは本当に人の死を予知して鳴いているのだろうか。すこし冷静に見つめれば、あたりまえのことだが、今も昔もカラスは一生物としてカラス属がとる一定の行動や鳴き方をしているにすぎない。求愛中に発する声、外敵を威嚇するときの声、仲間を呼ぶ声などそれぞれの状況に応じた固有の鳴き方をしている。この鳴き声の変化を人間の側が異常と判断すれば、カラスは毎日のように異常な鳴き声を発しているというふうに言ってもよいが、ただ、私たちは平穏な日々を過ごしている間は、ふつう、鳴き声の変化に関心を示すことは少ない。ましてやそれを異常とは認識しない場合が多いと思われる。つまり、異様なカラス鳴きは容易に耳には届かない。そう考えると、カラス鳴きの異常というとらえ方は、とりもなおさず人間の側の何らかの異常性をカラスという象徴的な動物を媒介にして映し出したものであるといってよいだろう。つまり、それはある状況を背景として生まれるカラスと人との関係のあり方を指している。

それでは「カラス鳴きがわるい」という場合、具体的にはどのような鳴き声・鳴き方を指しているのだろうか。各県の報告例のなかからいくつか拾ってみよう。

カァエー（福井）、オアー（三重）、カアーカーア（大分）、カオカオカオ（愛媛）、ガオガオ（群馬）、カッカとうるさく鳴く（青森）、気のぬけたように鳴く（群馬）、悲しそうに引っぱって鳴く（長野）、さびしく聞こえる（山形）、哀れっぽく鳴く（茨城）、苦しそうに鳴く（鹿児島）

あげていけば枚挙にいとまがないが、こうしてみると全国的に分布するカラス鳴きの実態は一様ではなく、あらゆる鳴き声が異常の範疇に含まれているといってもよい。カラス鳴きがわるいという抽象的ないい方の実態は多種多様で、実際には個人の主観に左右される部分が大きいと理解してよいであろう。とりわけ「哀れに鳴く」とか「苦しそうに鳴く」などの判断は、聞く側の感情のもち方ひとつでどのようにでも聞き取れるものである。
カラス鳴きの俗信の根っこは、カラスの鳴き声や鳴き方それ自体のうちに異常な事実を指し示す予知的な意味をもつものではなく、むしろ、異常の兆しではないかと不安げに聞きつける人の側の異常な心理に根ざしているといえよう。カラス鳴きの予兆にまつわる話は、平穏な日常のなかに生じた亀裂、そこから生じる人々の緊張と不安な心理、あるいは不幸な結果の表現である。カラス鳴きという伝統的な表現様式に訴え、具体化していくことで話は信憑性を獲得する。それはまた、人の力ではいかんともし難い死という現象（異常）を説明し、納得しようとする伝承的な営みということもできる。

しかし、カラス鳴きのすべてがこれまでのような背景のもとに展開するとは限らない。平生たまたま耳にとめたカラス鳴きが、その後の思いがけない不幸と符合したように重なり合うこともまれにはあるだろう。偶然の一致という体験は、予兆と結果のあいだに見えない必然の糸を確信する機縁となる可能性を孕んでいる。ただ、ほとんどの場合は、心にとめていた兆しは予想される不幸な結果と重なることなく忘れ去られているだろう。ときには、予期せぬ不幸なできごとに遭遇した結果から、過去にさかのぼって兆しを求め、ある事柄をその前兆であったと推測して納得するケースも予想できる。ただし、結果から兆しをたどった場合でも、ひとつの話として語られるときには、一般に予兆の結果としてもたらされた不幸という構成に組み替えられることが少なくない。

予兆の構造

江戸の情報屋と称される藤岡屋由蔵が書き記した『藤岡屋日記』につぎのような記事が見える。一八五一（嘉永四）年一一月のできごとである。

霜月廿日過《はつかすぎ》より角大の路地毎夜〳〵火の玉ころけ歩行候由《あるきそうろうよし》、右ニ付《つき》春日の社へ祈念致《いた》し、伺ひ候処《そうろうところ》ニ、火災有之《これある》由《よし》ニ付、町内自身番《じしんばん》遠く候故《そうろうゆえ》、松平丹後守《まつだいらたんごのかみ》殿辻番《つじばん》を借用致し、家主《いえぬし》共爰《ここ》へ詰切《つめきり》ニ致し、番を致し候間《そうろうあいだ》大火ニも相《あい》ならす、三河屋の土蔵ひとつニて相済候《あいすみそうろう》よし。

（この年、霜月下旬頃より小石川春日町の路地に火の玉がころげ歩き、人々を不安がらせた。ところが、火の玉の出現が何を意味するものか見定めることができない。そこで春日社にうかがいをたてたところ、火災の前ぶれであるとの告げがでる。今日的な見方からすれば、たかだか火の玉のうわさ話に端を発した占いごとに、家主を動員して詰め切りの警備にあたるという対応ぶりは、むしろそのことの方が奇異に映るかも知れない。しかし考えてみなければならないのは、占いの結果にいち早く反応し、おそらく何らの疑いももたずに右のような対策を急いだ人々の心のあり方である。）

『藤岡屋日記』には、近世末の江戸に発生したおびただしい数の火災が書き留められている。火災の原因、消失状況、人的な被害など克明な記録は貴重な史料であるが、同時に、こうした数々の火災の記録は、火事が現実の恐怖としていかに人々の身辺をおびやかしていたかの証左でもある。同日記は、火の玉がでた嘉永四年冬の天候について「当年ハ天気続きて霜月二日ニ大降致、同七日ニ少々降、夫より晴天六十日も続候故出火も多く、又寒気も強く候」と記している。雨が降らず異常乾燥つづきで、江戸では火事が相つぎ、たえず出火の危険にさらされていたことが読み取れる。火事は江戸の人々のあいだに常に潜在する不安であり、まして、この年の冬は小石川あたりでもその危機感は一段と高まっていたと思われる。火の玉が人の死や災いの前兆としての象徴性をおびた現象であるのを考えれば、このような状況のなかで出現したことの意味は偶然では

		火の玉の話（藤岡屋日記）	カラス鳴きの予兆譚
1	異常	雨の降らない異常乾燥がつづく	Aが危篤状態におちいる
2	危機意識	火事が発生するのではないかと、人々の不安が高まる	関係者の間に、Aの病状に対する不安が高まる
3	予兆	角大の路地に毎夜火の玉がころげ歩く	カラスの異様な鳴き声を聞く
4	判断	春日の社で占った結果、火災のおきる前ぶれとわかる	内心でAの死の前ぶれではないかと感じる
5	危機の改善	家主たちが辻番に詰め、警備にあたる	Aの病状の好転にむけて一層の努力をする
6a	結果 危機の回避	大火にならずにすむ、被害は土蔵1つ	
6b	結果 危機の増大		手当のかいもなくAが死ぬ

図2　予兆の構造

片付けられない。

はたして、このとき本当に火の玉が現れたのかどうか、ここではその事実の確認は問題にしない。異常気象に見舞われた人々の不安な意識のうちから火の玉がでたといううわさ話が生まれ、そしていったん生まれた話が独り歩きをはじめると、つぎには、人々の不安を逆にあぶり出しながらいっそうの不安を駆り立てていったにちがいない。春日社の告げは、いわばこうした人々が潜在的に抱いている不安や利害関係を、火の玉の現象に寄りかかりながら見事に言い当てている。宗教者の口を通して、人々の身辺にひそむ危機意識を浮上させ、具体的な形として予言したとき、つまり、現実に起こりうる危機としての認識を人々が共有したとき、それは地域社会の実際の力として始動するのであろう。

これを構造的に見ていくと①異常の発生、②危機意識の高まり、③予兆の感知、④判断、⑤危機改善の努力、⑥結果(危機の回避)といった関係性の連鎖として把握することが可能だろう。図2はこれを内容に対応させながら描いたものである。カラス鳴きなどの予兆にも適用できそうだが、ただ①から⑥までの展開がいつも完全な形で表れるとは限らない。ある部分が欠落したりあるいは話の裏に隠されている場合も少なくない。

(常光　徹)

読書案内

柳田国男『郷土生活の研究法』刀江書院、一九三五年(一九六七年に筑摩書房から『郷土生活の研究』と題して再版されている)。

＊二章で、民俗資料を「第一部　有形文化」「第二部　言語芸術」「第三部　心意現象」に分類し、心意現象を解明するための概念として兆・応・禁・呪を見出し、それに関わる諸事象を俗信と呼んでその特質を論じている。

桂井和雄『俗信の民俗』岩崎美術社、一九七三年。

＊高知県下に伝承される俗信を丹念に収集し、関連する民俗や各地の俗信との比較を行い、信仰や呪術的な意味について論じている。俗信を支えてきた人々の古風な心意を見事にとらえている。

井之口章次『日本の俗信』弘文堂、一九七五年。

＊俗信を体系的に論じた概論書である。俗信の概念について述べたあと、予兆・卜占・禁忌・呪術について解説し、また、俗信

と深く関わる信仰、厄年、妖怪などについて調査の経験を織り交ぜながら論じている。

斎藤たま『死とものの け』新宿書房、一九八六年。

＊日本列島の北から南まで精力的な聞き書きの旅をつづけ、各地で耳にした俗信のなかから死にまつわる魔除けの伝承をまとめたもの。俗信のもつ豊かな伝承の層が生き生きと記述されていて興味が尽きない。

吉成直樹『俗信のコスモロジー』白水社、一九九六年。

＊四国での詳細な民俗調査をもとに、その背後に横たわる俗信の宇宙を論理的に解き明かすとともに、それらが文化領域としての東アジアを視野に入れたときに見えてくる民俗世界を描いている。

板橋作美『俗信の論理』東京堂出版、一九九八年。

＊一見、とりとめもなく分布しているかに見える俗信群を、文化記号論などの方法を駆使して分析し、俗信の特徴と仕組みを明らかにしている。身近な俗信の解読から見えてくる文化の論理を浮き彫りにする。

参考文献

鈴木棠三『日本俗信辞典――動・植物編』角川書店、一九八二年。

鈴木棠三・小池章太郎編『近世庶民生活史料　藤岡屋日記』四、三一書房、一九八八年。

常光徹『しぐさの民俗学――呪術的世界と心性』ミネルヴァ書房、二〇〇六年。

常光徹『学校の怪談――口承文芸の展開と諸相』ミネルヴァ書房、二〇一三年。

長友千代治編『重宝記資料集成』一六、臨川書店、二〇〇六年。

柳田国男・関敬吾『日本民俗学入門』改造社、一九四二年。

コラム5　家相と風水

現代の日本では風水という言葉は定着し、耳にする機会も増えた。たとえば、風水により部屋のインテリアを良くして幸せになる、黄色の財布をもつと金運アップ、赤は恋愛力アップになるなど、雑誌やテレビなど各種メディアで耳にする。私たちはいつごろから、風水という言葉を耳にするようになったのだろうか。

『朝日新聞』で風水を扱う記事の初出は一九八四年一二月三〇日付朝刊国際面である。「返還後への不安で占い繁盛（書いておきたい話 八四：七）」という記事で、香港は風水上良い場所であること、風水占いが流行していることを伝えている。風水の記事が増えていくのは一九九四年以降である。その理由はこの年にＮＨＫで放映されたＮＨＫスペシャル「よみがえる平安京・荒俣宏が探る一二〇〇年の謎」という番組がきっかけであった。同番組は平安遷都一二〇〇年祭を記念して作成された番組で、荒俣宏をナビゲーターにして、香港から呼んだ風水師とともに平安京が風水によって建設された都市であることを探っていくという内容であった。

今日、部屋のインテリア、色による開運ととらえられている風水だが、果たして風水とは何であろうか。

東アジアの多くの社会ではこの世はすべて陰と陽のバランスから構成されており、陰と陽は中断なく相互交代しながら活動していると考えられている。

風水とは、中国で誕生した思想であり、土地の気の流れと土地の相（地相）の陰と陽を判断することによって、そこに住む人々に降りかかる災禍を防ぎ、幸福を招こうとする考え方とその実践である。この世はすべて陰と陽のバランスから構成されているわけだから、風水における「陰」と「陽」とは、死んだ人間の場として墓である「陰宅」・「陰基」と、生きている人間の場として都市・村落・住居である「陽宅」・「陽基」が対象となる。すなわち、良い地相の土地にバランスよく「家」と「墓」を建設することにより、災禍を防ぎ幸福を呼ぶという考え方である。家だけでなく、墓が重要視される点が特筆され、中国や台湾、韓国、沖縄では墓の風水が重視されている。

日本本土では、陰宅風水（墓相）はほとんど普及しなかった。その一方で、陽宅風水は一八世紀末から民間に流布し家相と呼ばれるようになった。家相書は一八世紀末から出版されるようになり、神谷古暦《かみやこれき》、松浦東鶏《まつうらとうけい》、松浦琴鶴《まつうらきんかく》など数多くの著作を著す者も出てきた。家相判断をした際に、屋敷地・家屋・付属建物などを描いた平面図に方位とその吉凶などを書き入れた絵図面である家相図も一九世紀頃から作成されるようになった。今日でも、家を新築する際に家相を考慮する人は少なくない。

（宮内貴久）

第8章

「ご先祖様」をつくる

墓参り

関西滞在中は久しぶりに母方の墓参りにも行った。母方の墓は二カ所に分かれている。遺体を埋葬する場所とお参りする場所が違うのだ。こういうのを両墓制というらしい。どうして二カ所も必要なのだろうか。夏に見た沖縄の亀甲墓にも驚いたが、両墓制も不思議なことこのうえない。友だちに言うと、必ずびっくりされる。都心部では土地がなくてコインロッカー式の墓も登場して、現代の墓事情は実に多様だ。

以前、うちでも両親が自分たちの墓をどうするか、という相談をしていたことがあった。次男である父親にとって、自分たちの死後のことをそろそろ考えねばならない時期なのだ。「群馬のおじいちゃんたちと同じ墓じゃダメなの?」と、ぽろっと口を挟んだら、母親に「冗談じゃないわよ! 死んだ後まで気を遣いたくないわ」とすごい剣幕で怒られた。正直言って、アイも弟のショウタも墓のことなんてよくわからないし、自分たちが墓の面倒を見ることができるのか戸惑ってしまう。そういう人たちのために、永代供養という方法もあるらしい。

墓といえば、最近はペット用の葬祭業が活況のようだ。火葬した後に墓を作り、供養をするという。まるで人間同様の扱いだ。ペットの供養なんていつからブームになったのだろうか。しかし、わが家にもポチがいるから他人事ではない。

先祖供養と盆

墓事情が多様ならば、「ご先祖様」になるのも多様だ。随分前に親戚が集まったときに、死の直後から埋葬に至るまで細かい決まりごとがあり、その通りにしなければ成仏《じょうぶつ》できないと誰かが言っていた。葬式のあとも一定の間隔で行われる年忌供養で、残った子孫は忙しい。それもサラリーマンが多い昨今では、簡略化される傾向にあるという。だけど子孫がいない人はどうしたら良いのだろう。

先祖供養といえば盆ぐらいしか思いつかないが、それも今や長期休暇の代名詞となっている。祖父母の家では

供物をのせた盆棚を作り、祖母は「こうやってご先祖様をお迎えするのよ」と教えてくれた。この時期になると、テレビでは各地のさまざまな盆行事が紹介される。祖父母の家のやり方がすべてではないようだ。時期も地域によっては七月だったり八月だったりするらしい。

小さい頃の盆の楽しみは、いとこに会えることと夜の盆踊りだった。盆踊りは子どもにとっては先祖の霊を慰めるというよりも娯楽だったが、それも徐々に廃れている。なんだか、盆とは名ばかりになっているようだ。それでも、「ご先祖様」になれるかどうかは、生きている子孫次第なのだ。墓や供養をどうするか、わが身に降りかかるのはまだまだ先のこととはいえ、なんだか気が重い話であった。

Section 1 墓参り

メディアのなかの墓

久々に「土葬」がマスメディアで取り上げられたのは、東日本大震災発生（二〇一一年三月一一日）以後の報道でのことであった。平時における火葬場の稼働能力をはるかに超える大量の遺体・火葬場の罹災・さらには火葬場へ遺体を運搬する手段の不足、等々の諸条件が重なり、火葬場が使用可能となるまでひとまず仮埋葬する方針が岩手県・宮城県で検討され、宮城県では実際に仮埋葬として土葬がなされ、後日、一体残らず改葬され火葬がなされた。

その一年後、二〇一二年の初夏は都立小平霊園での樹林墓地が話題となった。この樹林墓地とは、住民ニーズの多様化に応えるため整備した、植栽された樹林の下に設けた共同埋蔵施設へ多くの遺骨を一緒に収めるという、都立霊園としては新しい形式の墓地である。都立霊園を管理する都公園協会の公開データによれば、遺骨を個別に収める形態の個別墓・納骨堂（正式名称「一般埋蔵施設や長期収蔵施設」）の公募倍率が七・五倍、遺骨を共同で収める形態の合葬墓（正式名称は合葬埋蔵施設）が二・九倍だったのに対し、新たな形態である樹林墓地は一六・三倍であった。この樹林墓地についてマスメディアは、環境に配慮したことはもちろん、生前予約ができること、墓を継ぐ人がいなくても申し込めることなどを取り上げ、その新規性と高倍率を強調して報道した。しかしこの格差表示には、少々数字のトリックが潜んでいるように思える。論拠となった公開データについて、たとえば倍率ではなく受付数に注目するならば、個別墓・納骨堂が八五一九人、合葬墓が八六九七人、そして樹林墓地が八一六九人と、この三形態がほぼ同数であったことがわかる。もちろん「受付数」であるから、応募にしても書類不備だった人数は計上されないだろうし、より精緻な分析には、霊園への交通の便や諸経費など他の条件についても、勘案する必要があるだろう。しかし樹林墓地について「一般的な墓とほぼ同数の受付数」と報道されては、さほど世の耳目を引かなかったであろうことも、容易に想像される。やはりここは「一般的な墓をはるかに超える高倍率」と報道されねばならないのだろう。

よりセンセーショナルな物言いを好むマスメディアが最新事情として報道する、墓石を不要とする散骨（撒骨）や樹木葬、あるいは家族とは異なる人間関係で同じ墓へ入る墓友《はかとも》などの話題は、反転して「一般的な墓」の時代遅れ感を印象づける。この「一般的な墓」とは、家名が記された墓石一基の下に夫婦・家族が一緒に眠る墓、つまり骨壺に入った火葬骨を、カロートと呼ぶ墓石の下部構造を兼ねる納骨施設に収める墓である。つまりかつての「一般的な墓」は、マスメディアによって少し古めかしいものと見なされているのだ。このことは、基本的に少し古めかしいものを問い続けてきた民俗学にとって、研究対象の数量的激増を意味するのかもしれない。とはいえこの「一般的な墓」とは、極めて画一的なイメージとしての墓である。そのようなイメージとずれる墓そのもの、そして墓にまつわる習俗や規範（墓制）にこそ、民俗学は注意を傾け、その多様性を明らかにしてきた。

墓の多様性

念を押しておくならば、郊外の公園墓地に立ち並ぶ、さまざまなデザインが施された墓石のレパートリーだけが、墓の多様性ではない。そもそも墓がどこにあるのか、その多様性について確認する必要がある。とはいえ難しいことではなく、その第一歩は、移動する際に少し意識するだけでよい。公園墓地ではなく、宅地に隣接する墓や、田畑の一角に点在する墓などは、各地で確認できる。たとえば沖縄では、亀甲墓や破風墓、また家型の墓などの、いわゆる本土と比較して意匠の特異さに注目してしまうが、むしろ都会であろうが田舎であろうが、あちこちに墓が立地している事実にこそ注意しておきたい。本土なら都会のど真ん中、たとえば京都の新京極《しんきょうごく》あたりを散策すれば、繁華街に取り囲まれた墓地と遭遇できる。浄土宗西山派総本山・誓願寺《せいがんじ》の墓地へ参拝したならば、繁華街へ集う人々の喧噪が塀越しに洩れ聞こえる音風景も味わい深い。また都会から離れて、たとえば滋賀県の近江八幡《おうみはちまん》駅からJR琵琶湖線（東海道線）に乗り込めば、駅を発車してから町並みが途切れて田畑が広がる景観の一角に、墓標が林立する墓地の存在に気づくだろう。さらに眼をこらして、その色合いの違いから、どうやら墓標の材質が違うらしいと思い至れば、かなりの目利きである。二〇一二年現在、近江八幡駅あたりの車窓からは、木製墓標だらけの墓地景観と、

図1　両墓制（滋賀県東近江市）
（左：石塔墓地，右：埋葬墓地）

木製と石製の墓標が混在する墓地景観と、遠目からでも色合いの違う墓地景観を眺めることができる。この墓制こそは、柳田国男が注目し、後に両墓制として広く知られることになる。

両墓制その他

　両墓制とは、死者一人について、死者の遺体が埋葬（土葬）される場所と、その死者に対する石塔が建立される場所とが、別々に設けられる墓制のことである。それぞれの場所を指す術語として、かつては埋葬される場所を埋め墓、石塔が建立される場所を参り墓と呼んだが、近年では埋葬墓地、石塔墓地に置換されつつある。この二種の墓地は、名称上も慣行上も区別されており、柳田国男は自身の生まれ故郷（現 兵庫県神崎《かんざき》郡福崎《ふくさき》町辻川《つじかわ》）の例をあげている。ムラ共同の埋葬墓地に当たるサンマイは遠く離れた原の端にあり、石塔墓地に当たるボショ（墓所）は民家に近い寺の裏手などにあった。四十九日の読経まではサンマイで供養していたが、三年目の盆にはサンマイへ行かず、その後の盆や彼岸また年忌はもっぱらボショで供養していた。サンマイのどこへ死者を埋葬したのかについて、村人たちは曖昧にしか覚えていなかった（柳田、一九二九）。両墓制について全国的な分布を眺めると、近畿地方に濃密な分布を示す一方、九州・東北地方にはほとんど見られず、その中間である中部・関東地方および中国・四国地方には一部で見られる。

　両墓制と並んで用いられる術語に、単墓制および無墓制がある。単墓制とは、両墓制と同様に土葬が前提とされ、遺体埋葬と石塔建立とがほぼ同じ場所でなされる墓制である。無墓制とは、火葬骨の一部を本山への納骨用として拾うのみで、残りはほぼすべて投棄し、別に石塔を建立しない慣行で、浄土真宗門徒に多く見られる。この三類型（両墓制・単墓制・無墓制）は、死者一人あたりのいわゆる墓の数で区分したものであるが、両墓制・単墓制は土葬、また無墓制は火葬であることが前提にされており、統一的な基準からなされた類型区分ではない（岩田、二〇〇六）。たとえば、遺体や遺骨を埋葬するが石塔を建立しない墓制は、一見すると無墓制のようだが、埋葬を伴う点で異なり、あるいは両墓制の埋葬墓地にも似ているが別に石塔墓地を設けないので、これらと区別して無石塔墓制の術語が用いられる。

墓と法

両墓制は、じつのところ法が示す墓イメージと齟齬する。現行法「墓地、埋葬等に関する法律」（通称・墓埋法）において、墳墓とは「死体を埋葬し、又は焼骨を埋蔵する施設」であり、墓地とは「墳墓を設けるために、墓地として都道府県知事の許可をうけた区域」である。つまり法が示す墓イメージでは、死体（遺体）と墳墓（施設）と墓地（区画）とが不可分であり、両墓制のように遺体と施設と分離する墓制が位置する余地はない（ただし法解釈としては否定されていない）。この墓イメージは、時代をさかのぼると、明治政府による墓や埋葬に関する行政のなかに確認できる。最初の規定は一八七二（明治五）年で、旧慣否定の一環として遺体（遺骸）を耕地畔際へ埋葬することの禁止と、税制改革の一環として墓地を無税地とすることが、別々の大蔵省達《おおくらしょうたっし》として出された。一八七三年の太政官布告では、許可なく墓地を新設することが禁止される。一八七四年の内務省地理局発議「墓地処分内規則」では、墓地（区画）とは死体を埋葬したことを示す墳墓（施設）を伴う、と明確に定義される。また各地からの改葬に関する伺《うかがい》に対し、明治政府は基本的に認めず、遺体を尊重する立場が示される。この流れの到達点は一八八四（明治一七）年の太政官布告「墓地及埋葬取締規則」であり、この規則によって実質的に葬法が土葬と火葬に制限され、両墓制や無墓制などは大きな影響を受けた。さらには一八九八（明治三一）年施行の明治民法において、系譜・祭具と並び墳墓の所有権が「家督相続の特権」と位置づけられ、家における祖先崇拝の尊重とされた。これは家制度が廃止された現行民法においても、祭祀条項（第八九七条）として「慣習に従って祖先の祭祀を主宰すべき者がこれを承継する」として引き継がれている（森、二〇一四）。

法制の整備とともに墓イメージの画一化が進んだ明治前期は、全国各地で実際の墓制との衝突・混乱が生じた時代でもある。当時の行政文書の分析からは、現場の動揺のみならず、国家の規制に対して地域の慣行が自覚化される様子もうかがえる。たとえば沖縄県からは、門中墓や村墓など所有形態の多様性や、土葬・火葬とは異なる洗骨改葬の習俗慣行を論拠として、法規制が極めて困難であるので旧慣を維持したいとの上申すらなされた。それら行政文書のなかで、両墓制以上に数多くの伺や上申などが確認できるのは、屋敷墓についてである。

屋敷墓とは、屋敷地内や屋敷付近の田畑山林などに死者を埋葬し、そこに墓を設ける墓制である。この墓制は、明治政府にとっては懸念材料であった。先述したように墓地は無税地とされたので、宅地や耕地と地続きにある屋敷墓の区画を恣意的に拡張されては、無税地だらけになりかねないからである。さらには公衆衛生上の配慮から、私有墓地を統廃合し墓地の共葬化を進める地理局通知「墓地制限」が一八八二（明治一五）年に出され、ムラに点在する屋敷墓つまり私有墓地の新設・拡張は禁止された。禁止以前から存続する屋敷墓が各地に現存している。また山梨県鳴沢村大田和のように、前近代の墓制は屋敷墓であったが、明治政府の法規制により成立した村の共同墓地を埋葬墓地とし、隣接する場所を石塔墓地とし、そこへ集落内に散在していた屋敷墓から石塔を移動させ、現在見られる両墓制が成立した事例も報告されている（前田、二〇一〇）。

石化した葬墓地

現存する墓地を眼の前にすれば、法制より存在感があるのは、墓石（石塔・墓標）の存在である。昔は両墓制の埋葬墓地だった、少し前まで墓石を立てるのも稀だった、等の証言があるならなおさら、ではどのように現在のごとき墓石が林立する景観へと至ったのか。このような疑問に対して有益な資料は、眼前の墓石そのものである。墓石を注視すれば、石材や形態のみならず、彫られた銘文が貴重な情報源であることに気づくだろう。民俗学を含めさまざまな領域の研究者が墓石を資料として用いてきたが、方法論的に徹底させたのは歴史考古学者たちによる近世墓標研究である。とくに一九九〇年代後半からは、それまでの個人レベルでの調査を超え、研究機関や自治体史編纂事業として、各地で大規模悉皆《しっかい》調査が行われるようになった。なかでも国立歴史民俗博物館による、奈良盆地（国中）における一村落を越えて共同使用する大規模な郷墓について、およびその東方に広がる高原地域（東山中）とその南部（宇陀《うだ》地域）における村落墓地についての調査は、両墓制研究に画期的な知見を提示した（白石・村木、二〇〇四）。これらの地域では、現在でこそ火葬化が進んでいるが、一九五五～六五（昭和三〇～四〇）年頃までは基本的に土葬であった。その上で、国中の郷墓については石塔の悉皆調査（平岡極楽寺墓地二〇五九基／中山念仏寺墓地九一九四基）から、宇陀地域については発掘された中世墓地との比較から、両地域ともに中世末から近世にかけての大きな変化が推定されている。墓地を担う集団は血縁から地縁へ、葬法は火葬から土葬へ、そして景観は単墓制から両墓制へ変化したという。

考古学者は、近世初頭に成立したムラが、国中の郷墓また宇陀地域の村落墓地それぞれの両墓制を成立させたと説く。より端的に、遺体の処理をムラで、霊魂の祭祀をイエで扱う矛盾が、両墓制を成立させたという。これまでの民俗学的報告によれば、両墓制の埋葬墓地では、イエごとの区画を認めず、死亡順に埋葬する例がよく知られている。また先述した宇陀地域の北方から東山中にかけては、年齢別や男女別に埋葬区画が指定されるムラが多い。これらムラによる埋葬規制のそもそもの発端が、近世初頭におけるムラの成立ではなかったか、と考古学的知見は指摘するのである。

ムラによる埋葬規制の強さについては、埋葬地に設けられる（石塔以外の）墓上装置の多様性からも、うかがうことができる。ムラの互助組織が担う葬送儀礼の一環として設けられた、イヌハジキ・イガキ・タマヤなどと呼ばれる、竹囲いや家型をした墓上装置が、ムラごとの多様性を保ちつつ伝承されてきた。このように、遺体の埋葬がムラの規制下に置かれる一方、近世から近現代にかけて増大する墓石の建立は、イエの成立と極めて密接な関係があるとされる。いわゆる「先祖代々之墓」の成立に関わる知見である。

先祖代々之墓と家意識

世間では古い形とイメージされている先祖代々之墓について、厳密なデータに基づく検証がなされるようになったのは、ごく最近のことである。有名な例としては、大阪狭山市で市史編纂事業の一環として取り組まれた、市内の村落墓地一一カ所における約一万五〇〇〇基の悉皆調査があげられる。この調査と、先述した国立歴史民俗博物館による調査とを併せ整理すると、江戸時代・明治時代など通常の時代区分とは異なるものの、地域を超えて共通した時代区分が見出されるという（勝田編、二〇一二）。たとえば建立数の増減については、まず一七世紀半ばから一八世紀初頭にかけて急増し、一八世紀後半から二〇世紀初頭にかけての緩やかな減少傾向、二〇世紀前半から一九八〇年代に至るまでの増加傾向、とくに一九五〇年代以降の急増傾向が共通する。また墓石に刻印された人数の変遷については、一六世紀から一八世紀半ばにかけては一基の墓石に一名の戒名を刻む個人墓が主流で、一八世紀に入って二名以上の戒名を刻む夫婦墓・複数墓が増えはじめ、次第に夫婦墓・複数墓が個人墓を凌駕するようになる。この一八世紀以降に夫婦墓・複数墓が増加する傾向は、より多くの戒名を刻める角柱型の形態が主流になる傾向と軌を一にしている。そして一八世紀後半になると先祖代々や先祖累代など「先祖」を刻む墓石が登場（その後は微増）し、一九世紀末には「〇〇家之墓」と刻む墓石が登場、とくに一九七〇年代以降に急増して墓石銘文の主流を占めるようになる。

近世期における墓石の変遷は、大局的には「個人から家へ」つまりは家意識の成立との関連で説かれるが、その一方で、家意識の成立に収斂されがちな墓石研究に対して、そこからの脱却と、さらなる精緻な議論の展開が期待されている。たとえば、ひとつのイエの墓域に複数基の墓石が立ち並ぶ景観がある。この複数基の墓石はどのような順序で建立されたのか。墓石それぞれはいかなる契機で建立されたのか。死亡時と墓石建立時の時間差はあるのか。そもそも墓石が建立されない死者はどれほど存在したのか。これら墓石建立の個別事情にまつわる問題群は、大量の墓石を統計的に処理する際には棚上げにされがちであった。この個別事情に寄り添った民俗学的研究が、とくに近世考古学や文献史学と協業する場で発表されており（江戸遺跡研究会編、二〇〇四）、将来の総合的な日本葬墓制史のさらなる展開が期待される。

メディアとしての墓

冒頭で、散骨（撒骨）や樹木葬そして墓友がマスメディアにより最新事情として報道されることに言及した。同時に、デザイン墓と呼ばれる、死者あるいは遺族の趣味嗜好を表現した個性的な墓石も、しばしばマスメディアが好んで取り上げる話題である。加えて、墓地にはさまざまな文字が溢れかえっている。たとえば冒頭で紹介した近江八幡の墓地景観、実は両墓制の埋葬墓地（サンマイ）であるが、数カ所のサンマイにペット墓が設けられている一方で、別のあるサンマイでは「《警告》※ここは犬・猫の墓ではない!!」と大きく書かれた立て看板が掲げられ、さらには「他人の管理地に動物を無断で埋葬することは不法投棄になります」と明記さえされている。墓そして墓地とは、何らかの主張が発信される（こともある）点において、それ自体がメディアでもある。さて、デザイン墓と比較すれば、没個性的とすらいえる一般的な墓を、どう読み解くか。たとえば墓地の片隅に集積されている墓石群を、あるいは倒れている墓石を、どう理解するのか。そこに「祖先崇拝の衰退」を見てしまうことが、過剰な読み込みである可能性は、常につきまとう。墓そして墓地は、じつにさまざまな立場から——特異な墓石形態から、石塔の伝承態から、統計的手法の徹底化から、そして民俗学的ではない興味関心のありようからですら——アプローチ可能な場なのである。そもそも墓石を、石塔と墓標のいずれで呼ぶかによっても、すでに一定のバイアスがかかる。石塔とは石製の卒塔婆つまり仏教的供養塔である性格を重視し、墓標とはハカジルシつまり墓であるとの標識性を重視する立場の表明でもある。墓そして墓地とは、資料としていかに読み解くか熟慮せねばならぬ点で、メディアそのものなのだ。

（土居　浩）

読書案内

新谷尚紀『両墓制と他界観』吉川弘文館、一九九一年。

＊分厚い研究蓄積のある研究領域では、時代の標石となるような研究成果をまず押さえる必要がある。両墓制研究においては、全国的分布を検討するマクロな視点と、特定地域についてのミクロな考察とが総合された本書がそれである。

森謙二『墓と葬送の社会史』吉川弘文館、二〇一四年。

＊墓地をめぐる学際的な概説書。とくに墓制慣行と近代法との関係について、示唆に富む記述に溢れている。また、初版から約二〇年経過した時点での回顧も、墓研究の同時代資料として貴重。

孝本貢『現代日本における先祖祭祀』御茶の水書房、二〇〇一年。

＊仏壇・位牌研究を中心としてきた現代の先祖祭祀研究に対し、墓に注目した著者による論文集。村落のみならず都市移動家族や在日コリアン家族における先祖祭祀の実態、大正期に成立した合葬墓（百霊廟）の現代的展開などが考察されている。

岩田重則『墓の民俗学』吉川弘文館、二〇〇三年。

＊墓にまつわる儀礼に注目し、墓上施設・最終年忌塔婆そして位牌について論じた研究書。初学者にとっては、本書における民俗学方法論についての徹底的な考察が、各論以上に刺激となるだろう。

水谷類『廟墓ラントウと現世浄土の思想——中近世移行期の墓制と先祖祭祀』『墓前祭祀と聖所のトポロジー——モガリから祀り墓へ』雄山閣、二〇〇九年。

＊著者が廟墓ラントウと呼ぶ特殊な墓制の起源と歴史的意味、そして墓前での死霊儀礼である墓前祭祀を考察する。日本人の先祖観・人神信仰の書き換えを試みる知的冒険の書。

西海賢二ほか『墓制・墓標研究の再構築――歴史・考古・民俗学の現場から』岩田書院、二〇一〇年。

＊本文中でも触れた、墓石を資料とした研究について、その最先端が味わえる論文集。初学者にとっては、その研究成果のみならず、いかに墓石を資料として読みとるか、それぞれのアプローチ手法とその理論的背景にこそ学ぶものが多いだろう。

参考文献

井上治代『墓と家族の変容』岩波書店、二〇〇三年。

岩田重則『「お墓」の誕生』岩波書店、二〇〇六年。

江戸遺跡研究会編『江戸の祈り』吉川弘文館、二〇〇四年。

勝田至編『日本葬制史』吉川弘文館、二〇一二年。

白石太一郎・村木二郎編『地域社会と基層信仰』(『国立歴史民俗博物館研究報告』一一一)、二〇〇四年。

白石太一郎・村木二郎編『大和における中・近世墓地の調査』(『国立歴史民俗博物館研究報告』一一二)、二〇〇四年。

新谷尚紀・関沢まゆみ編『民俗小事典　死と葬送』吉川弘文館、二〇〇五年。

前田俊一郎『墓制の民俗学――死者儀礼の近代』岩田書院、二〇一〇年。

柳田国男「葬制の沿革について」『人類学雑誌』四四―六、一九二九年。

Section 2 先祖供養と盆

供養の意味

供養の語は、サンスクリット語のプージャーを原語とし、ヒンドゥー教の神々に対して真心をもってもてなしをすることを意味していた。これが仏教に取り入れられるに及び、仏・宝・僧の三宝や父母や師、死者などに対し、香華・灯明・飲食などの供物を捧げることを意味するようになった。それがさらにわが国民間で日常用語として使用されるようになると、その対象がとりわけ死者に限定され、死者を悼むために供物を献げる行為全般にこの語を使用するようになってきた。こうした用語法の拡大のなか、現代見られる供養の対象は、神仏や人間のみならず動植物や道具などにも及ぶようになり、生物対象のペット供養や草木供養の他、針供養、写真供養、人形供養のような非生物であるモノに対する供養も行われている。すなわち供養の仕組み自体は、懇ろに扱うべき対象に対して供物を捧げるという構造を保ちつつ、供養する対象が神的存在から死者やモノなどへと拡大しているものといえる。

先祖の意味

では次に、わが国の供養対象として広く見られる先祖について考えてみよう。そもそも、あなた自身「先祖は誰ですか」と聞かれたら、いったい何と答えるだろうか。亡くなったおじいちゃんを思い浮かべる人、仏壇近くの鴨居にかかる古びた遺影に写る代々の戸主夫妻を思い出す人、さらには父親から「ウチは平家だ」と聞かされて育ったことから、誰とはいえないけれども、平清盛などの平氏一門を先祖と考えている人もいるかもしれない。こうした例からも明らかなように、先祖の意味する内容は幅広く、使用する人によってさまざまである。さらにいえば同一人であっても、時と場合に応じて異なる考え方をすることすら珍しくはない。とはいえ先祖がいくら多様な人を指すとしても、この語を使用するうえで、先祖は死者に限られるという前提には留意すべきであろう。

しかし逆に、死者ならば誰でも先祖といえるのだろうか。こう問われるとみなさんは、すべての死者が先祖になるわけではなく、あくまで死者の一部が先祖と呼ばれていることに気づくであろう。新聞報道された事故による死者は、多分あなたが考える先祖とはいえない死者であろう。ならば、先祖と呼ばれるのがふさわしい死者とは、一体誰なのであろうか。

この疑問に回答することは、換言するなら、先祖観の究明に通じている。この「先祖とは誰か」といった問題は、日本人の宗教を考えていく際の要《かなめ》とも考えられており、これまで民俗学・社会学・宗教学・文化人類学などさまざまな研究領域から、多数の研究者がその解明を試みてきた。

柳田国男に見る先祖

民俗学から先祖観の学的研究に先鞭をつけたのは、柳田国男であった。彼は一九四三年出版の『神道と民俗学』で、民俗学の中心課題を、「家と先祖の祭り」の連関のうちに見出される「先祖以来の信仰」の究明に置くべきことを主張した。

その後も柳田は先祖を祀る儀礼を手がかりに、祭祀されるのは誰か、祭祀するのは誰か、それらの関係はどのようなものか、といった問題の解明にあたってきた。その集大成となった一九四六年の『先祖の話』では、まず先祖の意味が複数共存している現実を確認したうえで、これを関与の程度、死後獲得した条件によって以下の四種にまとめた。

① 家の創設者
② 亡くなって間もない家に関与した故人
③ 「弔い上げ」を済ました家の嫡系構成員であった故人
④ 死後清まった、家に関与したすべての故人

このうち①の理解は、文字教育の普及とともに広まった先祖理解で、後三者はそれ以前の耳で聞いて先祖理解をしていた段階である。柳田はこれら四種の先祖の重層するなかに、日本人の育んできた先祖が成立していると考えるのである。

これら四種の先祖に共通するのは、いずれの場合も、生前に「家に関与」した（といわれている）という条件を満たす点である。「先祖は祭るべきもの、そうして自分たちの家で祭るのでなければ、何処も他では祭る者の無い人の霊、即ち先祖は必ず各々家々に伴うもの」と彼は指摘する。これらのなかには具体的なイメージのある先祖のみならず、抽象的な観念上の先祖も含まれており、いずれにせよ生前に、「家に関与」していたことが要件であった。しかし実際、先祖は子孫から祀られ、「兎に角に毎年少なくとも一回、戻って来て子孫後裔の誰彼と、共に暮らし得られるのが先祖であった」という盆行事に対する柳田の説明のように、先祖は死後も生前関与していた家と継続的につながりをもつものと考えられていた。そして死後の法事を繰り返すうちに死のケガレも次第に消失し、氏神となって子孫を守護することが期待されていた。その意味からも、柳田の指摘する先祖には、「家観念」が前提されていることが明らかになる。

柳田以後の先祖観研究

柳田以降、民俗学のみならず社会学や文化人類学などの領域の研究者の間からも、日本人の先祖観を究明する研究が次々に展開してきた。

社会学者の有賀喜左衛門《ありがきざえもん》は、柳田の先祖論を批判的に検討するなか、先祖をまず家の創始者と代々の人々であることと確認する。そのうえで有賀は、それぞれの家にはその家の先祖があるのみならず、本家に祀られている先祖も、その家にとって同じく先祖と見なされているという認識を指摘し、これを「出自の先祖」と呼び、日本人が二重の先祖をもつことを明らかにした。

日本民俗学の流れから、柳田国男の先祖観を検討した桜井徳太郎は、日本人の先祖観を形成する基層的特徴を以下の三つに類型化した。第一の類型は「直接経験的具象的祖先観」で、この世で直接対面的な経験を過ごした先祖である。これはたとえば、父からさかのぼって、祖父・曾祖父とせいぜい三代前までの人々である。これに対しそれ以前の人々の印象は、肖像画・残された日記・使用した刀剣、墓誌銘・系図などのモノを媒介とした間接的経験によって培われたもので、これを桜井は「間接経験的観念的祖先観」と呼ぶ。さらに第三の「イデオロギー的抽象的祖先観」は、経験の領域を越えて先祖を意識する場合である。たとえば地域社会でしばしば見られる、一門の宗祖を氏神と見なす例では、氏神が一族の宗祖であることの歴史的事実は不問に処され、そのことが事実であるという伝承性に重きが置かれている。

こうした先祖観の特徴は、各同族の先祖神を抽象化、普遍化して神話や伝説などと無媒介に結びつける点にある。したがってこの先祖観は、体制側の論理に組み込まれて支配統治の原理となる場合には、たとえば天皇制統治イデオロギーへと結実するイデオロギー的祖先観となることを指摘する。

R・J・スミスに見る先祖

これまでの先祖観研究でもどかしいことは、先祖観把握の根拠資料が不明瞭な点である。アンケート調査を行った学者のなかには、直接「先祖とは誰か」と尋ねた者もいたが、こうした正面突破の質問で果たして他者の観念を正確に把握できるであろうか。そうした疑問を感じていたのが、アメリカの文化人類学者R・J・スミスである。彼は日本人に「先祖とは誰か」と直接聞いても、時と場合によって同一人が異なる回答をすることに悩み、目に見えない先祖観という観念の世界を、モノを通じて明らかにすることに成功した。多くの日本人は、仏壇に手を合わす際「先祖を拝んでいる」という。そこでスミスは、仏壇のなかの何を拝んでいるのか具体的に確かめて見ると、どうやら位牌を先祖として拝んでいる、との理解にたどり着く。そこで彼が思い立った先祖観解明の手法は、仏壇のなかの位牌を逐一被調査者との関係で把握するという方法であった。つまりこれは父、これは父の父、父の父の父……、といったようにである。こうしてスミスは、日本人の先祖観という不可視の世界を、位牌というモノを通じて把握し、家中心的な先祖から家族中心的な先祖へと変容しつつある現代日本における先祖観の動向を明らかにした。

現代の先祖供養

これまでのことから、先祖が戦前までの民法で規定されていた家制度に基礎を置く観念であったことが明らかになった。とすると、家制度が民法から姿を消した戦後の人々の先祖観の動向は、現代の先祖供養を考えるうえで重要であるといえよう。

『先祖の話』のなかで「家永続」を声高に叫んでいた柳田も、戦後になって制度としての家が崩壊するなか、それまでの「家永続」の主張を改め、家には寿命があるという主張に変化する。子孫が先祖を祀るという構造が崩れていくなか、それまで自身も先祖として祀られることを熱望していた晩年の柳田にとって、家亡き時代における死者の祀り方の探究は、彼個人の問題としても非常に重要なことであったのである。

そうした柳田の模索の跡は、家に代わるソリダリティ（絆）の模索として主張されている。そこでたどり着いた家に代わるソリダリティは、友人グループ、同齢集団と言った群であった。とはいえ、そうした群の有効性に関する最終結論が出る前に、柳田自身は鬼籍に入っていった。先祖の枠を離れた死者供養のあり方は、われわれの前に課題として残されたままであり、家観念が弱化しつつある現代において、ポスト「先祖供養」はさまざまに試行されている現代的課題でもある。そうした現代における死者供養のなかで活動中の、独身女性のグループである「女の碑の会」、独身男女のグループである「もやいの会」などといった、いわゆる墓友にも通じるような群の存在は、柳田がすでに想定していた延長上に位置するものであるのかもしれない。

現代日本人の先祖供養

こうして先祖を規定する枠組みが揺らいでいるとはいえ、現代も先祖供養の現場はまだ健在である。先祖供養の場には、仏壇・檀那寺・墓地そして霊場など、生者と死者の接点となる場が各地に散見される。とくに前三者には先祖自身に因む位牌や遺影、過去帳、骨などが納められているのに対し、霊場には必ずしも先祖に因むシンボルはなく、死者一般の霊が集まってくる場と考えられている。そうした霊場としては下北の恐山、山寺立石寺、善光寺、高野山など、山岳霊場を中心とした場が知られている。仏壇などの前三者が定期的に先祖供養される場となることが多いのとは対照的に、霊場はたまたまその地を訪れた際に、不定期的・その都度的に先祖供養がなされる場合が多い。また恐山や立石寺などでは死者の歯を宗派に関係なく奉納する習俗が今なお盛んで、そうした聖性の高い霊場に歯骨を納めることで身近な死者の救済が期待されている。

盆行事

そこで次に、定期的な先祖供養の機会として、盆行事について見てみよう。現在の日本に見られる盆行事は、八月一五日頃を中心に、家ごとに先祖などの霊魂を迎え、供物を献げて饗応する祭りである。僧侶に家に来てもらい、仏壇に御経をあげてもらったり、お寺に行ったりすることから、この行事は仏教行事と考えられることが一般的である。しかし実際には、仏教では生臭物として避けられるはずの魚を長生きしている親に食べさせる習俗をもつ地域があり、またこの世は汚れた世界であるために避けて離れ（厭離穢土《おんりえど》）、極楽浄土に再生することを喜び求める（欣求浄土《ごんぐじょうど》）という浄土思想からは、盆のくるたび、せっかく浄土に入って救われている先祖を、なぜ穢土としたこの世に迎えるのかの説明ができないなど、盆が仏教教義そのものではなく、仏教と民俗のせめぎ合いのなかに成立していることが示されている。

盆行事の起源は、中国撰述とされる『仏説盂蘭盆経《うらぼんきょう》』に基づく「盂蘭盆会《うらぼんえ》」に求められる。この経典には、釈迦の十大弟子で神通力に長けた目連尊者《もくれんそんじゃ》が、餓鬼世界に堕ちて苦しんでいる母を発見し、その救済法を釈迦に聞いて助け出した故事が出てくる。目連は雨安居の修業が明ける七月一五日に、飯百味五果の供物をもって僧をねぎらったところ、その功徳によって母を救い出すことに成功した。これに因み、七月一五日が盂蘭盆の日となったといわれている。

現在の日本に見られる行事は、新暦・旧暦・月遅れの三種のいずれかに基づいた日に行われている。盆行事の場合も地域によって新暦の七月一五日、旧暦の七月一五日、月遅れの新暦八月一五日などを中心に行われるが、数の上では新暦八月一五日が一番多い。会社などの盆休みもこのときに絡んで設けられ、毎年帰省ラッシュなどで人口移動が見られる季節となっている。

図１　盆行事中の祭壇（福島県相馬市）

施餓鬼供養

盆行事で供養対象となるのは、先祖のみではない。亡くなって間もない、とりわけこの一年以内に亡くなった新仏、および自分の家の先祖とは無関係な無縁仏も同様に供養されるのである。つまり、自分と縁のある死者、無い死者双方の、有縁供養・無縁供養が行われるのである。

このとき僧侶によって執り行われる儀礼は、通例「施餓鬼供養《せがきくよう》」である。餓鬼というのは供養してくれる子孫などがいない、無縁仏になっている霊魂と考えられている。そのため人が先祖に対して供物を捧げようとすると、餓鬼が横取りしてしまうので先祖に供物が届かないことになる。そこで、まず餓鬼に施しをし、その後に有縁の死者に供物を捧げることになるのであるが、最初に催されるのが餓鬼に施すための供養、すなわち施餓鬼供養である。このとき子孫たちによって行われた餓鬼に対する供養は善行と判断され、それが有縁の先祖や新仏を供養するために役立てられると見な

図3　高灯籠（福島県相馬市）

図2　盆棚（福島県相馬市）

されるのである。

盆行事の流れ　盆行事は、わが国に見られる多くの年中行事のなかでは正月と同様、ある程度長期間にさまざまな小規模な行事が絡み合って構成されている。この時行われる行事内容は一般的に地域性があるのみならず、同じ地域にあっても家ごとにさまざまな異同が見られることが常である。以下に、福島県相馬市の盆行事に見られるある程度典型的な過程について、時間を追って概観してみよう。

①　八月七日　盆入り・七日盆：早朝に墓地に行って草刈りをして盆道を整備し、併せて墓の掃除をしてくる。また自宅の仏壇の前には、ショーリョー棚（精霊棚）あるいは盆棚と呼ばれる棚を設置する。ここには盆ゴザを敷き、仏壇から位牌を出して並べ、供物を供える。盆期間中は仏壇の扉は閉めて使わず、代わりにこの棚を拝むことで、先祖や新仏・無縁仏の供養が行われるのである。また新盆の家には、親戚が故人の戒名が書かれた盆提灯を贈る習慣があり、早いところでは七月はじめぐらいから仏壇脇にさげておく。また新仏が家に戻ってくるのに迷わないようにと、人が亡くなってから三年間は、家の外に高灯籠を立てて夜は灯りをつけておく家もある。

②　八月一三日　迎え盆：菩提寺の本堂において「新盆合

図4　墓での迎え火（福島県相馬市）

同供養」が開催され、先祖を供養するための塔婆を受けてくる。このときは家族全員で参加し、引き続き墓参りをする。墓で松の根を燃やし、あの世から帰ってくる先祖たちの目印として迎え火を焚《た》いた後、家に帰って玄関でもまた迎え火を焚く。この日の夕食には家族全員が集まり、位牌を前に供養会食を行う。このときには故人の思い出話が出たり、また故人の写るビデオなどが上映されることもある。

③　八月一四日、一五日：親戚などが焼香に訪れるので、接待する。このころに、檀家の家の盆棚を拝みに棚経に廻る寺もある。全国に知られる「相馬《そうま》盆唄《ぼんうた》」にあわせ、八月中旬には市内各地で盆踊りが行われる。

④　八月一六日　送り盆：迎え火を焚いたのと同様、家の玄関前と墓で先祖をあの世に送るための送り火を焚く。以前まではこの日の朝に盆棚に飾っていた供物を盆ゴザに包んでまとめ、近くの川に流していた。昼から墓に行き、お供え物を下げ、掃除をしてくる。すべてが終わってから、家族で会食することもある。

⑤　八月二〇日　二〇日盆：この日に、飾っていた提灯を片付ける。この日にもまた、送り火を焚く。

⑥　八月三一日　晦日盆：相馬仏教会主催の「流灯《りゅうとう》会《え》法要《ほうよう》」があり、合同灯籠流しを行う。新仏の出た家では、戒名を書いた灯籠を流す。この日をもって盆行事はすべて終わりと考えられており、この日にも送り火が焚かれる。

　以上が相馬市内で見られる盆行事のひとつの過程であるが、盆期間中には、遠くに出て行った子どもたちがその家族を連れて帰省することが多く、この機会に、亡くなって間もない死者や先祖を取り巻きながら会食することは、家族の絆の再確認の場ともなっている。

　相馬の事例には出てこなかった行事として、八月一日の釜蓋朔日《かまぶたついたち》をあげる地域もある。この日、「地獄の釜の蓋も開いて」先祖が子孫の家へと長い距離を帰って来るというのである。盆棚にキュウリで作った馬を飾るのは、その時に子孫に会いたいがために馬に乗って少しでも早くという先祖の気持ちの表れと解釈されている。とはいえ、地獄の釜の蓋が開くことで先祖が子孫のところに戻ってくるという説明から逆に類推するなら、先祖は普段地獄に住んでいることが暗示されていよう。一方でそれを知ってか知らずか、われわれは盆が終わると送り火を焚いて先祖を送る。どこに送るかというと、翌年の盆のはじまりが釜蓋朔日であることを思えば、結局地獄へということになるのだろう。確かに盆が終わって帰る際には、先祖は子孫のもとから帰りたくないので、ナスの牛に乗ってゆっくりと帰るとされることは、目的地が地獄であることを物語ってもいるのかもしれない。このように考えると子孫は先祖に対して非人間的な行いをしていることになってしまうが、誰もそのようには考えていない。盆行事の全体像が、仏教の死後観念・他界観・地獄観などと、民俗的な霊魂観・他界観・地獄観などが折衷・混淆するなかで構成されているからである。

（鈴木岩弓）

読書案内

柳田国男『先祖の話』筑摩書房、一九四六年（『柳田国男全集』一三、ちくま文庫、一九九〇年）。

＊死者の霊魂は、子孫から祀られることでその死のケガレが取れ、清らかになることで故郷の山の上に上り、子孫たちの生活を見守ってくれる氏神になるという、柳田のいわゆる「祖霊神学」の書。『柳田国男全集』一五（ちくま文庫、一九九八年）にも収録の他、角川ソフィア文庫からも刊行されている。

ロバート・J・スミス（前山隆訳）『現代日本の祖先崇拝――文化人類学からのアプローチ』御茶の水書房、一九九六年。

＊文化人類学の立場から行われた現代日本の祖先崇拝研究である。不可視であるはずの先祖を、そのシンボルである位牌というモノを通じて分析していく視点・方法は斬新で、異文化研究としてなされた日本研究の書として、日本人研究者に大きな刺激を与えた。

藤井正雄『祖先祭祀の儀礼構造と民俗』弘文堂、一九九三年。

＊祖先祭祀の儀礼構造が、日本人の潜在的な宗教的心性の表現である民俗といかに関わっているかを、文献とフィールドワークの成果をもとに明らかにする。仏教の民俗化、民俗の仏教化といったダイナミズムのなかから分析する視点は刺激的である。

孝本貢『現代日本における先祖祭祀』御茶の水書房、二〇〇一年。

＊高度成長期を境にした日本人の先祖観念の変化を、墓制の変容という視角から考察する。先祖祭祀の現在を伝統的先祖祭祀基盤の揺らぎから説き起こし、都市家族の動向や新宗教、沖縄や在日コリアンの祭祀事例から実証している。

岩上真珠・鈴木岩弓・森謙二・渡辺秀樹『いま、この日本の家族――絆のゆくえ』弘文堂、二〇一〇年。

＊社会変動の激しい現在、従来までの家族や地域社会はその機能を失い変貌しつつある。これまでしばしば変動期の最先端に立ち、積極的に時代に対峙してきた団塊の世代の著者たちが、先祖との関係を人物写真や墓のあり方から明らかにし、新たな家族の絆を模索する。

参考文献

フィリップ・アリエス（伊藤晃・成瀬駒男訳）『死と歴史――西欧中世から現代へ』みすず書房、二〇〇六年。

伊藤幹治『家族国家観の人類学』ミネルヴァ書房、一九八三年。

圭室諦成『葬式仏教』大法輪閣、二〇〇四年。

五来重『仏教と民俗――仏教民俗学入門』角川ソフィア文庫、二〇一〇年。

島薗進『日本人の死生観を読む――明治武士道から「おくりびと」へ』朝日選書、二〇一二年。

田中丸勝彦『さまよえる英霊たち――国のみたま、家のほとけ』柏書房、二〇〇二年。

森謙二『墓と葬送の社会史』吉川弘文館、二〇一四年。

コラム６　自然災害と民俗

　日本列島の歴史は、地域住民が自然災害に対応してきた歴史であるといわれる。地震、津波、洪水、台風、火山噴火、土砂崩れなどが、北海道から沖縄までくまなく生じてきた点に特徴がある。これらの結果、被害を受けた人々は、さまざまな知識を蓄積させて災害への対応の仕方を知恵として身につけると同時に、地域社会を新たな形に変えてきた。

　なかでも国内で津波災害がもっとも多い地域は、岩手県から宮城県にかけての三陸沿岸である。この地域は、平地の少ないリアス式海岸であるために、湾内に津波が入るとその高さが次第に増して甚大なる被害になるといわれてきた。これまでに、一八九六（明治二九）年、一九三三（昭和八）年、一九六〇（昭和三五）年の三度の津波を経験したり古老からその状況を聞いている人々が多い。そして、二〇一一（平成二三）年三月一一日の「東日本大震災」では、これまでの経験にはない高さの津波がやってきて数多くの犠牲者を出した。しかし、これらへの対応はなりわいによって異なっている。

　海に面する漁村では、船は財産であり生活に欠かせない。津波が来ることがわかると、漁師は船に乗って沖に出ることが各地で共通して見られる。三・一一の津波でも、牡鹿半島の漁師に加えて福島県の砂丘海岸の漁師もまた、この勇敢な行動によって船も生命も維持することができた。同時に、不幸にも沖合に向かう途中に船とともに流された人々がいる。その一方で、今回の津波では海に面する都市部では、津波警報をあまり重要視せずに、高台に逃げなかった人々がいる。

　さらに、津波への歴史的な対応を見てみると、過去に被害を受け、高台に家を移動した集落が各地で見られる。岩手県大槌町波板海岸の一部では、明治時代の津波被害の後に高台に新しい集落をつくった。同県大船渡市吉浜は同様に明治の津波後に、同市綾里の白浜は一九三三年の津波後に低地を農地として利用して集落全体で高台に移動した数

図１　中越地震の爪痕（新潟県長岡市山古志，2007年9月）

図2　避難所で行われた鹿子踊り（2011年5月1日）

少ない事例である。これらの人々が、三・一一の津波の被害を受けなかったことはいうまでもない。

　東北地方の民俗研究者として知られる山口弥一郎は、津波に対する住民の対応の仕方にこだわった。一九六〇年の津波で大きな被害のあった岩手県宮古市田老で、被害後にどうして住民は安全な場所に移動をしないのか、高所に移動してもどうして海岸部にもどるのか、彼は問いただした。その答えは、土地への執着の有無が関わるとした。しかし、三・一一の津波では、万里の長城といわれた高さ一〇メートル、長さ二・五キロの防潮堤がこわされ、大きな被害が出てしまった。

　被害の後の復興にも、地域の民俗文化は生かされる。大震災後五〇日が経過して、壊滅的な被害を受けた大槌町のある避難所では、地域の伝統芸能といわれる「鹿子《しし》踊り」が披露された。三・一一の津波では、被害を受けなかった農村部の人が主催して、被害者を元気づけようとするものであった。そこでは、町内の都市部に暮らす被災者である若者も踊り手として参加していた。地元の古老のなかで見入る人がいて、東京からのボランティアの若者、炊き出しにきた在日外国人も加わり、芸能が復興のシンボルとなり人をつなげる力があった。

　以上のように、予期せぬ自然災害への地域の関わり方はさまざまであるけれど、災害というリスクへの対応やそのあとの復興の際に民俗知識や伝統芸能が地域社会のなかで生かされてきた。私たちは、二一世紀というグローバル化の時代のなかで、地域の人々の声を聞くことからはじめて自然災害と民俗との新たな関わり方を求め、地域にねざした防災方法を考えることが必要とされている。

（池谷和信）

第9章

ネットワークを求める

マチのつきあい

秋になると、母は地域の文化イベントやボランティア活動で忙しくなる。うちの家族は新興住宅地で生活しているので、近所づきあいはそれほど濃密ではない。それでも清掃活動や子ども向けのイベントなどを利用して、住民同士の交流を図ってきた。「そういうときの立ち話や噂話もけっこう大事なのよ」と母はことあるごとに力説していた。出身も職業も多様な住民同士のつきあいは、両親が育った農村とはまったく違うらしい。ムラなら「○○のお嫁さん」と周囲が声をかけてくれても、知り合いのいないマチではそうはいかない。もちろんその分の気楽さはある。公園の横を通りかかったときに、若い母親たちが集まって子どもを遊ばせているのを、アイもときどき目にしていた。「公園デビュー」なんて言葉もあるくらいだから、公園でのつきあいは、母親と子どもにとってはけっこう重要なのだろう。

ムラのなかでは農作業の助け合いをしたり、葬式のときに手伝いに行くといったお互いの助け合いが当然とされていて、人のつきあいは自然に濃くなっていかざるを得ないと母は言う。それに比べると、母は東京で、同世代の母親たちと学校行事や地域の活動を通じて親しくなったり、自分の好きな活動を選んで参加するなど、自分なりのネットワークを作ることに励んでいる。だけど、マチで生まれ育ったアイやショウタには、両親のいうムラとマチのつきあいの違いがわからない。

職場のつきあい

母は父の職場の人間関係には気を遣っているようだ。お中元やお歳暮を贈ることは、わが家の年中行事のようなものだと思う。「なんだか面倒だな」という気もするけど。でも、こういうやりとりをする人も最近は減ってきているらしい。働き方も変わってきているのだから、職場のつきあいのあり方が変わるのも自然の流れなのだろう。

父の会社では、仕事始めや運動会、社員旅行、忘年会、仕事納めといった決まった行事があるようで、会社は仕事をするだけじゃないのだと幼い頃から不思議だった。夏には納涼会と称して、家族が招待されるイベントもあり、そんなとき母は父の上司への挨拶を欠かすことはなかった。とにかく、家庭と仕事、娯楽の場が分離している生活だからこそ、会社のなかの人間関係が濃くなるように考えられていたんだと、大人になった今なら、なんとなくわかる気がする。会社帰りに職場の先輩や後輩と飲みに行き、仕事の愚痴をこぼしたり、失敗を慰めあうことも大事なコミュニケーションだと父はよく言っている。しかし、こういった行事やつきあいも若者に敬遠され、経費削減のためもあって次第に行われなくなってきたと、ちょっと残念そうだ。

Section 1

マチのつきあい

マチの特質

都市やマチの人間関係は、地域社会のなかのほとんどの人間が親密な相互ネットワークで結ばれていると考えられてきたムラ社会の人間関係とは大きく異なる。高層のビルやマンションが立ち並ぶ大都会・東京や大阪の姿を思い浮かべれば、それは一目瞭然だろう。小さな社会規模で成立しているムラ社会では、血縁関係や地縁関係が濃密で、住民たちはまるで家族のようにお互いの情報を共有しているケースが少なくない。だが、都市部のマンションに暮らす住民は、隣家に住む人間の人数や性別、年齢をおおよそ理解していても、それ以上のことは関知せず、マンション全体が一つのムラ的な親密性・緊密性をもった社会として成立していることなどまずありえない。「隣は何をする人ぞ」という言葉にも見られるように、隣家との関係が希薄であろうととりたてて不便はないし、認識していなくてあたりまえ、逆に一方的に詳しく家庭の内実まで知っていようものなら、ストーカーまがいの嫌疑をかけられても仕方ない、それが都市やマチといわれる社会なのである。

人間関係が希薄であるということは、他人への干渉を最低限に済ませることを可能にするので、都市では地域住民同士が没交渉の関係にあっても生活可能だ。都市やマチは、その意味で「しがらみ」がない社会だから、すぐに入り込め、プライベートな空間確保を容易に果たすことができる。しかし、ムラはそうはいかない。社会規模が小さく互いの顔が相互に認識できる社会では、さまざまな行事や儀礼的行為を共同で行い、社会を支えていかねばならないからだ。

都市は村落に対する対比的な概念であるが、両者の関係はマチとムラの呼称でも表現される。と同時に、都市における一つのまとまりある地域単位としても、マチの表現は用いられてきた。つまり、都市・マチをムラと対比する関係に位置づけ、マチの表現を都市のなかで地域性が重視される状況に対して用いることが可能である。また、ムラもマチも、地縁という結びつきを基盤とする社会だが、ムラが第一次産業を中心とした濃厚な人間関係を基本とする社会であるのに対し、マチは第二・三次産業を中心とし人間関係においてはムラよりもはるかに脆弱な社会とされる。

ムラの論理と都市の論理

民俗学は当初、そうしたムラ社会を主たるフィールドとして成立した。古くからの伝統や人間関係が生活と密着して残るムラだからこそ、民俗学が求めるフィールド足り得たのである。しかし、一九二九（昭和四）年、柳田国男が『都市と農村』で示したように、都市もまたムラからの連続性をもった空間であり、都市居住者の多くはムラの出身者ではないかとする見方は、多くの示唆をもたらすものであった。つまり、都市にもムラの文化はもち込まれている、日本からムラがなくなったら都市を研究対象にすればよい、という柳田の大胆な発想に欠点がなかったわけではないが、都市を対象に民俗学が成立することを示す画期的な示唆だった。

実際、都市で暮らしてみると、ムラ的と感じる親密な人間関係は存在するし、地域社会で営まれる行事や行動、ムラ的な発想も存在し機能している。また、○○県人会や沖縄・奄美などからの移住者たちが故郷の集落単位を基礎に結成する「郷友会」などのように、出身地別に形成される集団も都市部には多数存在しており、そこでは都市のなかで郷里（出身地）の民俗的行事や儀礼が再現・再構成されて実施されるケースもある。と同時に、こうした集団は郷里と都市とを結ぶ架け橋的存在として機能している場合も少なくない。ただ、都市社会がムラ社会と大きく異なるのは、居住する地域内で営まれる行事や行動において、基本的にそれが地域を構成するすべての家の参加を原則としないところだろう。

高度経済成長期以後の日本のムラ社会においては、専業農家の減少に伴う第二種兼業農家の増加、就業形態の多様化などを背景として、個人や家庭の都合が地域社会の行動に反映されるといった変化が全国的に起こり、結果、伝統的なムラ社会といえるものが解体したり大きく変化したことはよく知られている。村祭りや寄合、共同作業を欠席し、会社や家族の旅行を優先したり、個人的なつきあいのゴルフコンペを選択したりといった具合である。これは地域社会の論理よりも個人や家庭の論理を優先する都市的な人間関係と評することもでき、ムラ社会に都市的状況が発生していることを教えてくれる。ムラもまた、変化し続ける社会なのである。

マチの人間関係

では具体的にどのようなつきあい方がマチ的（都市的）なものといえるのだろうか。また、マチのなかにムラ的つきあいはどのようなかたちで存在しているのだろうか。東京都新宿区内の地域を事例に、具体的様相を見てみよう。

新宿というと、日本を代表する歓楽街のひとつである歌舞伎町やコンクリートジャングルの大都会のイメージが先行するが、新宿区内がすべてそうした空間ではない。町工場の集中する地域もあれば、静かな住宅地もあり、古くからの学生街や新興のコリアンタウンもある。江戸時代は甲州街道の玄関口として大木戸が設けられた都市周縁の地であり、牧歌的な農村風景が広く展開していた場所でもあった。区内の高田馬場地区ならびに西早稲田地区は、現在、高田馬場駅周辺から早稲田大学へと至る一帯のことである。江戸時代は地域内に武家の抱屋敷が点在し、付近の穴八幡社や水稲荷社周辺はマチの賑わいを見せた場所でもあったが、地域の生業の中心は商品作物に重きを置く畑作農業だった。高田馬場はその名が示すように馬場が設けられ、武芸調練の場としても知られた場所である。越後新発田《しばた》藩の浪人・中山（堀部）安兵衛が、舅の菅野六郎左衛門がこの地で果たした決闘を助成して敵数人を討ち取ったのは有名な話だ。

そうした土地も、明治以降の急激な都市化の波に飲み込まれながら急速に宅地化が進み、現在のように農地は皆無の姿に激変してしまった。だが、現在でも近世以来の系譜を伝える旧家が何軒か存在し、今も地域内に居住し続け、町会の会長や商店会会長の要職に就くケースもある。その意味では、この地には未だムラ的思考やムラ的発想に支えられた村落社会の影が皆無というわけではないのである。

高田馬場地区はＪＲ山手線と西武新宿線の高田馬場駅を中心に展開する地区で、早稲田通りの両側を中心にたくさんの飲食店がひしめき合う商業地区の顔をもつ。一方、西早稲田地区も同様に早稲田通りに面した商業地区を有するが、ちょうど新宿と池袋を結ぶ幹線道路である明治通りを西側の境界線として高田馬場地区と接している。駅から離れた早稲田大学寄りのエリアで、古書店も多く学生街の様相を呈している。いずれの地区も早稲田通りに面した商業地区から一本裏通りに入れば、マチの様相は住宅街へと一変する。

駅に近い高田馬場地区の唯一最大のイベントは「大高田馬場祭り」だった。早稲田通りを歩行者天国にして毎年一〇月、サンバや鼓笛隊、ねぶたなどのパレードを中心としたイベントが商店街によって行われていた。諸般の事情で数年前に中止されたが、両地区に対する地元住民の印象としては、高田馬場地区は都会的、西早稲田地区はまるで一昔前の田舎（ムラ）のようだ、との対照的なイメージを抱かれることがほとんどである。

西早稲田地区では、西早稲田文化町会と西早稲田商店会が毎年四月に神田川沿いで開催される新宿区・文京区合同開催の「桜まつり」に参加し、花見客への飲食物を販売している。販売に必要な食材は地元商店主が調達し、機材一式は出店場所近くにある地元の氏神（鎮守）、天祖神社の境内にある倉庫で保管しているものを運んできて設営する。桜まつりへの出店は地域サービス、地域活性化の一環として行っているが、出店者は町会からは高齢の役員と婦人部、商店会からは中高年を中心とする活動力のあるメンバーが自主的に参加している。中心はこうした人たちであるが、さらに、地区内に教会をもつ新興宗教団体の若者数名、毎年、天祖神社の祭礼で神輿を担ぐ地元以外の人を含めた数名が実動部隊としてこれに加わる。本隊の核である町会役員・婦人部と商店会メンバーは地縁集団であり、この点においてはムラのような濃密な人間関係が確認できる。だが、宗教団体の若者や祭礼時の神輿関係者も基本的には地縁による結びつきが根底にあるものの、居住者か否かの別は問われないし、地元・西早稲田へのアイデンティティの有無も基本的には不要である。そして、こうしたメンバーにより、焼きそば、ホットドッグなどの調理販売、団子や飲み物などの販売が行われているが、毎年、焼きそばの調理販売は天祖神社の祭礼に参加している神輿の担ぎ手グループが中心となり担当する。

年末の大晦日にはこの天祖神社で越年祭が行われ、氏子地域となる西早稲田地区と高田馬場地区の町会役員・商店会メンバーなどが参加し、参詣者にお神酒・年越蕎麦・豚汁・甘酒を無料で振舞う。その際、お神酒係を担当するのは、桜まつりにも関与する神輿の担ぎ手グループである。また、七月と一二月には西早稲田商店会の地域内にある源兵衛地蔵で「お地蔵様の縁日」が開催されている。昼食の時間にあわせて焼きそばやフランクフルトなどが調理され、参拝者や通行人に無料で提供されるのが恒例となっている。さらに、ジャズのライブ演奏を境内で行ったり福引セールの抽選を行ったりと、地元では親しみ深いイベントとして定着している。この時の調理担当もまた、前述の神輿グループで、町会や商店会の役員たちとは親しいつきあいの関係が結ばれているといってよい。

桜まつりも越年祭も、そしてお地蔵様の縁日も基本的な参加者は地元の地縁関係で結ばれている人たちで、総員参加の原則を無視すれば、ムラ的ネットワークを基盤とする構成で地域活動が行われているといえよう。したがって、参加者個々の個性や家の事情なども参加者間で語られることが多く、限られたメンバーシップではあるものの、かたちとしては都会のなかにムラのような人間関係が確認できる。だが、その匂いを漂わせるのは、西早稲田地区だけである。両地区が参加する越年祭においても、行事終了後の明け方に行われる打ち上げの慰労会に高田馬場地区からの参加者が顔を出すことはまずない。西早稲田地区が単独で行う桜まつりとお地蔵様の縁日で、行事終了後に参加者全員が打ち上げに参加し、楽しい飲食のひと時を過ごしているのとは対照的だ。都会的と評される高田馬場地区は、こうした点においてはムラ的人間関係が密ではない印象が強いのである。

祭礼を介したつきあい

次にこの両地区共通の氏神である天祖神社の祭礼をとおして、そこに見られる人間模様を観察してみよう。

地元の氏神として初詣（越年祭）でも賑わいをみせる天祖神社の祭礼は、毎年九月の第一土・日曜日に執行される。三年ごとの大祭《たいさい》には神社の宮神輿が出て、氏子地区である西早稲田地区・高田馬場地区一緒になって神輿渡御《みこしとぎょ》を行うが、大祭以外の例祭《れいさい》では、両地区ごとの町会神輿がそれぞれの地区内を渡御する。したがって、祭礼を切り盛りする役員も、例祭時はそれぞれの地区ごとに分断されるが、大祭時は西早稲田・高田馬場の両地区が一体となって務める仕組みになっている。大祭時の役員は大晦日の越年祭のメンバーとほぼ同一で、例祭時の西早稲田地区の役員は桜まつり・源兵衛地蔵のお地蔵様の縁日に参加するメンバーが中心となる。ただし、桜まつりにメンバーとして参加する新興宗教団体の若者たちは宗教上の理由もあり祭礼には参加していない。

両地区ともに地区内には本来神輿を担ぐべき地元の若年・壮年は十分な人数が居住している。だが、普段、町会や商店会活動に関与しないほとんどの地域住民は、祭礼へ直接参加することがないばかりか、祭礼役員や地元有力者・関係者の子弟も数が少ないうえにほとんど参加しないのが現状である。そして、こうした状況は当該地区ばかりでなく、都下においてはさほど珍しい状況ではない。

東京では、地元の町会や町会内の青年部組織が結束力をもち、祭礼の維持に努めているところは少なくないが、地元の住民だけで神輿渡御を執行している場所はほとんどないといっても過言ではない。地元の住民とそうでない人の参加比率の多寡は地域によってまちまちだが、膨大な人口を抱える大都市東京において、都市居住者が居住地域の伝統的な祭礼にこぞって参加することは非現実的だといってもよい。しかも、神輿渡御に要する人数は想像以上であり、大きな神輿を所有している場合はなおさらだ。地元以外の人間が多数参加することで何とか神輿が渡御できているケースは珍しくないのである。

これは、個人の論理が優先的に働く都市社会ならではのことといえるが、都市といえども祭礼は、その地域の氏神である神社の氏子が営む地域社会を単位とする行事である。地元の町会や商店会の役員が中心となって実施される祭礼の構造は地縁を基盤とするもので、その意味においてはムラ同様の親密で緊密な人間関係が中核に存在している。だが、実際に神輿を担ぐ人の多くが地元以外の人である状況は必然的に発生しているのである。

神輿を担ぐには次のような手続きが必要である。まず、地元住民で担ぐ意志を明確にもっている人の場合、町内各所に貼り出される担ぎ手募集・袢纏《はんてん》貸し出しの掲示にしたがい、町会役員と連絡を取って参加を申し込むことが多い。また、町会役員が個別に対応し、地区内外の知人を参加者として確保することも少なくない。

一方、地元住民以外の場合、すなわち神輿同好会などの場合の多くがこれに該当するが、この場合については事情が変わってくる。たとえば通例は大祭・例祭のいずれにおいても、祭礼が行われる一～二カ月前には祭礼参加団体（神輿担ぎを愛好する神輿同好会など）を招いて「袢纏あわせ」の会合が開かれる。通例、袢纏あわせに声がかかる団体はすでに地元関係者と知り合いだったり友好関係にある団体で、事前に案内の葉書や書状が代表者宛に送付される。この会合で、それぞれの団体代表者が顔を合わせ、自らが所属する会の袢纏を披露し、挨拶を行うのである。この袢纏あわせに参加していない同好会が祭礼当日になって突然参加することはない。これは担ぎ屋（神輿同好会の会員に対する俗称）共通の暗黙のルールであり、神輿場《みこしば》（祭礼で神輿を担いでいる状況総体を示す俗称）でこのルールを破るのは御法度である。

図1　烏森神社本社八ツ棟型神輿（東京都，2006年）

担ぎ屋が個人的に神輿場で神輿を担ぎたければ、参加を認められた会の半纏をその場で借用するしかない。こうした参加手続きを行うことで、神輿場で同好会同士の喧嘩などの問題が発生しないよう配慮がなされるのである。

さて、西早稲田と高田馬場の両地区の祭礼時の様子は大きく異なっている。祭礼運営の核となる役員が町会や商店会といった地縁集団から選抜される構造、地元以外の人が多数を占める状況は両地区とも同様だが、神輿の担ぎ手たちの状況には違いが見られる。それが端的に示されるのが袢纏だ。

祭礼用の袢纏は神輿を担ぐ際に必ず着用を義務づけられるが、袢纏にも種類がある。代表的なものは、地元町会が用意し地元の人が着用する町会袢纏、神輿担ぎを愛好する神輿同好会が自前でそろえる同好会袢纏、神社の宮神輿渡御の際にのみ使用される宮袢纏である。多くの神輿同好会が参加する祭礼においては、各会のさまざまな袢纏を着用した人々が神輿に華を添える。宮神輿の渡御では袢纏が宮袢纏で統一される場合が多く、この宮袢纏を着用しない者は担ぐことができない。これに対して町会神輿の場合は、町会袢纏と同好会袢纏の混在型がほとんどである。

都内の神輿の多くは神輿下部に縛りつけられる二本の親棒と、神輿下部で親棒と交差させたヨコ棒に縛りつけられる外側二本の添棒、計四本の担ぎ棒からなる構造に組まれており、これを四天棒と俗称する。担ぎ棒が神輿下部二本だけの場合は二天棒と称し、たとえば東京都荒川区南千住の素盞雄《すさのお》神社の神輿などがその代表例である。町会袢纏着用者は神輿の中心を支える二本の親棒を優先的に担ぎ、同好会は親棒の外側に位置する二本の添棒を担ぐのが通例である。親棒の先頭（ハナ）を担ぐことは担ぎ手にとって名誉なことで、このため同好会に所属していても町会袢纏を着用して祭礼に参加する人もいる。また、同好会同士が担ぐ位置で揉めごとを起こさないよう、担ぐ位置が会ごとに指定される場合も少なくない。担ぎ手以外の見物客にすれば担ぎ手が適当に棒に取りついているように見える神輿渡御であるが、同好会が主に担当する添棒の場合、その内実は結構複雑で、会同士の友好関係や力関係などが反映される微妙な場を形成する。

高田馬場地区の場合、町会神輿・宮神輿の別を問わず、各同好会の袢纏着用で神輿渡御が執行される。これに対して西早稲田地区の場合、いずれの神輿の場合でも町会の袢纏で担ぎ手は統一される。つまり、たとえ同好会の人であっても、神輿を担ぐ際には町会袢纏の着用が義務づけられるのだ。ここに両地区の大きな違いがある。同好会は自らの会の袢纏が神輿場に介在しその存在感を示すことに対し、大きな意義を見出す傾向にある。袢纏という存在を通して、神輿場での会の力量や規模を参加者に周知する意味をもつため、同好会としては基本的に譲れない部分である。だが、西早稲田地区ではその原則が無視されるのである。その理由は、同地区に居住し商店会幹部を務める元同好会会員の男性が主張した町会袢纏での統一に町会が賛同したことにあった。したがって、同地区の祭礼に参加する各同好会は地元の神輿担ぎ手グループと友好関係にあり、こうした条件を了承する会だけであり、ここでは会の力の誇示は存在しない。見物客にすれば、すべて同じ袢纏で統一されている姿は地元の人だけが担いでいるように見えるだろう。

図２　天祖神社本社神輿渡御（東京都，2009年）

西早稲田地区に見られるこうした仲間意識、神輿場のあり方は、個人の意見を発端とするものではあっても、都会のなかにもムラのような緊密な人間関係が存在することを雄弁に物語っている。そして、高田馬場地区に見られる同好会の優位性と個人性の高さは、都市的な人間関係をそのまま具現化しているのである。

都市の人間関係と民俗

西早稲田地区の神輿担ぎ手グループは地元の元担ぎ屋の男性を核に、高田馬場地区や隣接他区、さらには千葉県や神奈川県横浜市の仲間数人で構成される。いわば地縁に基づくネットワークの基盤のうえに、神輿といういわば趣味によってもたらされた縁が加わり、地元のキーパーソンとなる人物を介して地縁を越えた人間関係が重層的に結ばれて、それぞれの行事が機能する構造となっている。彼らは趣味の神輿を介してつきあいのある同好会が参加する各地の神輿場にも一緒に参加し、そのつながりの範囲はさらに拡大していくのだ。結婚による姻族関係や血縁関係が家族や親族の絆として機能するのはマチもムラも同様である。しかし、地縁に加えてこうした趣味に基づく縁、さらには技術や芸能・宗教などさまざまな目的や機能に応じて結びつき、結社的な性格を帯びる仕事関係に基づく社縁など、さまざまに人を結びつける「縁」の多様性が都市にはあり、その空間的広がりには際限がない。

民俗学が扱う行事や儀礼、各種の伝承などは都市にも存在する。しかし、本来は地元の氏神に詣でて氏子入りし地域社会の成員となる意義を有している七五三の儀礼や、同じく氏神や鎮守あるいはその年の恵方の寺社に詣でることに意味がある初詣において、そうした民俗を育む地域性とは無縁である明治神宮に出かけることにほとんどの人々は何ら疑問を感じていない。このように、民俗の意味は変質し続けるとともに、それを支える人間関係は複雑で多様性を帯びているのである。

（八木橋伸浩）

＊なお、本章で取り上げた東京都新宿区の事例は二〇一五年時点のものである（第五刷刊行時追記）。

読書案内

内田忠賢・村上忠喜・鵜飼正樹『都市の生活』（日本の民俗一〇）吉川弘文館、二〇〇九年。

＊想像と再生を繰り返す都市の生活を読み解くための視点を、生活誌、京都という伝統的都市空間、大衆芸能という三つの大きな切り口から提示する。読みごたえのある一冊で、同シリーズで民俗学全般を概観できる。

宮田登『都市の民俗学』（宮田登　日本を語る九）吉川弘文館、二〇〇六年。

＊都市の民俗を注視し続けた著者が都市民俗学の可能性を追究した必読の一冊。江戸・東京において語られた口裂け女や池袋の女といった都市伝説、辻などの不思議空間を介して宮田民俗学の世界が迫ってくる。

新谷尚紀・岩本通弥編『都市の暮らしの民俗学』一～三、吉川弘文館、二〇〇六年。
＊都市に生きる人々の生活を、地方や「ふるさと」との関係性、さらにはさまざまな民俗的視点や切り口にたった諸側面から解き明かそうとしたシリーズで、現代社会における民俗のあり方を問う充実した内容が特徴。
倉石忠彦『民俗都市の人々』吉川弘文館、一九九七年。
＊都市の民俗の解明をライフワークとしてきた著者の関連著書は多数あるが、本書は都市に暮らす人々のライフスタイルを追究し、そこから日本人の基層文化を解明しようと試みる必読書。都市の複雑な顔が見えてくる。
八木橋伸浩『都市周縁の考現学』言叢社、一九九五年。
＊江戸時代以来、都市の周縁に位置づけられてきた東京都荒川区がムラからマチへと変貌する諸相を、年中行事や大衆娯楽などの民俗的側面に焦点をあてて具体的に分析する。少々古い一冊だがおすすめしたい。
岩本通弥・倉石忠彦・小林忠雄編『都市民俗学へのいざない』Ⅰ～Ⅱ、雄山閣出版、一九八九年。
＊現在、民俗学会を牽引する研究者たちが若手と呼ばれた時代、都市民俗学という新たなテーマに取り組んだ意欲的な論考を多数収録。現代社会を読み解こうとするその情熱的な視点は、この分野の学史を理解するうえでも大切。

参考文献

林順信『江戸神輿春秋』（春の巻、秋の巻）大正出版、一九八三年。

宮本卯之助『神輿大全』誠文堂新光社、二〇一一年。

八木橋伸浩「都鄙連続論再考」『論叢』（玉川大学文学部紀要）四六、二〇〇六年。

八木橋伸浩「共同幻想の喪失と『個』への対応」『日本民俗学』（日本民俗学会）二五三、二〇〇八年。

八木橋伸浩「『とらや』から始める都市民俗研究」『岩手の民俗』（岩手民俗の会）一一号、二〇一五年。

Section 2

職場のつきあい

働く

「サラリーマン」とは和製英語である。会社や団体などの組織で働いていて、主に事務に従事する職種で、給与所得によって生計を立てている人のことだ。女性に対しては、オフィス・レディの頭文字を取ってOL、あるいは仕事や立場によってはキャリアウーマンともいう。いずれも、生活基盤が特定の会社に依存しているという点で同じ労働層のことを指している。

日本政府が実施する労働力調査によると、今日の日本の就業者のなかで、給与所得者は最も典型的な働き方だ。平日の朝から夜まで会社で働いて、月に一度の給与と、年に二回のボーナスをもらっている。そのお金で家族が暮らしている。そのような会社員はごく平均的な日本人だ。

会社は、組織全体の仕事を社員に分配し、それぞれが与えられた役割を果たすという構造になっている。集団のダイナミックな労働力によって企業は高い生産性と経済力を生み出している。個人の立場からは、大きな生産活動に参加するために組織に所属し、そのなかで役割をもたされる。仕事は能力や経験などに応じて適切に分配される。組織のなかでは、特殊技能をもつ人や、仕事の処理能力が優れた人、生産効率を高める仕組みをつくることができる人は高く評価され、賃金や職務階層に反映される。そのことがサラリーマンの生き甲斐や楽しみにもなっているし、社会的にも栄誉なことである。

このように見れば、工業化を経た産業社会のなかでは、個人が大型の生産組織に参加するという労働形態は合理的な仕組みだといえるようだ。会社にとっても分業による大量生産は生産効率がよい。貨幣経済のなかでは労働の対価は貨幣であり、個人は会社から賃金を得る。生活に必要なものはすべて貨幣と交換して、家族を養う。理にかなった働き方といえよう。

擬似的な家族集団

このような生産の仕組みは、日本においては、幕末開港後の武士や留学生が西洋を訪れたことによって「発見」されたものらしい。長く鎖国をしていたわが国にとっては、西洋諸国から輸入された新しいシステムだったのだ。当時、西洋における経済活動の単位は商社で、とりわけ個人では難しい大資本を要する分野では、会社組織が採用されていた。このような西洋の近代文明を知って、わが国の洋行者たちは大きなショックを受けたという。

しかし近世の日本にも、組織的な経済的生産システムがなかったわけではない。たとえば江戸時代の三井家などが代表的な例で、大商人の同族的経営は合名会社や合資会社の先駆であるということは広く知られている。しかし近世における同族的経営は、共同出資によって出発したわけではない。個人経営が相当の財の蓄積を進めた段階で、資産分散を避けるためという、極めて現実的な理由に基づいた利益分配基準を定めたシステムとして発展したものだった。したがって、当時、組織への出資者は同族の範囲であったが、なかには鴻池《こうのいけ》家のように、純粋な同族だけに限らず、奉公人出身の別家や手代《てだい》（江戸時代の商家においては、接客などの商いの現場を担当する役割）も出資構成員に加えていた。このように奉公人も家族として扱い経済活動を組織化していった歴史の延長上に、今日の日本の会社の組織行動がある。会社がまるで擬似的な家族集団のようにたとえられる。

日本の会社では、「社長は二度死ぬ」といわれることがある。家族が取り仕切る葬儀とは別に会社が社葬を行い、故人が生前に取引やつきあいがあった人と、お別れの機会を公的に設ける。社葬のために社員は通常業務を休み、総動員される。また和歌山県の高野山奥の院には数百という有名企業の墓が存在するが、これを企業の福利厚生としてもアピールする。このような例は海外では類を見ないが、社員を擬似的な家族と見立てていると考えれば、イエの延長としての会社という思想に基づくものとして理解できるだろう。日本人にとっての会社は、単に経済活動が目的という割り切った関係ではなく、同じ社員に対しては身内にも似た感情を伴い、時には父や母、兄や姉のように社員の面倒を見たり、時間を区切って仕事以外の場面を作って交流を図ったり、結束を固めたり、会社の業績や景気が良いときも悪いときもともに乗り切ろうと連帯する基盤なのだ。サラリーマンにとっては会社で過ごす時間は一生のうちで最も長い時間だ。そのような職場の人間関係がどれほど重要であるかはいうまでもない。

社縁

社縁とは、「会社を通じた人間関係の縁」のように一般的にはとらえられているようだが、これはジャーナリスティックな言葉の用いられ方で、狭義の意味である。広義では、社縁は結社の縁である。結社とは、個人の自由意志によって出入り可能な集団のことで、会社や学校、ＮＰＯ団体、趣味の活動集団、クラブ活動、講や連、宗教団体などの人間関係も社縁と呼ぶ。人間関係の結びつきには、大きく分けて血縁、地縁、社縁の三つがある。血縁は血筋でつながった家族や同族の人間関係で、いわば人間社会の根幹である。地縁はその地域に住んでいる人々の関係だ。

日本の高度経済成長期に、「会社」という社会を異常なほどに発達させ、血縁であるイエや、地縁であるムラ、マチを凌駕するまでに至らせた背景には、純粋な血縁関係でなくても、同じ団体でともに働く仲間を同族集団と見なしていることによるもの、と考えることができる。

かつての日本人は、生まれてくる場所と生活をする場所、働く場所は、同じ地域で完結していることが多かった。したがって、親族集団と地域社会との結びつきは強く、人は地域で育てられて一人前になった。しかし今日の日本人は、生まれた場所から離れて暮らしたり、家族と住む場所と、働いて収入を得る場所が遠く、多くの人の生活のなかに長距離移動が組み込まれている。職業の選択も、民主主義社会のなかでは個人の自由意志が前提であり、人は自らが所属する結社を自由に選び、社縁を結んだり切ったりすることができる。私たちはみな複数の縁のなかで生きているが、社縁のつながりが以前にも増して重要になってきたのは、かつてと比較すれば、生涯のうちそこで過ごす時間が長くなってきたからだ。進学や就職のために故郷を離れる人が増えたために、親戚が一斉に集まる機会はもはや限られている。近所づきあいが大切だからといっても、職業をもっている人は、家よりも職場にいる時間が圧倒的に長く、毎日関わる社縁の人間関係に対してより気遣いを要する。

また一口にサラリーマンといってもその実態はさまざまだ。一般的に日本では、平日九時から五時まで勤務で土日が休みのようにいわれているが、残業があるのはどの会社でもあたりまえのようだし、業種や仕事によっては土曜や日曜日が休みではなかったり、勤務時間が不定期だったりする。毎日一緒に働く職場仲間は、同じ部署に配属された社員だけではない。最近は、契約社員とか派遣社員も増えているので、ひとつの職場に複数の異なる社縁に所属している人々が集っていることも珍しくない。正規雇用や非正規契約かによって福利厚生が異なったり、給与が時給で計算されるなど、同じ仕事をしているのにもかかわらず労働の対価が異なることがある。また所属する派遣会社によっても時給が違うこともあるので、給与や時給の話は公ではタブーだ。そのような複雑な背景があるにせよ、職場のなかでは個々に役割が与えられ、責任の範囲や仕事の負荷も考慮され、適正な生産効率に応じて仕事が分配され、会社は運営されているのだ。

図１　職場の飲み会（長野県木曽郡上松町，1970年頃）

職場のつきあい

一緒に働いている人たちと定期的に酒を飲んだり、会食をする習慣的なつきあいがある。とはいえ、長引く不景気の影響もあって、以前と比較するとつきあいは自粛傾向にあるそうだ。職場のつきあいとはどのようなことかというと、冠婚葬祭や贈答、年賀状、イベントなどのことで、一般社会で行われていることと同じようなものである。たとえば、会社にも取引先や顧客に対して盆や暮れの贈答として中元や歳暮の習慣があるが、したがって、不景気になってからは、経費削減のために贈答禁止が言い渡されている会社は多いらしい。

つきあいの感覚は、世代間の微妙な価値観の違いや地域差もある。たとえば年末年始には「仕事納め」や「仕事始め」と呼ばれる時間の区切りがあり、その時期には忘年会や新年会と呼ばれる飲食会が続く。所属部署内で開催することもあれば、従事しているプロジェクトのメンバーとだったり、取引先の人たちとだったり、そのときに関わっている仕事内容によって、複数の催しにつきあわなければならない。この時期、帰宅が遅い日が続いても、家族は不平をいうようなことはなく、むしろねぎらいの言葉をかける。「職場のつきあいは半ば仕事のうち」と思われているからだ。

「つきあいゴルフ」と呼ばれているものも休日に開催され、どうも欠席するわけにはいかないということがたびたびだ。仕事なら出勤日のはずなのだが、接待ゴルフと何が違うのか。休みの日にスポーツをすることは、共通の趣味に興じるプライベートな交流ではないのか、という意見もある。だが、仕事は会社のなかの業務だけではなく、場面を変えてつきあいをすることにも意味がある。

儀礼

産業界で働いている人たちに質問していくと、職場のなかのさまざまなつきあいは、やはり日本の慣習に基づいたものだ。海外では週末の接待ゴルフのようなものはなく、仕事とは関係なく、気のあった同僚が家族ぐるみでバーベキューをすることなどはあるという。日本国内の外資系企業では、クリスマスに社長自らがホットワインをつくり、クリスマスらしい料理を準備して、残業をしている社員に振舞うこともあるそうだ。

日本の会社では、近年、冠婚葬祭や贈答は、社の命令で基本的に禁止事項だから、とくに都市部では会社としての贈り物をすることは少なくなった。しかし個人のレベルでは、お祝いや香典を渡したり、花や電報を送ったり、同僚の家族の葬儀には社員が総出で手伝うことは相変わらずよくあるという。また部下が結婚したらお祝いを奮発するという人もいる。社縁でつながる人々が、互いの気持ちを近づけ、感謝の意を表したり、義理を立てたりする行為は、かつては組織ぐるみで行われていたが、近年では私的な行為とするようにとし向けられている。

一方、会社として電報や花を贈ることがまったくなくなったわけではなくて、社葬は会社同士の大切なつきあいとされている。これに参加することで慰労になったり、義理を立てたり、双方の士気を高めたり、複数の社縁間の結束を固めることができる。社葬を行うような故人に対しては、産業界や経済界だけでなく、地域社会、政界、海外からも別れの参列者が訪れることがあるので、迎え入れる社員としては、立派な社葬を滞りなく執り行うことは会社の威信をかけたことでもある。

盆暮れの贈答として歳暮や中元がある。ここでも世代間や知己によって考え方の違いが見られることがある。「一緒に仕事をしている上司にあげるもの、と親の世代はいうが、自分は違う意味でお世話になっている人にするものだと思っていたから、上司だからあげるというのは違和感がある」というような意見もあれば、「会社は儀礼廃止を徹底しているし、盆暮れの贈答は相手に気を遣わせるからしないようにしている」というような、団体としての統一された決まりや、それを配慮した考え方もある。「三千円の贈答のためにパートで何時間働くか考えたらばかばかしい」という割り切りでもって上司に贈答はしないという人もいる。「社内儀礼廃止」は一九九〇年代末期頃からの急激な変化であるが、働く人々をとりまく社会的な背景が強く影響している。会社としての年賀状や暑中見舞い、クリスマスカードのやりとりも、社長命令や人事部からの禁止通達がまわり、外部のどうしても必要な取引先のみを除き、廃止が一般的だそうだ。とくに大手企業であればあるほど経費は大きいので、徹底している。ところが、「まじめに自粛しているように見せかけて、実は年賀状くらいは、とくに上司とはやりとりをしていた人は多かった」と会社を辞めた後で知って驚いた人がいるように、慣習的なことはこっそりやるようにもなってきて、職場のつきあいはより複雑になってきた。

「団塊の世代」の元サラリーマンは、「自分が尊敬する上司に、普段お世話になっていますという感謝の意を表すつもりで贈答はあげていた」というが、最近では「部下から田舎のおみやげをもらうこともあるが、あまり気を遣わせたくないから自分は贈答はしない」という人もいる。たとえば酒類などは会社にもって行って同僚と一緒に飲み分け合うことに対して、「個人的ないただきものは家庭内で消費しないと失礼」と家族内で考え方が分かれて困惑する人もいるという。「やっぱり贈答ってもらうと嬉しい」という意見もある。

虚礼廃止

近年、最も変化したのは、バレンタインデーとホワイトデーの慣習だ。日本では、バレンタインデーは女性がチョコレートを男性にあげて愛の告白をする日で、ホワイトデーはそのお返しに、いろいろなプレゼントが女性に贈られる。そもそも製菓会社が仕掛けたイベントが慣習化したというが、会社ではこの贈答を通じて、普段世話になっている社員に対して感謝の意を伝えることができるので、職場では歳暮や中元以上に重要な年中行事となっていた。それが徐々に「義理チョコ」と呼ばれるような形式的なものになっていき、しまいには営業担当の女性社員には、「女性の特権」と開き直って営業のツールに利用する者まで現れた。

チョコレートにどのような思いが込められていたにせよ、もらった方の男性はお返しを考えなければならない。とくに部下の女性社員にアシスタント業務をやってもらっている男性の場合、自分の仕事環境を整えてもらうことは出世に関わる一大事なので、お返しの品物選びは失礼のないように、男性社員の妻が選定するほどの気遣いようだ。

会社内で義理チョコが盛んだった頃は、女性社員も金銭的負担がかかるし、男性社員にも必要以上に気を遣わせない工夫として、部の女性社員がお金を集めて、一同として渡すなどもしていた。ところがこのようなイベントも、歳暮、中元、年賀状とともに廃止令が出され、二〇〇〇年くらいには大手の企業では、表向きにはなくなった。その頃は、多くの会社の業績が悪く、希望退職を募ったり実質手取りが下がったりしていた背景もあって、「こんな時期に不謹慎」とさえいわれたようだ。虚礼廃止の理由は、「評価における公私混同の排除」というのが会社の建前だけれども、個人的に行うことは会社も関知しない。職場のつきあいはそもそも公私混同が排斥できるのだろうか、難しいところである。

職場をこえた人間づきあい

最近の若手社員は職場のつきあいを大切にしないとか、飲み会にも行かないとかいうことを聞く反面、社員旅行に行きたがる人が前よりも増えてきたという。儀礼や虚礼ばかりではなく、本当に心からの交流を求めて、仲間として良い仕事をしたいと思っている人も多い。たとえば普段から世話になっていたり、ありがたいと思っている人には、感謝の意を表す機会として、出張や家族旅行のみやげを渡すことは一般的だ。また所属部署内全体に、旅先のちょっとした菓子をみやげに配ることもよくあるそうだ。そのときには、普段あまり親しく話をしない人とも話すきっかけができる。ただし、「職場の人間関係を円滑に保つ一方で、ウェットなつきあいにならないようにする」のが大事だという。

職場のつきあいには細かい配慮がなされる。たとえば仕事上のパートナーとうまくやるためには、社内メールだけでなく、個人の携帯メールを使って連絡が取り合えるようにしておくことで、お互いに安心して離席したり、休暇を取って不在にすることもできる。それ以上に、普段から個人の携帯メールを使うことで、親しさの度合いを確認できる。とくに気のあった同僚とは用事がなくてもメールをしあうことがあるけれど、直接業務に関係のないプライベートな内容のやりとりも多く、メールや電話をまめにすることは職場のつきあいには大事なことだ。

会社が費用を出すような接待の飲食に関しては、細かくガイドラインが決まっている。これは公的なルールの部分だ。しかし、営業や協力企業の社長たちは、接待の手段としてゴルフが必要だったりする。ゴルフをする上司の下に配属されれば、それにつきあわなければならないことにもなる。しかし社内のゴルフ好きが同好会をつくって出かけることもあるのだから、趣味が合えば公私混同も悪いことばかりではない。

歓送迎会を含め、上司や同僚と定期的に職場の外で飲食をともにする定期的な儀礼的親睦会がある。「このような席でも上司や同僚と気持ちの距離がちょっとでも縮まればいい」「断る理由がない」という消極的な理由で参加する人もいるだろう。自分から誘って同僚や部下と飲んだりしないという人や、休日に会社関係の人と会うことはほぼ皆無という人でさえ、仕事を円滑に保つには職場のつきあいは重要と考えて、儀礼的親睦会に参加する。

野球観戦などのイベントに行くこともあるそうだ。たとえば部署をこえて仕事をするときに、これまでに話をしたことがないような相手でも、事前に人間関係を構築しておくことで仕事が円滑に進む。つきあう口実をつくるのに良いのだろう。また仕事をしたあとの再確認や様子伺い、ねぎらいとしての打ち上げも、高額ではなく、飲食を伴い、一緒に何かをすることで、職場の人間関係に連帯をもたらし、士気を高め、ひいては仕事効率や会社の生産性を高めていく。あえて言葉に出して言わなくても、みんなそうとわかって職場のつきあいを大切にしているのである。

さらに、気の合った人や比較的親しい同僚とは、組織の論理を離れたところで本音の議論をしたり、愚痴を言ったり聞いたりするために飲食をするそうだ。

このように、職場の人間関係は、単に経済合理性に基づく関係というだけでなく、同族的な仲間という考え方が、日本では大切にされ続けている。職場のつきあいはさまざまに繰り返されるが、その目的は、社縁の結びつきを強化することを通じて、個人の仕事人生や生活経験を豊かなものにするためのものなのだ。

（八巻惠子）

読書案内

高村直助『会社の誕生』吉川弘文館、一九九六年。
＊日本で最初に会社が誕生した経緯を歴史に基づいて明らかにしている。西洋から輸入した会社というシステムが、日本全土にゆきわたっていった理由や背景について説明している。

中牧弘允『会社のカミ・ホトケ——経営と宗教の人類学』講談社、二〇〇六年。
＊会社宗教とでも呼べるような、会社の日常で見られる宗教的思想や行動について、会社神社、社縁共同体、日本的経営、創世神話、聖地、社葬、加入儀礼などから考察する。

中牧弘允、ミッチェル・セジウィック編『日本の組織——社縁文化とインフォーマル活動』東方出版、二〇〇三年。
＊冒頭で「社縁」の概念について文化人類学者の米山俊直が説明し、それをふまえて日本の組織について複数の研究者が議論を展開している。

中牧弘允・日置弘一郎編『経営人類学ことはじめ——会社とサラリーマン』東方出版、一九九六年。
＊会社は営利集団であるにもかかわらず、必ずしも合理的な行動を取るわけではない、という視点に立ち、会社や経営を人が生きる営みとして考察しようとする経営人類学をはじめて解説した書。

参考文献

梅澤正『サラリーマンの自画像——職業社会学の視点から』ミネルヴァ書房、一九九七年。

小笠原祐子『OLたちの「レジスタンス」——サラリーマンとOLのパワーゲーム』中公新書、一九九八・二〇〇〇年。

金井壽宏『働くひとのためのキャリア・デザイン』PHP新書、二〇〇二年。

ロドニー・クラーク（梅棹忠夫序、端信行訳）『ザ・ジャパニーズ・カンパニー』ダイヤモンド社、一九八一年。

佐高信編『会社の民俗』小学館、一九九六年。

中牧弘允・日置弘一郎・廣山謙介・住原則也・三井泉他『会社じんるい学』東方出版、二〇〇一年。

中牧弘允・日置弘一郎・廣山謙介・住原則也・三井泉他『会社じんるい学PARTⅡ』東方出版、二〇〇三年。

中牧弘允編『社葬の経営人類学』東方出版、一九九九年。

八巻惠子『国際線客室乗務員の仕事——サービスの経営人類学』東方出版、二〇一三年。

コラム7　選挙と民俗

選挙は政治に民意を反映させる手段であるが、当選するためにはあらゆる方法が用いられる。民俗の活用もその一つである。まず、神仏祈願である。出陣式前に候補者が有力神社に参拝し、神官からお祓いを受けるなどの当選祈願が行われる。選挙事務所には、真新しい神棚が拵えられ、霊験あらたかな神が勧請され、日々海産物や野菜などの供物が供えられる。時には生け贄の鹿や猪もあり、神力を授かろうと躍起になる。

選挙活動がはじまると、スキャンダル暴露、共同規制、違法文書、恐喝、供応、現金買収と、さまざまな戦術が編み出される。それらを合法化する手段として「民俗」が利用されることもある。候補者の弱点をつく悪評が流され、大量の謀略ビラや中傷ビラが撒かれる。「口承文芸」の独壇場である。選挙事務所も活発になる。地域ぐるみ・会社ぐるみの共同作業場と化す。共同規制が敷かれ、それに参加しないデブソク（出不足）には、村八分の制裁が待っている。事務所内では、神事の後の直会《なおらい》に似た飲食の接待も行われる。これを供応と見るか、労働力の手間返しと見るか、判断はむずかしい。

選挙を有利に導くのが資金力である。金馬簾《きんばれん》（カネが房のように垂れ下がっている）候補、金力候補、金権候補と時代とともに名称も変わる。買収の時期もゲンコツ（手付のカネ）、ツナギ（投票日まで引き留めるカネ）、オイブチ（終盤の上乗せのカネ）、雪駄（投票後のカネ）とさまざまである。カネにまつわる「選挙語彙」は豊富だ。だが危険が伴い、発覚すれば当選を取り消されることがある（連座制）。

そこで事前活動が重要になる。威力を発揮するのが、冠婚葬祭や年中行事での贈答慣習である。香典もその一つである。死者にお悔やみを伝えるために、葬儀に生花や金銭を届ける。地方によっては、この香典を「義理張り」とか、「仁義を切る」という。死者への哀悼というより、喪主への義理貸しの様相を呈する。そこで生前の故人と関わりのない人物（政治家）が、香典を供えにくる。これを弔意と見るか、義理を織り込んだ買収と見るかむずかしい。「民俗の多義性」の所以である。

投票日前日の打ち上げでは、候補者を先頭に支援者が街頭に繰り出すお練りもある。地域内を神輿が練り歩く神の渡御に見立てての行為である。そして開票、当選祝いとなる。歓声のなか、事務所前のステージに暗闇の中から候補者が現れ、万歳の掛け声とともにダルマに眼を入れる。「選挙祭り」の興奮は最高潮に達する。

選挙は、民主主義政治の根幹だという。しかし選挙運動をつぶさに見てくると、民俗の活用そのものである。となると、政治権力といえども、民の生活慣習である民俗を組み込まなければ維持できないということになる。恐るべきは、民俗の力という以外ない。

（杉本　仁）

第10章

暮らしを変える

ムラの過疎化

冬休み直前、民俗学の授業でレポートの課題が出された。誰かに話を聞いて、うまくまとめなきゃいけない。群馬の祖父母にじっくり話を聞いてみることにした。

「おばあちゃんたちが若い頃の暮らしってどんなだった?」アイが話を聞きに行くと、話し好きの祖母は「こんな話でいいのかねえ、とくにおもしろい話でもないけど」と言いながらも喜んで相手をしてくれた。祖父母の語るムラの変化は次のようなものだった。

仕事と労働

若い頃はまだまだ農業を継ぐ若者が多くてムラに活気があったが、昭和三〇年代になると、農業を継がずに若者がムラを出て行くようになった。次男であったアイの父親もその一人だ。祖父母宅を含めムラの家の多くは桑畑をもち、養蚕を主な生業としていた。養蚕は春から秋にかけての時期がもっとも忙しく、家族総出の重労働であったという。最盛期は大きな家を蚕のためにフルに利用して、まさに「オカイコサマ」。しかし、養蚕業は常に安定していたわけではない。戦前は花形産業だったこともあるが、レーヨンやナイロンの登場、絹製品の輸入が増えてすっかり衰退した。手間がかかる割に利益の上がらなくなった養蚕に祖父母も見切りをつけ、昭和五〇年代に入ると米や野菜づくりに専念するようになった。

今では祖父母宅の近くには大きな道路が走り、少し前からムラには都市部の水不足を補うためにダム建設の話ももち上がるようになった。建設予定地ではいくつかの集落が移転し、新たな土地で生活を始めているという。移転した住民たちが真っ先に考えたことは、昔ながらの人のつながりをいかに維持するかということだった。どの集落も高齢者が多く、新天地での人のつながりは最重要課題なのだ。ダム建設はすべての集落が賛成しているわけではなく、賛成派と反対派で集落が二分されてしまったところもあるという。東京で生活し、ダムの恩恵を受ける身としては複雑な心境だった。

生活改善

祖母の話はまだ続く。ムラの景観が変わっていく頃、曾祖母や祖母の日常にも変化の波が押し寄せた。台所は土間の竈《かまど》からガス台へと変わり、腰をかがめずにすむようになると、作業はぐんと楽になったという。

食事の味付けや栄養の摂り方、冠婚葬祭の節約の仕方等を教えてくれる生活改善の指導員もムラにやってきた。はじめは家人に気を遣い、農作業を休んで女性だけで集まることは難しかったという。それも、指導員が舅を説得してくれたおかげでようやく出かけることができるようになったと、当時を思い出して祖母は嬉しそうだった。一方で、指導はされても、冠婚葬祭のつきあいの仕方はなかなか変えられるものではなかったらしい。

生まれた時から今と大差のない生活のなかで育ってきたアイにとって、生活環境や日常のあらゆる場面が急激な変化を遂げるなかで生きることがどんなものなのか、よくわからない。そのことを祖父母に言うと、その時どきで、自分たちの生活に合わせてうまく対応していくものだと笑われた。

課題のレポートはまだ書けそうにない。

Section 1

ムラの過疎化

日本社会は戦後、急速に経済復興を遂げ、国の形を大きく変えた。戦後から短期間のうちになし遂げられたその復興ぶりは、世界から奇跡的とさえ形容された。とくに一九五五（昭和三〇）年からはじまり、一九七三（昭和四八）年のオイルショックにより終わりを告げた高度経済成長の時代を経て、全国に工業地域が広がり、日本は世界有数の経済大国へと成長した。また、この二〇年ほどの期間に産業が高次化し、都市的生活が拡大するとともに生活様式の洋風化も進み、人々の価値意識も大きく変容した。

高度経済成長と過疎

高度経済成長期の中間年にあたる一九六四年（一〇月）には、東京—大阪間に東海道新幹線が開通し営業をはじめ、ついで世界の九四カ国が参加した第一八回オリンピック東京大会が開かれた。新幹線構想もオリンピック開催も戦前に計画・予定されていたものが戦争により中止になった経緯があり、それが戦後の経済復興と高度成長により実現したことにより、戦後の日本社会はひとつの頂点に達した。当時の日本の人口は、一九六五年国勢調査によれば、約九八二八万人（沖縄県を含めれば約九九二一万人）で、市部人口約六六九二万人（六八パーセント）に対し、郡部人口は約三一三六万人（三二パーセント）であった。

ちなみに高度経済成長がはじまった一九五五年の国勢調査による人口は約八九二八万人で、市部人口五〇二九万人（五六パーセント）、郡部人口三八九九万人（四四パーセント）であったものが、高度経済成長終息後の一九七五年国勢調査では、人口は一億一一九四万人で、市部人口八四九七万人（七六パーセント）、郡部人口二六九七万人（二四パーセント）となり、高度経済成長期を挟むこの二〇年の間に市部人口は二〇パーセント増加した。

この増加は主として地方農山漁村から人々が移動したものであり、またその動きは急激であったために、都市においては住宅・道路・上下水道などの整備が追いつかず、いわゆる過密問題が発生した。加えて都市の建設工事現場などに地方から出稼ぎする農民も増え、一年以下の期間にわたって出稼ぎする者の数は一九六五年には推定一〇〇万人にのぼるといわれた。東京オリンピック開催に向けた東京の都市整備は、こうした出稼ぎ労働力に依存するところが大きく、高度経済成長は地方村落からの労働力移転により達成されたともいえる。その結果、地方の農山漁村では若者を中心に人口が急激に減少するとともに、高齢化が進んだ。この現象に対し社会は驚きをもって受け止め、「過疎」という新しい言葉が生み出された。

過疎と過疎化

「過疎」という言葉が公式に用いられたのは、政府の経済審議会地域部会の中間報告（一九六六年）がはじめてであった。その本報告（一九六七年一〇月）では、過疎とは「人口減少のために一定の生活水準を維持することができなくなった状態」とされ、「たとえば防災、教育、保健などの地域社会の基礎的条件の維持が著しく低下すること」と提示された。また、「過疎地」とは、「人口減少の結果、人口密度が低下し、年齢構成の高齢化が進み、従来の生活パターンの維持が困難となりつつある地域」とされた。

過疎は、当時深刻化しつつあった都市の過密問題と対比的に発想された語と見られ、この点で過密が都市問題であるのに対し、過疎は農山漁村などの地方村落の問題であり、また人口（労働力）を吸収する都市とそれらを供給する地方というように、都市と農村との相互関係としてとらえられる様相を呈していた。

また、過疎は現実社会の問題として危機感をもって受けとめられた。これまで数多くの日本人を育んできた地方村落が過疎化により衰え、極端な場合には家をたたんでムラを離れる者が相次ぎ廃村になる事態も予測される状況を受けて、ジャーナリズムによる取材と報道が社会の関心を高めた。とくに、過疎とは、交通・通信・産業・医療・福祉などの生活基盤の整備を進めて地域間格差を解消すればおさまるようなものではなく、過疎地に生きる個々人の心情、個別の家々の事情や判断が重なり合い、また地域的特性も帯びながら出現した複雑な問題であることが明らかにされていった。

地方村落の暮らしのなかで伝承されてきた民俗を資料として収集してきた民俗学研究者たちは、いわゆる過疎地に出かけ、その現実を目にすることは少なくなかったはずだが、過疎現象に対し正面から取り組もうとする動きは弱かった。

表1　過疎法と関連事項

<table>
<tr><th>法令名称</th><th>年次</th><th>目　的（1条）</th><th colspan="2">関　連　事　項</th></tr>
<tr><td>過疎地域対策緊急措置法</td><td>1970
～
1980</td><td>・人口の過度の減少を防止
・地域社会の基盤を強化
・住民福祉の向上
・地域格差の是正</td><td rowspan="4">1970
1972

1987
1989

1992

1999
2004</td><td rowspan="4">減反政策始まる
田中角栄『日本列島改造論』刊行
（過疎地への原子力発電所誘致）
（山間地で産廃問題起きる）
（「ムラおこし」の語が使われる）
リゾート法（総合保養地域整備法）制定
森林の保健機能の増進に関する特別措置法制定
お祭り法（地域伝統芸能等を活用した行事の実施による観光及び特定地域商工業の振興に関する法律）制定
棚田学会設立（棚田保存）
景観法制定（文化的景観保全など）</td></tr>
<tr><td>過疎地域振興特別措置法</td><td>1980
～
1990</td><td>・これらの地域の振興
・住民福祉の向上
・雇用の増大
・地域格差の是正</td></tr>
<tr><td>過疎地域活性化特別措置法</td><td>1990
～
2000</td><td>・これらの地域の活性化
・住民福祉の向上
・雇用の増大
・地域格差の是正</td></tr>
<tr><td>過疎地域自立促進特別措置法</td><td>2000
～
2016</td><td>・これらの地域の自立促進
・住民福祉の向上
・雇用の増大
・地域格差の是正
・美しく風格ある国土の形成</td></tr>
</table>

これは、当時の民俗学が、急激に移り行く生活の現実よりも日常生活に伝承されてきた、より古い民俗について関心をもつ傾向が強かったためと考えられる。

過疎法と過疎対策

過疎問題とはこのように、地方村落の衰退（人口減少と人口構成の変化・高齢化、地域生活基盤の弱体化）という現象に対し、これを防止する、あるいは抑制することを目的とする政策的課題と位置づけられてきた。この動きは、一九七〇（昭和四五）年に「過疎地域対策緊急措置法」（一九八〇年までの時限立法。後年、第一次過疎法と呼ばれる）の成立・施行となって具体化した。その目的（第一条）は、「最近における人口の急激な減少により地域社会の基盤が変動し、生活水準及び生産機能の維持が困難となっている地域について、緊急に、生活環境、産業基盤等の整備に関する総合的かつ計画的な対策を実施するために必要な特別措置を講ずることにより、人口の過度の減少を防止するとともに地域社会の基盤を強化し、住民福祉の向上と地域格差の是正に寄与すること」とされた。そして、その対策事項として（第三条）、①交通通信整備、②教育・厚生、文化施設整備と医療の確保、③産業の振興（企業導入、観光開発も含め）と安定的雇用確保、④基幹集落整備、適正規模集落育成の四点があげられた。

これらの施策は、現実には道路や施設の建設を主とする公共事業の実施を中心としたもので、過疎を生きる人々の不安や希望に直接応えるものには必ずしもならなかった。過疎対策がもったこの性格は、その後の第二次〜第四次の過疎法においても基本的には変わらず、一方では次第に国土開発の一翼を担うような様相をも帯びていった（表1参照）。

ムラの人口減少

では、過疎のムラではどのようなことが起きていたのだろうか。過疎はまず急激な人口減少を第一の特徴とする。最も激しく人口が減ったのは、全国的に一九六〇（昭和三五）年から六五年にかけてであった。農家人口を例に見れば、一九六〇年には約三四四一万人、一九六五年には約三〇〇八万人であり、この五年間に約四三三万人（一二・六パーセント）が減少した（表2）。ところが、農家戸数は人口ほどには減らなかった（六・五パーセント減）（表2）。つまり、家数はあまり減らずに一戸あたりの人数が減少し、その多くが新規学卒者をはじめとする青壮年層で占められていたところに大きな特徴があった。このことにより各家はもちろん、家々の協同により営まれてきたムラ生活の維持に支障が生じることになった。ここに過疎の第二の特徴である、従来の生活パターンの維持が困難になる状態が現れた。

表2　農家人口と農家戸数の減少

（単位：千人）

	農家人口			農家戸数		
	1960年	1965年	65/60年×100	1960年	1965年	65/60年×100
北海道	1,427	1,123	78.7	234	199	85.0
東　北	5,084	4,552	89.5	786	771	98.1
関　東	5,660	5,020	88.7	938	886	94.5
北　陸	2,580	2,310	89.5	449	428	95.3
東　山	1,633	1,458	89.3	306	293	95.8
東　海	3,700	3,284	88.8	658	613	93.2
近　畿	3,187	2,826	88.7	607	563	92.8
中　国	3,338	2,856	85.6	640	592	92.5
四　国	2,096	1,771	84.5	392	357	91.1
九　州	5,707	4,884	85.6	1,046	963	92.1
全　国	34,411	30,083	87.4	6,057	5,665	93.5

注：網かけ部は全国平均を下回る。

過疎がムラ生活にどのような影響を与えたか、次に二つの象徴的な事例を示して見ておこう。一つは、過疎の現実が進み、結果的に離村から廃村に至ったところの事例、もう一つは過疎化が進むなかでムラに踏みとどまる選択をしたところの事例である。

表3　五木村の人口推移

年　次	人　口	世帯数
1960年（昭和35）	6,161	1,290
1965年（昭和40）	4,981	1,100
1970年（昭和45）	4,006	1,019
1975年（昭和50）	3,507	1,004
1980年（昭和55）	3,086	955
1985年（昭和60）	2,297	742
1990年（平成２）	1,964	688
1995年（平成７）	1,687	618
2000年（平成12）	1,530	582
2005年（平成17）	1,358	530
2010年（平成22）	1,205	503

ムラを去る人々

一九六九～七三（昭和四四～四八）年に、「過疎地域集落移転事業」によって移転（離村）した高知県芸西《げいせい》村の三集落の様子を撮影した写真集（田辺、一九九九）には、離村した家々が山林・田畑をはじめ、自分たちが暮らしていた家の屋敷地にまでスギやヒノキの苗を植えて家を出た写真が収められている。田辺は、「三〇から五〇年後に育ってくれるであろう植林にはかない希望を託す行為」であり、屋敷地にまで植林する姿は第三者の目からすれば「異様な行為に驚きとともに哀れを感じてしまう」と記しているが、先祖たちと自分たちとが築き上げてきた暮らしに自ら幕を引かねばならなくなった当事者としての責務と考えたゆえの行為であったとも見られる。

奈良県吉野地方に暮らしてきたお年寄りが過疎化の進むムラを「サトがだんだんヤマになっていく。こんな様子を見とったらサブシュウテサブシュウテ居たたまらん気持ちになる」（林、一九八〇）といい、奥美濃で長らく狩りに親しんできたお年寄りが「まもなく蛇のすむ土地になるだろう」といったのも（米山、一九六九）、これまでの暮らしの地を自然に返すいいようのない喪失感を示したものであろう。

この芸西村の白髪《しらげ》集落では、山を下った里を沖《おき》といい、ムラを離れてそこに下りた人たちがいた。そうした人たちの残した農地の一部はムラに残った家々に引き継がれたが、沖へ下りた人たちがムラに残した土地に植林をしはじめると、山が荒れて田に水枯れが起きた。遠方からポンプで水を汲み上げたり、村が水道溝を造成してくれたりして水を確保しようとしたが、冬には凍結し、暴風雨時には土砂に埋まるようになった。また水害で崩れた道路を残った者で補修しても完全ではないのでまたすぐに崩れるというありさまで、こうした事態にとうとう耐え切れず、それからは「これからあしらぁも下りていく」というのが合言葉になって、瞬く間に家数が半数を割り込んだという（田辺、一九九九）。

ムラの暮らしは個々の家だけで自足できるものではなく、家と家とが力を出し合い協同することで成り立つ仕組みで営まれてきた。したがって、この点の維持が困難になると挙家離村にまで進み、ムラはやがて崩壊する可能性がある。こうした事情は、一九八九年に集団離村を決行した宮崎県西都《さいと》市寒川《さぶかわ》でも同様に見られた。ムラのいのちの源ともいえる水源を当番で見回っていたが、その仕事を担えないほどに人が減ったときに、人々は集団移転を決断したのだという（宮崎日日新聞社報道部ふるさと取材班、一九九〇）。

移転させられる人々

熊本県球磨郡五木村《くまぐんいつきむら》は、現在では国が計画した川辺川ダムの予定地として話題になるが、昭和三〇年代までは焼畑農耕や林業を中心にして暮らしてきた。村の人口は一九六〇年（六一六一人）から六五年（四九八一人）の間に著しく減ったが、その後一九六六（昭和四一）年に発表されたダム建設計画に伴う移転補償基準が妥結した一九八一（昭和五六）年以後、村を出て行く村民が後をたたず、二〇〇五（平成二二）年には村人口は一二〇五人となり最多期の二割程度にまで減った。この減少には五木村の暮らしや村民の個別の事情も関わるが、ダム建設という政策（公共事業）の影響が大きい。

図1　五木村の集落（1979年）

過疎地の山林地内には産業廃棄物や廃車がもち込まれ捨てられている風景が見られたところもあるように、過疎地は都市生活の利便性を確保するための安全弁的役割を果たす立場に位置づけられてきた側面も否定できない。表1に示した、リゾート開発の動きなどもこれと通底するところがある。

墓を移す人々

次に、過疎地に踏みとどまるところの事例を見よう。その象徴は墓地にある。中国山地の西部、山口県玖珂《くが》郡のある山村では、ムラから家や人が少なくなり、また子どもたちがムラの外に出て故郷へ帰る見込みが立たない事態を迎えて、年老いて足腰の力が衰えた親たちが山の上の共同墓地から家近くに墓を移し、さらには「〇〇家先祖代々之墓」といった代々墓を造るという例が目立つようになっている。それは、自分や、盆などの機会に帰省する子孫たちの墓参りを容易にしたり、墓を通じた先祖との対話の機会を増やしたり、墓地の所在がわからなくならないようにしたいという願いが込められていると見られる。墓を家近くに移し替えた人々は自分のムラを離れず、最期はムラの土になる決意をしているのであり、ここにムラを離れまいと決意した人々の意志を示す新たな民俗が創出されているのだといえる。

過疎は人が減り、家の力が衰え、ムラの活力が失われるというだけでなく、そこに暮らす人々の心のさみしさを増幅させたり、空しさをもたらしたりする。それを「心の過疎」と呼び、この言葉はひところ盛んに用いられた。その一方で、たとえば子どもたちが家を離れ、夫とも死別して独り暮らしになった老女が、家族や親族らの心配をよそに体が動かなくなるまでその地に住み続けたいと希望する例も多い。過疎という事態に対して、これをどう受け入れどう向き合っていくかは、人により場合により異なる。そこに、画一的な過疎対策では対処しきれない人間の生活としての側面が現れている。

過疎に対して立ち向かっていくためには、法や制度を超えて、人と人からなる暮らしの場と仕組みとを守り続けることが求められる。それが叶わないとき、また叶わなくなったときに、過疎のムラはそれまでの歴史に幕を下ろすことを余儀なくされるのだと見られる。

過疎の本質と民俗学の役割

そう考えるならば、過疎とは、結局のところ家と家とが結びついた生活の組織化が十分にできなくなり毎日の生活の継続が困難になること、というように言い換えることもできる。それは集落機能の衰退・喪失というに等しいが、さらにこのことの元をただせば、家の継承不全＝後継者不在という事態に突き当たる。個々の家が受け継がれていく。そのことが繰り返されているうちは、たとえ人口が少なくなろうが過疎を恐れることはない。

そこで焦点になるのは、後継者（家の継承者）の確保である。このために重要になるのは、その地に自律性のある仕事を創出することである。ムラの外部に依存した仕事ではなく、地域の特性を活かした地域資源に基づく仕事がより重要になる。そうした仕事の確保こそが過疎を恐れず、また招かないための近道になると考えられる。しかしそこに至る道のりは、いままでにも多くの試みが繰り返されてきたことを思えば、容易ではない。

民俗学は、過疎地に視点を据えた場合、その地の歴史を振り返りつつ、人々がどのようにして暮らしを切り開き、引き継いできたのか、その実態と仕組みとを掘り起こすことができる。それが民俗学の役割であり、このことを通して、ムラ生活を維持するための原点なり仕組みなりを明らかにし、生産・消費・医療・保健・交通・通信などの生活基盤にとどまらない、人の生きがいを満たす暮らしのあり方を考察することができる。ここに民俗学の可能性と魅力がある。

図2　ソバの刈り取り（五木村）

現在、広く限界集落なる言葉が語られ、山村に暮らす人々自身も自嘲的にこの言葉を口にすることが多くなった。この言葉を口にするとき、そこには諦めに近い思いが込められている。しかし限界集落は人口を基準に見た一つの見方に過ぎず、実際の生活が行われている地の実態とはかけ離れている場合もある。人口が少ないのは過疎ではなく、人間にとって暮らしやすい状態を指す「適疎」であるととらえようとする考え方もある（米山、一九六九）。また高齢化や人口減少が進むなかにあっても、自分が住む地域の特色を活かした特産物や地域づくりに励んで心豊かな生活を生み出そうとしているところは少なくない。

近年各地で行われているムラ起こしや地域づくりなどの活動に対し、一時的なものではなく、それぞれの地域の歴史性や独自性を踏まえた動きへと方向づける役割は、民俗学に期待されるところである。

過疎地の可能性

現在、過疎地には従来のムラの住民に加えて新しい生き方を選びとろうとする人々が新たに入り込んできている所がある。たとえば、福島県只見町布沢《ただみまちふざわ》には、都会から移り住み古民家を住宅兼工房に改修して家具作りをする人や、別荘を建て時々訪ねては当地の自然や生活を楽しむ人などがいる。また布沢のブナの森を訪ねて来る人々を案内する、廃校になった小学校分校を改修した宿泊所を運営する、雑穀栽培を復活させて都会へ送り出そうとする、といった活動が行われている。布沢は一九七五（昭和五〇）年当時の七八世帯が二〇一〇（平成二二）年には六三世帯に減り、しかも独居老人や老齢夫婦のみの家庭が増え、その将来予測は楽観できない。しかし、新しい人たちも交え、旧来の生活が保持していたムラ生活の統合機能や相互扶助機能を活かしつつ、暮らしの維持へ向けた努力が続けられている。

このような取り組みは、全国各地で行われている。農業や芸術の実践をめざして過疎のムラへ入ったり、定年を機にIターン帰農したり、故郷へUターンしたりする人たちもいる。そうした動きは、存亡の危機状態に陥りかけたムラやその暮らしに新たな息を吹き入れることでもある。また、高度経済成長時代とは異なる思想や暮らし方を創造することでもある。つまり、新しい生き方や暮らし方の実験・実践の場として、過疎地は可能性をもっているといえる。

過疎地に伝えられてきた民俗のもつ意味を掘り下げて過疎のムラの将来的可能性を見出すことは、重い現実的意義をもつ実践的テーマである。また人の暮らしのもつ意味について根源的な問い直しができるテーマでもある。そしてそこからは、民俗学の現代的可能性へ向けた扉の一つが開かれることも期待される。

（湯川洋司）

読書案内

今井幸彦編著『日本の過疎地帯』岩波新書、一九六八年。

＊新聞記者の著者が、過疎の定義、問題性、出現の理由・背景などを丁寧に解説したうえで、近畿・中国地方の過疎地の現状と行政の対応を報告し、過疎問題を考察した著作。過疎の語が耳新しかった時期に過疎を正面からとらえた。

米山俊直『過疎社会』日本放送出版協会、一九六九年。

＊文化人類学者の著者が、過疎を人類学の応用問題（文化変化）ととらえて、奈良県大塔村を対象に、村の生活史、歴史、生業史を具体的に踏まえたうえで、過疎のムラの存在を国レベルの歴史動向にも位置づけて考察している。

宮崎日日新聞社報道部ふるさと取材班『ふるさとを忘れた都市への手紙』農村漁村文化協会、一九九〇年。

＊宮崎県内の過疎のムラ五カ所（西都市寒川、五ヶ瀬町帰波、諸塚村戸下、南郷町大島、木城町中之島）のレポート。集団移転

したムラ、奮闘するムラなどの実態が人々の肉声と心情を添えて報告され、過疎の現場の感覚が伝わる。

乗本吉郎『過疎問題の実態と理論』富民協会、一九九六年。

＊島根県在住の農民でもある著者が、過疎問題についてムラの内側の主体である人間の問題を中心に過疎の要因を論じた著作。いわゆる過疎対策を超えた過疎への対処策について実態を踏まえて提言がなされている。

田辺寿男『田辺寿男の民俗写真　ぼくの村は山をおりた』高知県立歴史民俗資料館、一九九九年。

＊高知県内の民俗写真集を数多く出版している著者が、過疎により離村・廃村になった集落の様子を一九七〇年代に撮影した写真集。去りゆく人々の言葉や態度を摘出した短文も添えられ、離村の実情が理解できる。

参考文献

大野晃『山村環境社会学序説』農山漁村文化協会、二〇〇五年。

斎藤晴三『過疎の実証分析——東日本と西日本の比較研究』法政大学出版局、一九七六年。

長谷川昭彦・藤沢和他『過疎地域の景観と集団』日本経済評論社、一九九六年。

林宏『吉野の民俗誌』文化出版局、一九八〇年。

山口弥一郎『過疎村農民の原像』潮出版社、一九七二年。

山下祐介『限界集落の真実——過疎の村は消えるか?』ちくま新書、二〇一二年。

湯川洋司『変容する山村——民俗再考』日本エディタースクール出版部、一九九一年。

湯川洋司『山の民俗誌』吉川弘文館、一九九七年。

Section 2 仕事と労働

複合生業論

人が生活するには食料をはじめさまざまなものが必要となる。そうした生活に必要なものを手に入れるには、大きく分けると三つの方法がある。ごく簡単にいうと、①自然を利用して自らそれをつくり出す段階、②自分が生産したものを売ったり交換したりして必要なものを手に入れる段階、そして③工場や会社での労働により得た賃金を元に必要なものを購入する段階である。しかし、実際には民俗学が対象とする社会においては、三者は同時に存在し、相互に関連し合っている。

その意味で、大多数の日本人は稲作や漁撈というような一つの生業により暮らしを維持してきたわけではない。従来、民俗学では、日本人の生業を暮らしの実態を見ることなく、稲作民・漁撈民・職人・商人というように単一の生業イメージでとらえてきた。また、そのときの生業研究とは「生業技術」研究のことであった。生業研究とは本来、人が生きていくための仕組みを明らかにするものであり、生業イメージやその技術は要素にすぎない。そうした要素がいかに組み合わされて人が生きていくための仕組みとなっているかを究明するのが生業研究の中心的なテーマである。

生業研究では、人（または家）を中心に暮らしの仕組みを明らかにする。生業がどのように組み合わされているか、組み合わされる生業のレパートリーを問うことのほかに、組み合わせのあり方を問うことも重要な意味をもつ。そうした関係性まで明らかにしてはじめて意味がある。地域や時代によってさまざまな生業のレパートリーがあり、またその組み合わせやバランスが異なるが、その社会的・歴史的な理由を探る研究を複合生業論といっている。

また、生業研究では生計活動における商品経済の位置づけが問題となる。生業研究は自給的生業とともに商品経済に関わる生業も分析の視点に加えなくてはならない。当然、町に暮らす商人や都市のサラリーマンについても研究対象に

図1　田のあぜにダイズを栽培する（新潟県上越市）

図2　収穫前のあぜ豆（熊本県南阿蘇村）

なりうる。

さらにいうと、生業研究では、それはいつの時代のことなのかということが重要となる。従来、生業研究では故意に時代性が曖昧にされてきたきらいがある。人が暮らしを成り立たせるためにどのように生業が組み合わされるかは、時々の政治や経済の動向また天候や災害といった環境条件など、その時代を如実に反映する。したがって聞き書き調査で復元する時期は明確にされなくてはならない。

具体的に日本近代の農村を見てみると、生計維持において、大きく二つの傾向があることがわかった。それが、その人（家）にとって絶対的に重要な生業が存在するときに起こる場合と、そうした一つの絶対的な生業が存在しないときに見られる場合であり、次にこのことを説明してみたい。

特化した生業が存在する場合

これは、稲作のように、ある特定の生業技術に高度に特化するなかで起こるもので、特化の過程で他の生業技術をその論理のなかに取り込んでしまうような複合のあり方をいう。稲作農村の場合でいえば、それは表面的には稲作という生業技術に単一化した社会であり、生業が並列する場合とは対置される生業構造をもっている。

そのときとくに商品経済の発達が十分でない段階では単一化した生業構造の社会にもさまざまな工夫によって他の生業をそのなかに取り込むことがある。それは内部化の機能といえるが、稲作のように一つの絶対的な生業があると、その内部に取り込まれる形でのみ存在する生業がある。こうした例としては、稲作社会における水田二毛作やあぜ豆などの畦畔栽培、また田んぼの魚捕り（水田漁撈）や水鳥猟（水田狩猟）などがある（安室、一九九八）。

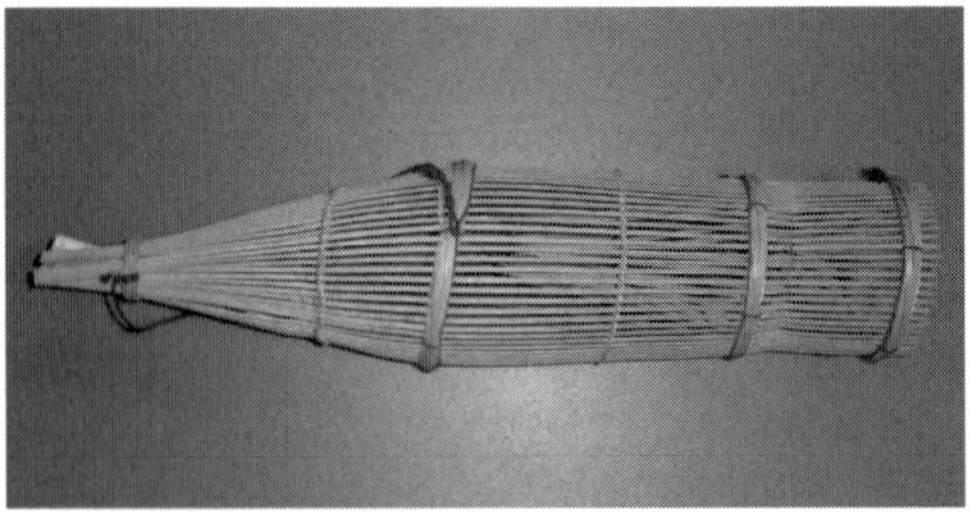

図3　田んぼのドジョウを捕る漁具のウケ

高度に単一化の進行した稲作地では、相対的に他の生業は小さな意味しかもたず、ついには姿を消したかに見えてしまうことがある。しかし、生計維持の視点に立ってみると、いっけん姿を消したかに見える畑作や漁撈、狩猟といった稲作以外の生業技術も、高度に単一化した生業のなかに巧みに取り込まれる形で行われていることがわかる。

ここで述べている生業のあり方では、そこに突出した生業が存在するかどうかという点が最大の特徴である。商品経済が普及する以前においては、水田稲作が唯一それに当たる。これとは反対に特化したり突出したりする生業がなく、複数の生業が横並びに併存する社会が次に述べる場合である。

複数の生業が横並びに併存する場合

このケースでは、とくに重要度に大きな差がない複数の生業が同時に行われる。これは、先述した場合と異なって、とくに一つの生業だけに特化することなく、多くの生業の並立状態を維持しようとする傾向性をもつ。農耕・漁撈・狩猟・採集・商い・手工業といった生業が同等の価値づけのもとに行われる。基本的に複数の生業はそれぞれ個別に存在し、それらが暮らしを維持する目的から組み合わされるもので、生計上の価値においても生業の間には軽重の差はない。この複数の生業が併存する社会ではあくまでもその複合バランスを維持することに重要な意味があり生計維持の基本がある。

他の生業を稲作の生業にとりこむような複合のあり方を進めてきた平地農村（里）に対して、山村（山）では稲作も他の生業と同等で並列するあり方をとる。その特徴として、一つに特化するほど有力な生業技術が存在しないこと、結果として山の生計活動は生業の複合度が高いものになること、複合生業は耕地のような人為空間だけでなく山や川・海といった自然空間を利用してなされるものであること、そして里に比べると比較的早くから商品経済が浸透し商品作物の栽培や賃稼ぎ労働が発達したことの四点を指摘することができる。たとえば、かつて山の狩猟民と考えられていたマタギについていうと、彼らにとって、春から秋まではむしろ母村での農業や山菜などの採集が重要な生業となっていたし、また川漁で得た魚は獣の皮などとともに物々交換や換金のための商品となっていた。

さらに山村の生業のあり方の特徴として、家ごとに複合の様相が異なることが指摘できる。山間地においては、全体として多様な生業が存在する。そうした生業の選択肢のなかから、地形や気象といった自然条件や生産物の社会的需要といった外的条件とともに家族構成や土地所有のあり方といった内的条件に対応して、選択的にまた戦略的に複数の生業を組み合わせてその家の生計活動としている。そのため、家ごとに複合の様相は異なったものになる。

さらに言うと、こうした家ごとに異なるような外部的な複合への志向は、社会的な分業へと展開していったと考えられる。たとえば、近代において商品経済の進展とともに、商品作物としてアサの栽培と麻糸の製造に力を入れる地域や、コウゾ・ミツマタの栽培と紙漉《かみすき》により現金収入を得ようとする地域など、いわゆる特産地が各地に形成される。また山のムラのなかには屋根葺きや石工、杜氏《とうじ》などとして各地に出稼ぎにゆく人たちも多く見られ、なかには職人のムラとして他村から認識されるところも登場する。そのように、ムラやそれを超える地域的な広がりのなかで生業上の役割分担がなされ、また社会階層や年齢・性別といった部分でもやはり社会的な分業が進むことになる。こうした動きは、近代に始まるものではなく、少なくとも近世においてはすでに見られることであったといえる。

生業の類型

一九三三（昭和八）年に書かれた農業日誌『農家経済簿』を見てみよう（安室、二〇一二）。この農業日誌は、長野盆地（長野市）に暮らす一農家が、一年間の仕事内容について事細かに記したものである。この日誌を記したのは、当時自作地七反二畝（七二アール）と小作地五反（五〇アール）を経営する、村内においてはほぼ中層に位置する自小作農家の長男である。日誌に登場する生業は稲作・養蚕・藁仕事・山仕事・畑作・賃労働の六つに大別できる。さらに、六つの生業は生計との関わりから以下の三つに類型化することができる。

① 産物を家内部で消費することを目的とする自給的生業
② 金銭収入を目的とした生業
③ 地域および家の暮らしぶりを代表するところの象徴的生業

自給的生業は、その栽培・製造から消費までのすべてを家内部で完結させる傾向が強い。それはたとえば屋敷内にある前栽畑《せんざいばたけ》の野菜づくりに象徴される。前栽畑では、多品種・少量栽培を旨として、一年間にその家で必要とする野菜を必要な分だけ栽培している。そのため前栽畑は小面積に区切られ、何種類もの作物が同時に栽培されている。また、一つの区画の収穫が済むと、そこにはすぐに別の作物が植えつけられるというように、四季を問わず何らかの作物がいつも栽培されている。

金銭収入を目的とした生業は、商品経済の浸透とともに、農家経営にとって重要性を増していったものである。昭和初期の信州においては農村部においても生計維持にとって大きな意味をもっていた。その代表が養蚕である。すでに金銭収入がなくては一家の生計が維持できなくなっているとき、その金銭収入の多くを養蚕がまかなっていた。

そして、象徴的生業とは、家や村にとって長い生産の歴史をもち、精神的・文化的な意味で基幹となる生業である。そうした意識は経済性を失ってもなお維持される傾向にある。指標としては、生業の問題にとどまらず、地域の信仰や儀礼と深く関わるもので、それは日本の場合、稲作に代表される。

稲作は主食をまかなう自家消費的側面とともに、長いあいだ小作料や課税の対象として金銭にも代わりうる側面を合わせもってきた。つまり、稲作が象徴性を獲得した背景には、封建時代から続く地主・領主との関係や、村人みずからがつくる共同体内部における用水管理や水争いといった歴史的に蓄積された多くの経験や記憶がある。そのため、稲作は、食料生産という生業の範疇を超え、いわば人々の生活全体を規定する世界観をも形成することになったといえよう。

生業類型の変化

生計維持のあり方（生業の組み合わせとバランス）は必ずしも普遍性をもってはいない。変わりにくいものとしては世界観にまで結びついた象徴的生業がある一方、金銭収入源としての生業はそのバリエーションを社会の需要に対応させて変えてきた。これは稼ぎの短期的変化である。前記の農業日誌に即していえば、大正まで商品作物として盛んであったレンコン栽培はその後は大きく落ち込んでいる。また、金銭収入源として抜きんでた位置にあった養蚕も一九三〇（昭和五）年前後の養蚕不況を境にして衰退の一途をたどり、それに変わってとくに一九四五（昭和二〇）年以降はリンゴなどの果樹栽培が盛んになった。

こうした金銭収入源としての生業の短期的変化とともに、さらには構造的な部分で、つまり象徴的生業・自給的生業・金銭収入源としての生業といった三分類のバランス自体も変わっていく。これはある程度長期的な変化ということになる。たとえば、長く象徴的生業と自給的生業のバランスのうえで成り立ってきた生計が、近世以降になると、金銭収入源としての生業が徐々にかつ確実に農家にとっては欠くことのできない生業として大きな意味をもつようになってきたことは、そうした長期的な構造変化の典型であろう。

ここで、気をつけるべきは、一つの地域や家の生業の類型を固定的に当てはめてしまうことである。同時代であっても、地域や家により、生業技術のもつ意義は異なってくる。たとえば、第二次世界大戦前においては、多くの農家にとって稲作は主要な生業であった。しかし、そうしたなかにあっても、海村や山村においては稲作は生計維持にとってさほど重要ではなく、むしろ象徴的な意味を多分にもつものであった。山村や海村では水田の絶対的な面積は少なく、また生産性はけっして高くはないにもかかわらず、そうしたところにおいては本家筋や地主階級にとって、水田を所有すること自体が重要であった（安室、二〇一二）。

また、そうしたことは時間の経過とともに変化する。第二次世界大戦前において平地の農村では生計維持においてもっとも重要な生業技術であった稲作は、戦後の農地解放や高度経済成長を経ることで、その社会的な重要度を減じ、生計上主要な生業ではなくなった。むしろ、出稼ぎや近隣の都市部へサラリーマンとして働きに出ることで得る金銭収入の方が生計維持には重要な意味をもつようになっていった。それに対して、稲作は生計上の必要性というよりは、先祖からの水田を守るという意識のもと象徴的な側面が強く意識されるようになっていった。

家を一つの単位として見た場合、生計維持のあり方は、さまざまな生業の複合の上に成り立つものであった。前記の農業日誌はそうした生業複合の実態について興味深い事実を教えてくれる。

稼ぎの複合性と労働観

その一つは、生業の複合性は多くの場合、家族間の役割分担に負うところが大きいこと。家の成員は、性別と年齢およびそれらに伴う体力・経験量の差、また主人・主婦・跡取りといった家内部における社会的役割の違いにより、労働に関する家内の役割がそれぞれ決まってくる。労働に関して、家のなかにはひとりとして同じ役割分担のものはいない。

家族の生業への関わり方には、さまざまな生業に複合的に関わろうとする傾向性をもつもの（ジェネラリスト）と、何か一つの生業に特化しようとする傾向性をもつもの（スペシャリスト）という二つのパターンが存在する。前者は父と長男に代表され、後者は藁仕事に特化した祖父と蚕仕事に特化した祖母に代表される。そして、母と長女はその中間となる。つまり、それら個人単位の多様な生業複合のあり方を包括してはじめて家を単位とした生計維持がなされるわけで、そこに家の生業複合の実態がある。言い換えれば、家単位の生業複合の基盤には、家族による個人単位の多様な生業複合が存在することになる。

また、たとえ同じムラにある家でも、家はそれぞれ家族構成やムラのなかでの社会的地位、経営する耕地の量や質など、条件が異なっているため、家族による役割分担の様相は家ごとに違っているといってよい。言い換えれば、家族による役割分担のあり方はその家の個性を示している。

さらにいえば、家族による役割分担の様相は、その家独特のものではあっても、それが未来永劫にわたって続くものではない。たとえば、家族間の役割分担と家のなかでの生業複合の様相は、結局のところその時点における家族構成に左右される。誕生と死また嫁取りなどによって家族構成が変化すれば、おのずと家族間の役割分担は再編成されるであろう。また、年齢が増すにしたがって、どこかの時点で、たとえば主人から隠居へといった世代交代が行われれば、それによっても家族間の役割分担は変わってこよう。

そう考えると、結婚や生老病死といったいわば個人的な人生の折り目に連動して、家の生業複合の様相はたえず変化していくことになる。しかも、誕生や死そして結婚といった折り目に際しては、年齢を重ねるとともに進む緩やかな変化とは違い、家族成員の増減を伴うため、家族間の役割分担と家内部の生業複合の様相は劇的に変化する。

つまり、同時代においても家族構成が違えば当然生業複合の様相も異なってくる。時代的背景に大きく規定されながらも、同時に家内部の事情を勘案しつつ生業複合の営みは変化していくことになる。

まごつき仕事

前記の農業日誌には、年間を通して「まごつき」と表記される作業が頻繁に登場する。しかし、まごつきという特定の目的をもった仕事があるわけではない。まごつきとは、田仕事（稲作）や蚕仕事（養蚕）のように対象が特定されることのない、いわば雑仕事とでも呼ばざるをえないものである。聞き取り調査によると、たとえば、稲刈り前に鎌を研いだり、畑に行く前に家の周りの草を刈ったり、また田仕事の行き帰りに魚やイナゴを捕ったりというように、まごつき仕事は生活全般に関わる細々とした生業を包括している。そのため、稲作や養蚕といった生業技術を代名詞にして呼ばれる仕事とはおのずと性格を異にする。

まごつき仕事は、農業日誌に登場するときの特徴として、主要な作業（稲刈り・田植え・蚕《かいこ》上げ・繭《まゆ》かきなど）の前後におかれることが多い。たとえば、田植え作業であれば、その前日に納屋にしまってあった田植え縄を準備したり、またその翌日には泥だらけになった田植え道具を洗って片づけるという作業は不可欠である。そのように、さまざまなことがまごつき仕事として田植えには付いて回る。まごつきがなくては田植え自体が成り立たない。

このように、まごつきとは稲作や養蚕といった主要な仕事を行う上でその前提となり、結果的に生活全体を支える仕事である。当然、まごつきだからといって、それは労働として軽んじられているわけではない。その一つの現れとして、まごつき仕事に当たるのは主たる労働力となる家長・主婦・長男であり、また家中総出ということも多い。

農家の場合、多くの生業は、それぞれ一年サイクルで繰り返される。しかし、そうした生業は個々に独立しているように見えてそうではない。技術としては、たとえば稲作や養蚕というようにそれぞれ分けることは可能であるが、それは一連の流れとして、しかも総体としてその家の生活を形づくるものでなくてはならない。そうした個々の生業技術をつなぎ合わせ、総体を組み立てる役割がいわばまごつきである。まごつきがないと、生業技術は総体として生計維持の役目を果たすことはできない。

周縁にある労働としてのまごつき仕事

農業日誌が教えてくれることは、生計活動は稲作・養蚕・畑作のようにおのおの独立した生業技術の集合体のように思われがちであるが、実際には個々の生業に色分けすることができないまごつき仕事や遊び仕事がその運用面において重要な役割を担っていることである。つまり、まごつき仕事や遊び仕事のような合間に行われる触媒的な仕事があってはじめて主要な生業が成り立つといってよい。

この点は人々の労働観にも影響を与えている。稼ぎに注目すると、農業日誌に登場する労働は二つに分けることができる。直接的に稼ぎに結びつくものとそうでないものの二つである。前者を主たる労働と呼ぶなら、後者はその周縁にある労働と呼ぶことができる。ここで注目するまごつき仕事や遊び仕事はまさに後者の代表である。ただし、現代社会に生きる私たちにとって、通常「仕事」と見なされるのは前者である。

また、前者の労働は、稲作・養蚕・畑作・手工業などというように技術により明確に分類することが可能であるという特徴をもつ。それだけにわかりやすいともいえる。さらに、個々の生業はそれぞれいくつかの分節する技術で体系的に構成される。しかも、そうした分節する技術どうしは明確に関連づけられている。稲作でいうなら、苗代・田植え・除草・稲刈り・脱穀というように、その労働は個々の技術の体系的な集合体である。

それに対して、後者は、いわゆる「仕事」の概念からは外れてしまう労働であり、そうした意味から周縁と呼ぶが、本来的には生活を下支えするものであり、基礎的な労働または触媒となる労働と呼ぶべきかもしれない。そうした労働の特徴は、それ自体は非体系的であるが、ときに娯楽性に富み、かつ日常の生活行為全般とわかち難く行われることにある。そのため、その行為自体は、稲作や養蚕のように技術により代名詞化することはできず、結果として現代人にはわかりづらいものとなってしまう。

まごつき仕事のような周縁にある労働の場合、その一つひとつの行為は取るに足らないものとされ、しかも個々の行為には何ら関連性がないように思われるが、それなくして主労働は体系化できないし、生活自体も結局のところ維持できない。つまり、まごつき仕事は諸作業の非体系的な集合でありながら、生活という観点に立ったとき、結果として種々の生業を家の生活としてまとめ上げる方向に作用するものだといえる。

そうした点に、農業日誌からは昭和初期に生きた人々の労働観の一端を読みとることができる。そこには、まごつき仕事といった周縁にある労働を主たる労働の下におくという考えはない。しかし、現代人にはもはや「まごつき」という労働の括り方はない。しかもそうしたまごつき仕事や遊び仕事といった周縁にある労働が、現代生活においては主たるる労働よりも一段低いもののような位置づけがなされるようになってしまった。

「発展」とか「成長」を合い言葉に経済合理性を規範とする社会においては、「遊び仕事」といった場合には不真面目な仕事ぶりを示し、「まごつき」とはまごまごとして要領をえない状態と解釈されるように、どこかマイナスなイメージでとらえられがちである。そこには、主要な仕事から外れた周縁的な仕事への蔑視がある。


（安室　知）

読書案内

宮本常一『生業の歴史』（日本民衆史六）未来社、一九九三年。
＊現代人の職業観から説き起こし、民衆の視点に立って、暮らしのたて方と生業の関わり、さまざまな生業の起源と展開、および都市の暮らしと職業について、平易に解説する。

国立歴史民俗博物館編『生業から見る日本史』吉川弘文館、二〇〇八年。
＊「生業」とは何か、民俗学・考古学・文献史学といった広義の歴史学における研究史を解説し、歴史研究における「生業」という新たな視座の有効性と課題について論議する。

篠原徹編『民俗の技術』（現代民俗学の視点一）朝倉書店、一九九八年。
＊「技術」とは何か、生きるという視点に立って、民俗学的に考察するとともに、漁撈・養魚・焼畑・炭焼き・山林労働といった生業の現場から、その意義について問う。

参考文献

新谷尚紀・波平恵美子・湯川洋司編『暮らしのなかの民俗学二　一年』吉川弘文館、二〇〇三年。

安室知『水田をめぐる民俗学的研究』慶友社、一九九八年。

安室知『水田漁撈の研究』慶友社、二〇〇五年。

安室知『日本民俗生業論』慶友社、二〇一二年。

Section 3
生活改善

よりよい生活を求めて

「暮らしを少しでもよくしたい」と願うのは、いつの時代も同じだろう。たとえば、モノの豊かな現在では、「要らないモノは捨てる」、「無駄を省く」は、快適な生活を送るためのスローガンともなっている。書店に行けば、捨てる技術を説いた本や、効率よく仕事をするためのビジネス書が、山のように積み上げられている。

もっとも、これは現代社会に限ったことではない。「無駄を省く」は、たとえば内務省が一九一九（大正八）年に始めた民力涵養《かんよう》運動の一環である生活改善運動にも見出せる。翌一九二〇年に設立された生活改善同盟会の設立趣旨には、「家庭や社会に於ける生活」について、「一切に無駄を省き、虚飾を去り、一層合理的となし、益々国民の活動能率を増す」と記されている（江幡、一九二二）。しかし、大正期の生活改善運動は、都市に暮らす新中間層の家族を対象としたものであり、また、実行するための具体的な手だては何ら講じられてはいなかった（小山、一九九九）。つまり、スローガンだけが先行していたわけである。

これに対して、戦後に始められた生活改善運動は、「女性の民主的な生活に向けて」具体的な手だてが講じられた点に特徴がある。これは、一九四八（昭和二三）年にＧＨＱ（連合国軍最高司令官総司令部）による農業改良普及事業（農業改良助長法）の一つとして開始されたもので、とくに農村の女性が対象とされた。ＧＨＱの指導者は、「封建的な慣習」のもと重労働を強いられていた彼女たちの日常生活こそを、何よりもまず改善する必要があると見なしたからであった。実際に女性たちは、農作業をはじめ、家事や出産・子育てをし、休む間もなく働いていた。しかも、女性の生産上の貢献は大きいにもかかわらず、女性の労働は家庭でも地域社会でも低く評価されていたのである（波平、二〇〇二）。

このようななかで、生活改善運動はどのように進められたのだろうか。またその結果、女性たちの暮らしはどのように変わったのだろう。筆者がおもにフィールドワークを行ってきた山口県の事例を紹介しながら、考えてみることにしたい。

生活改善運動を進めた女性たち

戦後の生活改善運動では、新たな役職として、コーディネーター役の生活改善専門技術員（以下、専門技術員）と、ディレクター役の生活改良普及員（以下、普及員）が設けられた。前者は、暮らしのなかにある問題点を発見し、改善策を探るための調査や実験を担当する専門職で、当初は各都道府県に一名以上が配置された。一方、後者は、実際に農村に出かけ、彼女たちとともに改善策を実践する職員であった。いずれの役職にも、地元の短大を卒業した女性や、教員をしていた女性たちが受験をすすめられ、順番に採用されていった。図1は、自転車でやってきた普及員（左から二人目）が、農村の女性たちに改良作業着のよさを説明しているところである。この写真は、山口県の専門技術員であった窪たけ子氏が、一九五七年、全国の生活改善専門技術員の代表としてアメリカへ研修旅行に出かけた際に持参したアルバムのなかの一枚であり、山口県農業試験場の作成による。このように、生活改善運動は地域社会において比較的、高学歴の女性たちが職員となり、彼女たちを中心に、問題点を見つけ改善策を考え、行動を起こしていった点に特徴があった。

さらに全国の村々に、生活改善を進めるための生活改善実行グループが結成された。村落の若い女性たちは、戦後間もない頃、婦人会の集会などに出かけても、姑や年配の女性たちへの遠慮から、思ったことをなかなか言い出せずにいた。これに対して、生活改善実行グループは、同世代の女性たちによって結成されることが多く、メンバー同士がしだいに打ち解けるなかで、お互いの悩みや家の問題を語り合うようになっていった。ある七〇代の女性は結婚直後の二〇代を振り返り、「生活改善運動に関わって初めて、自分の居場所ができた」と、なつかしそうに語ってく

図1　生活改良普及員と農村の女性

表1　1955（昭和30）年度に生活改良普及員の取り扱った事項の内訳と回数

項目	扱った回数 全体の割合	取り扱った主題	扱った回数
衣	722（10.9％）	（1）　作業衣の作り方（型紙，裁縫等）	277
		（2）　作業衣の改善について	71
		（3）　作業衣着用状況	48
		（4）　下着の作り方	46
		（5）　防水加工	25
食	3143（47.3％）	（1）　パン及び副食の作り方	514
		（2）　保存食の作り方	446
		（3）　季節料理	411
		（4）　おやつ又は菓子の作り方	150
		（5）　栄養について	145
住	1261（19.0％）	（1）　台所改善	403
		（2）　台所設計	311
		（3）　かまど改善	277
		（4）　送水設備	46
		（5）　風呂の改善	33
保健衛生	310（4.7％）	（1）　ハエの駆除	88
		（2）　農繁期の保健	34
		（3）　寄生虫駆除	33
		（4）　環境衛生について	22
		（5）　体重測定	12
家庭管理	233（3.5％）	（1）　家計簿の記入	76
		（2）　各月の生活設計	28
		（3）　生活状況のたしかめ	18
		（4）　子供の家事の分担	15
		（5）　家族の協力について	12
その他	982（14.8％）	（1）　グループ活動について	303
		（2）　生活改善について	149
		（3）　生活改善展示会	55
		（4）　グループ計画	49
		（5）　生活改善発表会	47
合計	6651		

注：総数の合計が100％にならないのは，小数点第2位を四捨五入したため。

れた。

生活改善実行グループはその後も増加し、一九五三（昭和二八）年には全国で約五二〇〇グループが作られ、構成員数は約一二万八〇〇〇人にも及んだ（市田〔岩田〕、一九九五）。

では、具体的にどんな活動が行われていたのだろうか。表1は、一九五五（昭和三〇）年度に山口県で行われた「生

図2　改良前の竈（江戸時代末期）

埼玉県幸手市大字手塚より，埼玉県さきたま古墳公園へ移築された旧遠藤家の竈。

図3　改良竈（和歌山県伊都郡かつらぎ町）

活改良運動」の内容を示している。これを見ると、一番多いのは食の改善、次に住、衣、保健衛生、家庭管理と続き、すべて家庭の領域に関する事柄で占められている。つまり生活改善運動では、これら家庭の領域に関わる活動の担い手として、女性たちに大きな期待を寄せたのである。

生活改善運動と民俗とのはざま

生活改善運動は、従来の生活を変えるという点で、村落社会の規範や人々の考え方、慣習といった民俗と対立することもあった。このことは、たとえば代表的な活動の一つである竈《かまど》の改善に見出せる。竈とは煮炊きをする火所のことで、かつては土間に設けられていた（図2）。人々は竈神を祀り大切に扱っていたが、煙が家のなかに充満するなど、困った面も多々あった。そこで農林省は一九五四年から「かまど改善運動」を全国的に強化し、台所の改善に加えて、農家の燃料の合理化と能率化を進めた。台所の改善には、水道の設置という抜本的な改善が必要であったが、生活改善運動では、まずは煙の充満しない煙突のついた改良竈を導入することにした。

当時、モデルとされた「よりよい台所」とはどのようなものだったのだろう。一九五七（昭和三二）年に、全国の専門技術員の代表としてアメリカへ研修旅行に出かけた前述の窪たけ子さんは、アメリカの家庭でシステムキッチンと洗濯機を目の当たりにし、日本との落差に驚いたという。ＧＨＱが進めた生活改善運動は、アメリカの合理的かつ便利で快適な暮らしが理想とされたのであった。

ところが、当時の日本の農村では、改良竈の設置を進めることすら容易ではなかった。なぜなら、竈は家の中心と考えられ、さまざまな禁忌が存在していたからである。たとえば、竈の位置が神棚や家の入り口、食事時の主人の座席などと向かい合うことを避ける禁忌がある。家のなかの重要な場所や位置が、同じく家の中心である竈と向かい合い、勝ち負けがつくことを避けようとしたためである。また、妊娠中に竈の修繕をすると、「三つ口」（口唇裂《こうしんれつ》・口蓋裂《こうがいれつ》）の子どもが産まれるという禁忌も、全国に多数見られた（恩賜財団母子愛育会、一九七五）。竈神は、家の神として家人を守り、その運命を司る性格があるゆえ（飯島、一九八六）、妊娠中に竈を改築することが、出産に悪影響を及ぼすと考えられたのである。たとえば山口県玖珂郡（岩国市）美和町のある家族は、一九六五（昭和四〇）年に家屋の新築を考えていたが、まさにその年に嫁が妊娠したため、台所だけを残して改築したという。一九六〇年代に入ってからも、このような禁忌が守られたのは、安産を願い、縁起の悪いことをなるべく避けて、命の誕生を迎えようとしたからであった。

このように生活改善運動は、従来の生活を変えていくという点で、日常の慣習や人々の考え方、つまり民俗とぶつかり合うことも少なくなかった。しかし人々は、新たな考えを真っ向から否定するわけではなく、都合よく解釈し直したり、つじつまを合わせたりしながら、新しいものを吸収していったのである。

パンを焼こう！

先述の通り、一九五五（昭和三〇）年度に山口県の生活改良普及員がもっとも頻繁に行った活動は、食生活に関するものであった（表1参照）。なかでもとくに多かったのが「パン及び副食の作り方」である。戦後しばらくの間は食糧難が続き、農村においても食べものの確保が何より重要であった。その解決策として、戦後の農村で米作りを速やかに再開することよりも、パン食の普及が進められたのは、なんとも奇妙である。その背景には、一九五四（昭和二九）年にアメリカとの間で結ばれたMBA協定があった。この協定によって日本は経済復興資金を獲得したが、一方で、軍事増強を義務づけられたほか、アメリカの大量の小麦を受け入れることになったのである（鈴木、二〇〇三）。以上のような政治的な背景から、生活改善運動においても、パン食の普及が大きく取り上げられたのであった。

そのため早速、専門技術員と普及員の女性たちが町のパン屋に出かけて、パンの焼き方を学んだ。彼女たちは、大きなドラム缶を半分に切って網を敷き、その下に七輪を置き、炭火でパンを焼く工夫をした。そしていくつかの農村に出かけて、野外で女性たちに実演して見せたのである。農家の女性たちも、普及員の熱心なすすめにより、パンを焼き始めた。隣の村でパンがうまく焼けたらしい、という噂を聞けば、「じゃあ私たちもやってみよう」と、近隣の生活改善実行グループが次々にパンを焼くようになった。さらに普及員たちは、パン食に合う洋食の献立も指導するようになった。もちろん戦前にも、農村の限られた食材を活かした多彩な洋食の献立が紹介されていたが、実用向きではなかった（安井、二〇〇七-b）。生活改善実行グループの女性たちは、パンを焼くことを通して、仲間の女性たちとともに一つのことをやり遂げる達成感を得ていった。そしてそれは、彼女たちに、新たな自信をもたらしたのである。

このことは、農繁期に行われた共同炊事においても同様であった。農業機械の導入されていない時代、田植えや稲刈りの時期、女性たちは猛烈に忙しくなる。そのうえ、家族の三度の食事を作らなければならず、この期間に過労で倒れる女性も少なくなかった。そこで、農家の人々が必要経費を出し合い、農繁期の三度の食事を農家以外の家の女性たちに委託する共同炊事が実現したのである（安井、二〇〇七-a）。子どもたちは共同炊事で配給される多彩なおかずを楽しみにし、共同炊事ではじめてコロッケの味を知ったという年配者もいた。

共同炊事は好評を博し、しばらく続けられたが、農業機械の導入とともに、あっけなく終了した。田植え機によって、女性たちの手植えの時間と労力が驚くほど軽減されたからである。その結果、農繁期の女性に時間的な余裕が生じるようになったが、今度はその代わりに、共同炊事で紹介された多彩で栄養に富んだメニューを、それぞれの家庭で作ることが期待されたのである。こうして女性たちは、労働の負担は軽減されたが、それと引き換えに、家事をより丁寧により高度に行うことも目指すようになった。

農家の嫁たちは、一日中仕事に明け暮れ、夜には片づけや翌日の準備などがあり、外出さえままならないこともあった。ところが、生活改善運動の活動が軌道に乗ると、「生活改善の話し合いに出かけます」と言えば、しだいに舅や姑も嫁の外出を認めるようになっていった。これは、農家の女性たちにとって大きな変化であったと言える。

家計簿をつけよう！

次に、家庭管理に関する活動として、家計簿の記帳を紹介したい。農家の女性のなかには、結婚してから一度も財布をもったことがないという女性もいた。夫や、同居している舅・姑に任せきりで、買い物に行くときにも必要な金額だけを姑から渡されたり、馴染みの店でつけで買い物をしたりすることもあった。食べ物の心配がない代わりに、家の財産の運用についてまったく発言権のない嫁も多かった。そしてそのことが、自ずと家のなかでの嫁の地位を低いままにしていたのである。

そこで普及員たちは、農家の嫁たちに家計簿をつけることをすすめた。生活改善実行グループのメンバーで家計簿を持ち寄って勉強会を開き、普及員が添削して指導をした。最初は、家計簿をつけることを姑や舅に反対されていた嫁たちも、「皆がやっているから」と押し切り、しだいに家計全体を知るようになっていった。そして家計簿をもとに、贈答の出費を抑えたり、計画的にものを購入したりさまざまな工夫をするようになった。その結果、テレビや洗濯機などの大型電化製品を購入する際にも、計画的な資金の調達方法を家族に説明するまでになった。こうして女性たちも家のなかで発言権を得るようになっていったのである。家計簿の記帳は、結果として家のなかでの女性たちの地位を高めていくことにもつながった。

「家の嫁」から一個人としての女性へ

このように戦後の生活改善運動は、家庭の領域に関わるさまざまな取り組みを女性たち自身が進めていった点に特徴がある。また、全国の生活改善実行グループが集う場が設けられ、村を越えた女性たちのネットワークも形成されていった。同じような悩みや問題を抱えている女性たちが全国にいるという事実が、彼女たちの活動の原動力になっていったのである。

しかし、熱心に行われていた生活改善運動も、高度経済成長期の頃から、運動の方向性が少しずつ変わっていった。それは、農業の機械化や家電製品の登場などによって、暮らしそのものが大きく変化し始めたからに他ならない。衣食住に関する生活改善運動を行わなくとも、便利なモノが増え、洗濯機などの導入で家事労働は軽減され、農家の女性たちに時間の余裕ができるようになったからである。

ところがそれと引き換えに、女性たちは、たとえば共同炊事で実践した栄養のバランスを考えた献立を、今度は夫や子どものために家庭で一人作るという役割を背負い込むことになった。その意味で、生活改善運動は、女性が衣食住を中心とした家庭の私的な領域を担当し、男性は社会の公的な領域を担当するという性別役割分担を強調することになったと言える（矢野、二〇〇七）。しかしそれに留まらず、女性たちのなかには、生活改善運動の経験を活かして、その後さらに活動の枠を広げ、村の特産品や土産物作りを行い、なかには起業する女性も現れた。生活改善運動は、女性たちが、家庭の私的な領域に留まらず、公的な領域での活動を後押しすることにも貢献したのである。

このように戦後の生活改善運動は、主に農村の女性たちが村落の生活をよくしたいという共通の目標に向かって協力し合い、実践した活動であったと言える。「家の嫁」であった女性たちは、生活改善運動を通して一個人として社会とつながり、実際に行動を起こして「社会を変える」手ごたえを得ていったのである。さらに重要なことは、生活改善運動を通して、彼女たちはつねに仲間や社会に思いを馳せていた点である。自分一人の暮らしをよくするのではなく、家族の暮らし、ムラの暮らし、そして社会全体の暮らしをよくすることを求めていたのである。現代では、「生活をよくしたい」と願う時、仲間や社会よりも、まずは個人の暮らしが強調される傾向にあるが、このことは生活改善運動の求めていたこととは対照的と言えるだろう。

（安井眞奈美）

読書案内

田中宣一『暮らしの革命――戦後農村の生活改善事業と新生活運動』農山漁村文化協会、二〇一一年。

＊戦後の農山漁村で展開された生活改善事業と新生活運動を中心に、その目的や活動内容、生活改善運動を行った地域社会の事例などが紹介されている。生活改善運動が地域社会でどのように受け入れられていったかを知ることができる。

矢野敬一『「家庭の味」の戦後民俗誌――主婦と団欒の時代』青弓社、二〇〇七年。

＊高度経済成長期に、農村の女性たちが味噌作りや郷土食作りに励むなかで、いかに「主婦」役割を獲得していったのかを具体的に示している。生活改善実行グループの取り組みについても紹介している。

小山静子『家庭の生成と女性の国民化』勁草書房、一九九九年。

＊家族にとって近代とは何か、また、家庭の形成に国家はどう関わったのかを論じた好著。大正期の生活改善運動を取り上げ、女性に対して行われた啓蒙活動が、女性に何をもたらしたのかを考察している。

山口県『山口県史』民俗編、二〇一〇年。

＊山口県の近代から現代にかけての暮らしの変化と民俗を、生活改善運動の他、女性の暮らし、村の変貌など、さまざまなテー

マから具体的に論じた民俗誌。従来の県史の枠を超え、社会変化に重きを置いている。

柳田国男『明治大正史世相篇』新装版、講談社学術文庫、一九九三年。

＊暮らしが変わるというのは、具体的にどういうことかを、独自の観察眼から示した柳田の代表作の一つ。その視点は、景観、色、音や恋愛事情に至るまで多岐にわたる。最後の第一五章は「生活改善の目標」で締めくくられている。

参考文献

飯島吉晴『竈神と厠神――異界と此の世の境』講談社学術文庫、二〇〇七年。

市田（岩田）知子「生活改善普及事業に見るジェンダー観――成立期から現在まで」『年報村落社会研究』第三一集、一九九五年。

市田（岩田）知子「戦後改革期と農村女性――山口県における生活改善普及事業の展開を手懸かりに」『村落社会研究』第八巻第一号、二〇〇一年。

江幡亀寿「生活改善同盟会設立の趣旨」『社会教育の実際的研究』博進館、一九二一年。

恩賜財団母子愛育会編『日本産育習俗資料集成』第一法規出版、一九七五年。

鈴木猛夫『「アメリカ小麦戦略」と日本人の食生活』藤原書店、二〇〇三年。

波平恵美子「女性と民俗　解説」『山口県史』（資料編　民俗一　民俗誌再考）山口県、二〇〇二年。

山口県農林部農業改良課『普及事業十年史』山口県、一九五九年。

安井眞奈美「村の暮らしを改善する――ある生活改善専門技術員の聞き書きより」『山口県史研究』第一四号、二〇〇六年。

安井眞奈美「農村女性にとっての生活改善とは――山口県下関市菊川町における戦後の共同炊事より」『山口県史研究』第一五号、二〇〇七年―a。

安井眞奈美「雑誌『家の光』にみる農村の洋食――一九二五年創刊号から一九三五年までを中心に」川村邦光編『日本の知的遺産としての洋食文化の研究』大阪大学大学院文学研究科日本学研究室、二〇〇七年―b。

安井眞奈美「生活改善と村の暮らし」『山口県史』（民俗編）山口県、二〇一〇年。

コラム8　民俗学と近代

都市民俗学は、果たして何かを生み出し得たのだろうか。川村清志氏は、そう問い質す。都市民俗学がかたちにしえたことに比べたら、いろいろ問題はあるものの、民俗の二次的流用を批判的に検討する「フォークロリズム」の議論のほうが、まだましなのだという（川村清志「都市民俗学からフォークロリズムへ」小池淳一編『民俗学的想像力』せりか書房、二〇〇九年）。フォークロリズムは、意識的に市場経済や新たなメディア状況を視野に収めて議論しようとしており、旧来の「伝承母体」という静的な考え方からも自由になった。何より、「民俗」と名づけられたものが、文化資源として商品化され、また、根拠もないのに「伝統」だともてはやされ語られていく過程を、批判的に議論できるようになった。

というわけで、フォークロリズムに軍配があがった。

確かに、かつての都市民俗学は、結局、ムラの共同体のイメージを都市の暮らしのなかに重ねて見ようとし、はなから伝承と名づけられるような要素を発見しようとしていた。そこには、市場やメディアという議論は皆無に等しかった。「都市」という旗印をかかげてきた私自身が、都市民俗学は大した貢献をなし得なかったという評価に、十分に反論できない。悔しい限りである。

しかし四半世紀前、都市をめぐる議論は、民俗学に限らずひとつの流行であり、ある種の熱気があった。この国の日常を飲み込み均質に広がる都市という仕組みを生きる人々のふるまいや語りが、いかなる記憶と痕跡をそこに刻んでいるのか、都市は解読の対象になった。そこには、戦後の高度成長期がひとつの山を越え、この国の近代という仕組みにより、私たちの暮らしがどのように規定されつくりなされてきたのかを改めて問う射程があった。

都市をめぐる民俗学の議論もそうした文脈を共有するとともに、さらに民俗学のあり方自体を問い質すことをも目論んでいた。それまで、主にムラと呼ばれるところを対象にしてきた民俗学は、果たして既存の道具立てで都市に向き合うことができるのか、それが民俗学にとっての都市という喫緊の課題であったはずであった。

都市民俗学に対する否定的な評価を認めるのは、何より、民俗学そのものを問い質すことが、うやむやのまま今日にいたったからだ。

では、フォークロリズムは、そうした射程がどれだけあるのだろうか。この概念を生み出したドイツでは、民俗学の成立と、民衆の古き慣習を発見して利用する実践は、はじまりの歴史をほぼ共有していた兄弟のようだ（H・モーザー〔河野真訳〕「民俗学の研究課題としてのフォークロリズム上・下」『愛知大学国際問題研究所紀要』一九八九年九〇号・一九九〇年九一号）。民俗学が、民俗の二次的流用を詰問するのは、場合によってはそうした己の生誕の歴史の隠蔽または忘却に他ならない、といったらいい過ぎだろうか。少なくとも、あらかじめ「民俗」を含意するフォークロリズムは、民俗学もまたフォークロリズムのひとつであると開き直る以外、民俗学自体を俎上にのせ解剖することはできないだろう。

私たちは、「民俗」という名づけと価値自体が、すぐれて近代的産物であるという事実を忘れがちである。しかし、この民俗という考え方こそが、民俗学を標榜する私たちの思考そのものを深く規定し続けている近代なのである。あたりまえのことだが、民俗学に先んじて、「民俗」なる自明な事物事象が存在していたわけではない。それはあくまでも民俗学という学が生み出したひとつの「問い」である。では、その「民俗」という問いをどのように構想し「民俗学する」のか。民俗の像は、それ次第で変わる。

少なくともそれは、未だ都市民俗学の延長上にいる私にとっては、常に、リアルな問題としてあり続けているのである。

（重信幸彦）

第11章

「伝統」をひろげる

コンビニで知る年中行事

「あけましておめでとうございます」。テレビのなかから何度同じフレーズを聞いたことだろう。年賀状に鏡餅、おせち料理等、正月から連想される項目はいくつもあるが、果たしてこれをすべて続けている家はどれくらいあるのだろう。うちでも鏡餅はコンビニエンスストアでセットになったものを買って飾り、おせち料理もごく簡単にしか作らない。雑煮は作るが、元日には角餅の入った関東風、二日目は関西出身の母親の意向で丸餅を入れた関西風というのが定番になっている。

年賀状も親は葉書でやりとりをしているけど、自分や友だちはメールでのやりとりが主流だ。それでも初詣に行くと、ちょっと新鮮な気持ちになる。初詣って古くからあるものだと思っていたけど、そうでもないと民俗学の授業で先生が言ってたのを思い出した。

元日の午後、家族四人で初詣に出かけることになった。日頃、静かな境内も三が日は参拝者でごったがえす。参拝を終えて境内を見渡すと、数種類のお札が並んでいた。年末に祖父母が古いお札を新しいものに取り換えていたのを思い出した。祖父母の家には仏壇も神棚もある。茶の間や台所には恵比須や大黒、竃のカミサマのお札もあった気がするけど、馴染みがないものばかりだ。

年が明けると、あっという間に節分がくる。コンビニの目立つ場所に鬼の面や豆が並び、店内アナウンスが今年の恵方まで教えてくれる。よくよく考えてみれば、雛祭りや端午の節供、彼岸、盆、正月、バレンタインデーにクリスマス、年中行事や季節の到来を気づかせてくれるのはコンビニだ。いまや、うちの家族にとって重要な年中行事といえば、家族の誕生日とクリスマスだろうか。個人的にはバレンタインデーも一大行事だ。行事に必要なものは、一昔前なら自分の家で作ったのだろうけど、今じゃ材料を集めるだけでも大変だし、すべてコンビニが揃えてくれる。コンビニのない生活なんて考えられない。各家で用意した一昔前とは異なり、均質化されたものが販売されるのは仕方がない。そもそも藁などの材料は手に入らないのだから。

学校で学ぶ民俗

今の暮らしのなかでは、農産物の収穫を祝ったりカミに感謝するといった体験は少なく、現実感がない。東京で育ったアイにとっては、播種や田植え、作物の収穫はまったく馴染みがない。田畑を大事にする祖父母にとって、田の神や山の神を祀ったり、虫や風の害から作物を守ったり、収穫を祝うことはあたりまえなのだろうが、私には無縁のことばかり。

祖父母といっしょにいれば、「節目はちゃんとするものだよ」といって、いろいろと教えてくれるんだろうけど、それもない。幼稚園や小学校に通う頃ならば、授業の一環として地域の行事に参加したり、年中行事のことを学んだり、といった機会もあったけど、大人になるにつれてそういうことから離れてしまった。こうやって思い出してみると、年中行事ってなんだか今の時代は学校で経験するものになったみたいだ。

Section 1 コンビニで知る年中行事

玄関に正月飾りを吊るし、家族でおせちをいただく。このような正月を過ごす家庭は今も多い。正月や盆、そして五月の節供や七夕など、季節の節目に毎年繰り返し行われるのが年中行事である。人々はこうした行事を行うことで、日々の暮らしにリズム感を生み出してきた。年中行事には、どのような特色があるのだろうか。

年中行事の日

茨城県や福島県では、年中行事を含む休み日をカミゴトという地域があった。カミゴトは「神事」の意味と見られている。この言葉が示すように、年中行事の多くには神が介在した。生業に基づく年中行事は非常に多いが、その内容は作業の節目に豊作や豊漁を願う、神への祈りであったといってもよい。

カツオ漁が盛んだった静岡県焼津《やいづ》市では、正月二日に、その年の豊漁を願うフナイワイ（船祝い）が行われた。船元と船方たちは、まずカツオ船に集まり、船内にまつられた船霊《ふなだま》様にショガツオ（塩カツオあるいは正月魚の意味か。塩漬けのカツオ）やお神酒《みき》を供え、豊漁を願って参拝する。そのあと、カツオ釣りを真似た儀礼が行われた。大漁旗や幟を飾った船上で、船頭が「ナブラ（カツオの群れ）だ～」と叫ぶ。すると、カツオ船のヤリダシ（先端部分）で、若い衆頭たちがカツオを釣り上げる真似をして、その年が豊漁であるよう、祈願したのである。この後、船元の家で賑やかな酒宴となった。

静岡県富士市南部の稲作地帯では、ムラの全部の家で田植えが終了すると、マンガライ（馬鍬《まぐわ》洗い）が行われた。マンガライは、六月三〇日か七月一日が多く、ムラの公的な休み日でもあった。家々では馬鍬など田植えまでに使われた道具をすべて洗い、裏作で収穫された新小麦で小麦饅頭を作って食べた。これをオシキ（折敷）に載せて洗った道具に供える家々もあり、それが旧来のやり方だったと考えられる。同市本市場新田堀下地区では、この夜に氏神社へ各家の女たちが集まり、お礼題目を唱える。その最後に、供え物である果実などを下ろし、それらをいただく会食となる。田植えの無事な終了に感謝するとともに、豊作が祈願されるのである。

年中行事の日は、日常と異なるハレの日である。現在でも正月や盆に長く仕事を休むように、年中行事の多くは、日常の仕事をしない休み日であった。前述の船祝いは正月二日で、まだ実際のカツオ漁には出ない。マンガライは、ムラ全体の休み日でもあった。仕事をしない時間帯を設ける場合もある。各地に「怠け者の節供働き」ということわざが伝わっている。日頃の怠け者に限って節供に働く、という批判の意味がある。節供は休むべき日とされていた。休むのは、本来は神をまつって屋内で物忌《ものいみ》精進《しょうじん》すべきだったためと考えられている。節供に働く者はその規律を乱すのだ。カミゴトの言葉を伝承する福島県会津若松市湊町では、その日には青年が太鼓を打って知らせ、区の人々に休みの徹底を図っていた（田中、一九九二）。富士市では、マンガライを含めムラの休み日をモノビといったが、これは「物忌み日」を意味するのだろう。

図1　正月用品を売る年末のスーパー（京都府南部）
「お正月飾り」のパネルには，飾るべき日などが説明されている。

食物も、正月の餅のように、いつもより晴れがましくなる。焼津の船祝いでは、宴会の食事のほか船霊に供えたショガツオが食された。富士市のマンガライでは、食物そして供物として新小麦の饅頭が作られた。同市堀下地区では、氏神への供物が下ろされて会食となる。このように、年中行事は、神と人がともに同じ食物を食べる神人共食の機会でもあった。

本来年中行事の日は、仕事を休んで神をまつり、日常とは異なった食物を神とともに食するハレの日であった。焼津の船祝いでは、船霊に豊漁を祈ったあと、カツオが釣り上げられる様子が晴れがましく再現される。神をまつることで人々はこうしたハレのエネルギーを得て、日常生活を活性化させたのである。

集団で行う行事

年中行事は、このほかに集団で行われる点が特色とされる。船祝いはカツオ船という漁業の経営体が単位であり、マンガライは家とともにムラの行事でもあった。このように年中行事は、日が決まっていることからも明らかなように、個人で勝手に行われるのではなく、家やムラ、また同族や同じ信仰の講集団など、何らかの集団を単位として行われてきた。そのため、属する集団によっても、年中行事の内容は異なってくる。元旦はまずは初詣に行く、あるいは家族そろってお屠蘇《とそ》を飲むなど、家によっても正月の過ごし方は少しずつ異なるだろう。

こうして集団で行われることで、年中行事には集団的な規範性が伴う。行事を行うにあたり、恐らく個人的な希望で若干の変更が加えられることはあっても、集団内で規範的な意識が働き、過去と同様の内容が求められる傾向にある。この過去とは、伝統という言葉におき換えてもよいだろう。年中行事は毎年同じ内容がくり返されるものであり、とりわけ伝統性が強いといわれている。それを如実に示す資料を紹介しよう。

一八一三（文化一〇）年に遠江国引佐《いなさ》郡狩宿《かりやど》村（現 静岡県浜松市）の峯野伴五郎によって綴られた「年内神事祭事行事私紀」の冒頭には、我が家で語り、聞かされ、伝えてきたことが後世次第にすたれていくであろうことを嘆いて「旧説」を記録し子孫に伝える、と記されている（静岡県、一九九一）。そのなかでは、供え餅に必要な米の量や門松の松の本数なども書き上げて、文末を「〜べし」と記すところが多い。「我家で語り、聞かされ、伝えてきたこと」とは、両親や祖父母、その先祖という代々家を構成してきた集団のなかで、年中行事が口承によって伝えられ、行われてきたことを示している。そして、年中行事は家での「旧説」に従って「こうすべし」という意識のもと、子孫にそれをそのまま伝えようと、文字化されたのである。

このように、年中行事には文字化された記録が少なくない。すでに平安時代に、宮中にあったという「年中行事障子」と呼ばれる衝立《ついたて》には、年中の宮廷儀礼の次第が克明に記録されていたという。近世には、年中行事について多くの覚書が残された。本来は口承に基づく年中行事を文字化する動きは、文字によりその内容の固定化を図るものである。繰り返して行われることが求められた、年中行事がもつ規範的、伝統的な性格の表れともいえるだろう。

こうした年中行事によって彩られてきた日本の生活だが、近年では行われなくなったものが多い。とくに、農業や漁業などの第一次産業を基盤とした社会構造の変化で、生業過程を反映した年中行事は行われなくなってきた。豊作や豊漁を神に願うという、信仰心に基づいた年中行事の必要性がうすれてきたのである。

年中行事と買うこと

一方、コンビニエンスストアなどで年中行事を知る機会が多くなった。正月前にはパックの鏡餅、雛祭りには雛菓子が店頭に並んで、その季節の到来に気づかされる。筆者が二〇一〇年七月から翌年二月まで、京都府南部から奈良県北部のスーパーなどのチラシから、年中行事を知らせる内容を収集したところ、半夏生・七夕・土用・盆・十五夜・秋彼岸・正月・七草がゆ・鏡開き・節分が見られた。正月には餅や飾りなど正月用品が取りそろえて宣伝されている。私たちの生活に、やはり年中行事は欠かせないといえようか。

しかしながら、商品を購入すれば簡単にその年中行事を行えるという状況では、家や地域での伝承とは無関係に、商店から画一的な年中行事が提示されていく恐れがある。一九九〇〜九一年のある調査では、七草がゆ実施家庭の六九パーセントが、商店での七草セット購入による実施という（サントリー株式会社不易流行研究所、一九九二）。筆者もその一人で、以前は家庭で七草がゆの習慣はなかったが、七草を商店で購入できる気軽さから、時折この行事を行うようになった。このような、商品を前提として年中行事を行う家庭は、現在は存外に多いのではないだろうか。

必要なものを買って年中行事を行う現象は、都市では少なくとも近世には確認される。暮れには正月用品を商う年の市が立ち、盆には盆用品のための草市が立った。江戸時代後期の『東都歳時記《とうとさいじき》』によれば、江戸では深川八幡宮の年の市をはじまりとし、数々の年の市が立った。浅草寺年の市には、注連飾りの材料などが売られていた。江戸では七夕の前に、笹竹売りが声を響かせて笹竹を売りに来たという。都市では、周辺農村から年中行事の材料の曳き売りが行われていた。静岡県焼津市で、花沢という山間のムラから焼津のマチへ曳き売りに出かけていた女性（一九〇六〔明治三九〕年生まれ）は、歳末にはウラジロ（シダ植物）や橙、端午の節供には柏の葉、盆には盆棚につるす植物などを販売していた（外立、二〇〇三）。都市の年中行事に必要な商品を、生産地である周辺農村から販売に来ていた例は、恐らく数多いだろう。

ただ、それらの商品は、年中行事を行うための材料が中心だったと見られる。材料を手に入れる手段のない都市に暮らす人々は、それらを購入して、年中行事のしつらえや食物を用意してきた。したがって、材料は買うものの、都市は都市なりにその家や地域に伝わる年中行事を伝承してきたと考えられる。買ったウラジロを注連飾りにどのように飾るのか、家族という集団が、そのための時間と空間を共有した。飾るための身体の動きやそれに伴う言説が共有されながら、その家の年中行事が後代へ伝承されてきたと考えられる。

また、年中行事のハレの食物は、しばしば販売された。一九一一（明治四四）年の『東京年中行事』には、雛祭りには菱餅、五月には柏餅が菓子屋などで売り出されると記されている（若月、一九六八）。同じく明治末年、福島県いわき市のある商家では、節供に菓子屋で購入された柏餅を贈られている。近隣での贈答品ゆえ、地元のつくり方に基づくものだろう。その商家では自家製を返したようだ（山崎、一九九九）。

近年の例で、静岡県民俗学会が採集した年中行事のチラシ報告には、清水市（現 静岡市）江尻の菓子屋で、秋の彼岸入りに「チイチイ餅」が宣伝されている（静岡県民俗学会編、二〇〇〇）。チイチイ餅は、同県中部で年忌や彼岸などにつくられてきた餅である。同報告には、豊田町（現 磐田市）の商店で出した、歳末の「へそ餅」販売のチラシもある。へそ餅は、静岡県西部では正月の供え餅として作られる、丸餅のうえにへそのように米粒大の餅をのせたものである。地域の年中行事を反映してそのハレの食物が作られ、販売されたことがわかる。筆者も十五夜の日、奈良市街のスーパーで、地元のつくり方による月見団子の販売を見かけた。こうした例では、まだ年中行事のハレの食物を売る商店が、その年中行事を伝承する社会と、口頭の伝承で情報が伝わる範囲内にある。前述の清水の事例では、近所の主婦たちが商店に年中行事の情報を提供しているという。

商品化された年中行事

ところが、近年ではまったくその地域にない年中行事の商品が、コンビニなどで広まり定着している例がある。筆者の七草がゆもそれだが、代表的なのは節分の巻きずしだろう。節分の日、その年の恵方（その年の年神がいて、もっとも縁起がよいとされる方位）に向かって巻きずしを丸かぶりすると、願いがかなう、幸福になれると宣伝され、この日は店頭に巻きずしが並ぶようになった。コンビニ七社のチラシでは、これを「丸かぶり寿司」と記すのが一社、「恵方巻」五社、両方併記一社で、恵方巻の名称に定着しつつあるようだ。

節分の恵方巻について、早くは一九四〇年に大阪鮓商組合後援会発行のビラが報告されている。このビラには、「節分の日にその年の恵方に向って巻寿司の丸かぶりすると大変幸運に恵まれるといふ習しが昔から行事のひとつとなってゐて」とある。しかし、これは大阪でも一般的とは考えにくい風習だったという。ところが、七〇年代後半には、大阪海苔問屋協同組合、関西厚焼工業組合などの団体が、積極的な宣伝活動を展開した（岩崎、二〇〇三）。その後、一九八九年にコンビニで最初の販売があった。コンビニのセブン‐イレブンで当初は広島県内のみの販売だったが、好調により九八年には全国的に展開させた。セブン‐イレブンでは二〇一〇年に約四八〇万本が売れたという（セブン‐イレブンのチラシより）。

図2　恵方巻のチラシ

この場合は、恵方巻を販売するコンビニなどに、特定の社会との関係は見出せない。口頭で伝承が伝わる身近な地域を超えた、広い範囲での普及である。そもそも発祥地と見られる大阪でも、一般的な民俗ではなかったという。いわば擬似的に作られた民俗、フォークロリズムというべきものだろう。現代社会における情報網や流通の発達によって、急速にこの新たな年中行事は広まった。

その速さを別とすれば、このような年中行事の普及事例は、過去にもあろう。七夕には笹竹に願いを書いた短冊を吊るす。現在はこれが伝統のようだが、こうした七夕は江戸時代以降で、手習い教授の普及に伴うという。手習いの色紙を吊るせば上達するなどといわれた。伝統が求められる一方で、年中行事も当然ながら変化してきたのである。

求められる伝統と信仰性

この新たな年中行事、節分の恵方巻はなぜ広まったのか。それを民俗学の視点から見ると、これまでの日本人の考え方によく合っていることがうかがわれる。

恵方巻が定着した理由の一つに、巧妙に作られた由来があると見られている。大阪船場《せんば》が発祥地で、女性が思う相手と一緒になりたい願いから、縁を切らないよう丸かぶりするとか、秀吉の家臣が節分の前日に巻きずしを食べて出陣し、大勝利となったとか、諸説がある。髪結い職などさまざまな職人に由来書の存在が知られるように、由来はそのものの価値を高める役割を果たす。こうした由来によって恵方巻が高められたのは、「伝統」という装いの効果だろう。

商品化された年中行事のチラシなどには、このような伝統を主張する文言がよく附せられている。七草がゆセットの袋には「古くに中国から伝わった風習」、七夕のそうめんのチラシには「七夕にそうめんを食べると大病をしないといわれています」など、「風習」や「いわれている」など、それらが古くからの伝統であることが主張されている。

人々は、伝統という正しく見られる過去からの習慣にのっとることで、現在の自分に安心感を得ようとする。核家族化で、現代社会の多くの人々には「我が家で語り、聞かされ、伝えてきたこと」がない。自分で見聞きできる伝承の範囲内での、伝統を知らない。そうした人々の不安に、商店が提示する年中行事の伝統が、応える役割を果たしているのかもしれない。年末の京都府南部のスーパーでは、正月飾りの意味や飾るべき日を貼り出していた。

恵方巻定着の要因として、「恵方巻を無言で丸かぶりすると、その年幸福になれる」という言説の役割も大きそうだ。節分には、そもそも除災招福《じょさいしょうふく》への期待がある。前述の現代家庭の年中行事調査では、節分は実施率の高さで第三位。除災招福の願いは、生業の共通性がなくても、誰しもに通ずるためだろう。そして恵方巻は、豊作豊漁ならぬ「幸福」という個々人の願いに応えようとする。そこに神は介在しないが、家庭内でも共通の生業をもたず個々に生活する現代社会の人々に、この幸福は呼応したのではないだろうか。「恵方」巻の名称に定着しつつあるのも、そうした幸福、縁起のよさを求めてやまない、人々の心意が背景にあると思われる。コンビニのミニストップは「幸福恵方巻」、ローソンは京都清水寺祈禱の「縁起の良い海苔」を使用とさえ宣伝する。

そしてこの「幸福になれる」という言説は、現代社会特有のチラシやインターネットなどにより、文字化されて人々に提示された。文字は、口承より優位に見られる傾向がある。文字として視覚化されたことで、節分における除災招福は、幸福とともに一層強化されて人々に意識されたのではないだろうか。そして、文字と流通の速さにより、この情報は身近な口承の範囲を越えて、あっという間に多くの人々に共有されるものとなった。

また、何より恵方巻はハレの食物である。七福神にちなんで七種の具を宣伝するものもある。すしはそもそもハレの食物であり、祝い事で食べた経験者も多いだろう。和歌山県紀北地方では、秋祭りの食物として約二カ月をかけて鯖ずしが準備され、滋賀県草津市や守山市などでは、祭りの際に神へ鮒ずしを供えることが報告されている。

さらに、この恵方巻を「切らずに丸かぶりする」とは非日常的な食べ方であり、ハレの要素を一層強めているようだ。と同時に、幸福を願いながら「恵方を向いて」すしを「無言で丸かぶり」するのは、いわば願掛けの作法である。お百度を踏む、厄落としに道に小銭を捨ててふり返ってはならないなど、願掛けの作法はさまざまに伝承されてきた。そうした日本人が従来行ってきた願掛けの作法に、この食べ方は通じるものがある。明確な神は介在しなくても、こうしたコンビニで買う年中行事にも信仰性は認められるのである。

個人で生み出すハレ

年中行事は、ハレのものであるゆえに消費が伴いがちになり、上層の華美なものを取り入れる傾向にあったと指摘されている（桜田、一九五九）。恵方巻は上層階級の習慣だったわけではないが、まさにこの点の年中行事の傾向を反映した現象ともいえそうである。

年中行事は、日常に時折訪れるハレの日である。凶作への不安が豊作祈願の年中行事の背景にあるのと同様に、現代人は毎日の生活の不安を、こうした年中行事商品を買うことで払拭し、ハレへの転換を得たいと願うのではないだろうか。家族やムラなどの集団によって構成され維持されてきた、ハレを生み出す生活リズムは、核家族化やサラリーマン化により、集団で共通の生業を担う状況が少なくなって、成立しにくくなった。このような現代社会では、年中行事という伝統に頼りながら、コンビニやスーパーなどを利用した主に個人単位の消費という方法で、ハレを生み出しているのかもしれない。

（荻野裕子）

読書案内

田中宣一『年中行事の研究』桜楓社、一九九二年。

＊年中行事を総体的に捉えた研究書。一年を両分して相対する正月と盆のような関係の行事を対置的行事群、春秋の神去来伝承に基づくような関連行事を継承・循環的行事群と位置づけるなど、行事相互の関わり方を基準として、年中行事の構造上の特徴を指摘。

新谷尚紀・波平恵美子・湯川洋司編『暮らしのなかの民俗学二　一年』吉川弘文館、二〇〇三年。

＊労働状況も含め、日本人の一年を考察した論集。年中行事関連では、正月や盆の歴史的変化や、暦や休日をめぐる研究成果を概観。年初性・休暇・消費が一体という現代の正月の性質や盆行事の観光化、年中行事の家庭中心化・個人化など、近年の動向も指摘。

柳田国男『年中行事覚書』（『柳田国男全集』一六）ちくま文庫、一九九〇年。

＊大正三年～昭和二五年までの年中行事関連論文を集成。年中行事についての総論的内容を含む。コト八日のミカワリは本来物忌みと見るなど、各地の年中行事の事例を通じて、その信仰的な本来の意味を探り、日本人の信仰観念をとらえようとした。

宮田登・萩原秀三郎『催事百話――ムラとイエの年中行事』ぎょうせい、一九八〇年。

＊個々の年中行事についての写真入り解説書。「案山子上げ」など、現在では多くが見られなくなった多彩な年中行事の写真（萩原撮影）は貴重。宮田の序文には、年中行事に対する民俗学の視点が簡潔にまとめられている。

参考文献

石井研士『都市の年中行事――変容する日本人の心性』春秋社、一九九四年。

岩崎竹彦「フォークロリズムからみた節分の巻ずし」『日本民俗学』二三六、二〇〇三年。

荻野裕子「『買って続ける年中行事』とその前段階――伝承の欠落と文字」静岡県民俗学会編『静岡県民俗学会誌』二一、二〇〇〇年。

倉石忠彦『都市民俗論序説』雄山閣出版、一九九〇年。

桜田勝徳「年中行事　総説」『日本民俗学大系』七、平凡社、一九五九年。

サントリー株式会社不易流行研究所『現代家庭の年中行事――三六六家族からの報告』一九九二年。

静岡県『静岡県史』（資料編二五　民俗三）、一九九一年。

田野登『水都大阪の民俗誌』和泉書院、二〇〇七年。

長沢利明「節分の恵方巻・丸かぶり寿司」『西郊民俗』二〇二、二〇〇八年。

羽賀祥二「日本近代における『伝統』――内在する価値と力をめぐって」『歴史評論』六四七、二〇〇四年。

外立ますみ「販売するモノから見る現代の年中行事」『民具研究』一二七、二〇〇三年。

山崎祐子『明治・大正　商家の暮らし』岩田書院、一九九九年。

若月紫蘭『東京年中行事一』平凡社、一九六八年。

Section 2

学校で学ぶ民俗

さまざまな民俗が混在する日常生活

「みんなの家では、節分にどんなことをしましたか?」

節分の翌日、山梨県身延町にある小さな小学校の五年生の子どもたちに問いかけてみた。多くの子どもたちが、家での豆まきの様子を楽しそうに話してくれた。鰯《いわし》を焼いて玄関に飾った家も数軒あった。日蓮宗総本山の身延山久遠寺が近くにある小学校だけに、久遠寺で行われた盛大な豆まきに行ったという子どももいた。

節分の日、ほとんどの子どもたちの家で行っていたのが、太巻きずしを食べるということであった。もともと山梨には、節分に太巻きずしを食べるという習慣はないのだが、今日、それは家庭生活のなかに広く受け入れられているようだ。子どもたちは、親から教えてもらったという食べ方を生き生きと語ってくれた。それは、その年の縁起のいい方角である「恵方」を向き、黙って丸ごとかぶりつくという食べ方であり、すしに付けられているしおりや、店頭に置いてある宣伝チラシの内容と変わりがなかった。

節分を前にしたスーパーマーケットやコンビニエンスストアには、太巻きずしとともに、「恵方マキ」という言葉が頭についたロールケーキが並ぶ。太巻きずしの人気にあやかって売り出されたのであろうがこちらの方は、太巻きずしほど子どもたちの家庭には広まってはいないようだ。多くの家庭で受け入れているのはロールケーキではなく「すし」なのである。

五年ほど前に、身延町内の別の学校で、四年生の子どもたちに同じ質問をしたことがある。その時も、多くの子どもたちが太巻きずしを食べた話をしてくれたのだが、一人の女の子が次のような話をしてくれた。

「私の家では、おばあちゃんが鰯を焼きながら、『カラスのくちばしちゅちゅちゅちゅちゅちゅちゅ、イノシシのくちばしちゅちゅちゅちゅ』と言ってました」。

その女の子が祖母から聞いたという話によれば、「カラスのくちばし……」は、畑に迷惑になるものを追い払うための唱えごとだという。

鰯を焼くというのは、ヤイカガシといわれる民俗であり、鰯の頭を火であぶり、そのにおいで悪霊を追い払おうとするものである。焼いた鰯を割り箸に挟んだり、柊の小枝に刺して玄関に飾る光景は、今日でもしばしば見かけるが、唱えごとを聞く機会は滅多にない。

このように、現代社会に生きる子どもたちとその親たちは、地域の民俗が消えてゆくことに気がつかないまま、大手商業資本によって生産される生活文化を伝統的なものとして家庭生活のなかに受け入れている。

巨大な商業資本によって、あるいはテレビやインターネット情報などによって新しい生活文化が生産される時代、子どもたちは、学校という場でどのように民俗に出会い、どのように民俗を学ぶのだろう。

民俗を取り上げる授業

「学校で学ぶ民俗」というタイトルで、まず誰もがイメージするのは、授業の中で地域の祭りや年中行事について学ぶ子どもたちの姿ではないだろうか。

今日、社会科や生活科、総合的な学習の時間の授業などで、教材として民俗が取り上げられているが、一九七七（昭和五二）年に改訂された学習指導要領で初めて学校教育のなかで「民俗学の成果」を活用することが盛り込まれた。二〇〇八（平成二〇）年に改訂された現行の学習指導要領では、総合的な学習の時間の内容として、従来の「国際理解」・「情報」・「環境」などの学習活動に加え、新たに「地域の人々の暮らし」「伝統と文化」が例示され、これまで以上に授業で民俗を取り上げやすくなった。

また、中学校社会科の歴史的分野では、日本人の生活や生活に根ざした文化を学ばせる方法のひとつとして、「民俗学や考古学などの成果の活用」をすることが提示されている。

図1は、地蔵が舟形の石の台にのった「岩船地蔵」について取り上げた、小学校の総合的な学習の時間の授業（調べ

図1　グループで岩船地蔵を調べる（山梨県西八代郡市川三郷町）

学習）の光景である。

授業で民俗を取り上げる目的は、民俗そのものを子どもたちに伝えることではない。そもそも、学校教育のなかで民俗そのものを伝えることなど不可能である。授業では、地域に「岩船地蔵」という石造物がある理由や、地域で現在も行われている「岩船地蔵祭り」を、子どもたちに探求させることが中心的な課題となる。

このように授業で民俗を学ぶことにどのような意味があり、どのような可能性があるのだろう。

第一に、民俗を取り上げた授業がきっかけとなり、子どもたちが、民俗を知り、民俗に関心をもつことである。授業のなかで、子どもたちは、民俗そのもののおもしろさに出会うだけでなく、民俗という切り口から歴史を探究するおもしろさに出会うことになる。

第二に、民俗を学ぶ過程で、子どもたちがさまざまな人々とつながりを築くことである。子どもたちは、民俗の学び手として地域を歩き、地域の人たちから聞き書きをする。この過程で、子どもたちは、現在、民俗を受け継いでいる人々や、これまで地域で民俗を伝えてきた人々に出会い、つながりを築くのである。それは、民俗を媒介として、子どもたちが地域とつながることであり、地域の歴史とのつながりを築くことに他ならない。この経験が、地域の伝統文化を大切に伝えていこうという気持ちを育むことになる。

第三に、子どもたちの保護者も地域の民俗を学ぶということである。授業に一緒に参加したり、地域の祭りや石造物の調査につきあうなかで、保護者自身が地域の民俗に目を向けるようになり、民俗との新たな関係を築くのである（図2）。

二一世紀に求められる授業は、昭和時代の授業のように、民俗学上の知識を子どもたちに効率よく、わかりやすく伝えることを目的とする授業ではない。仲間とともに、調べ・体験するなどの探究活動を通して、民俗とのつながりを、

図2　民俗を取り上げた授業（山梨県南巨摩郡身延町）

保護者と子どもたちが一緒に「なぜ，岩船地蔵がまつられたのか」考える。

その子どもなりに築いていくことが目的である。

学校教育のなかで、民俗をどのように子どもたちに出会わせるかは、学校教育に直接関わる教師や教育学研究者の課題である。民俗を教材として取り上げた授業をより豊かなものにするため、今後、民俗の研究を課題とする民俗学と、民俗を含め文化の継承を課題とする教育学とがどのように協働をしていくか、民俗学・教育学の双方に課せられた課題であるといえる。

地域で伝承されてきた民俗の継承

地域に伝わる神楽や踊り・太鼓など、民俗芸能の継承の場として学校が活用されている光景は、「学校で学ぶ民俗」という言葉がそのままあてはまるだろう。子どもたちが、まさに学校という場で、地域の民俗を学ぶ姿である。

かつて、当番の家や公民館などで行われていた技の継承の場が学校の体育館に変わり、時間が「クラブ活動」の時間になる。技を学ぶのは、かつてのような地域を支えている青年層ではなく、小中学生である。

たとえこのように場と時間、構成する人々に変化があったとしても、技を伝えるのが教師でなく地域の人々であること、伝えられるのがその地域で演ずる子どもたちであること、そして、その目的が地域の祭礼などで演じることにあるのなら、それは、かつて地域で行われていた民俗の継承の姿そのものであると言っていいだろう。そこで継承された技が、学校の文化祭や運動会といった学校行事のなかで演じられることがあったとしても、それが目的ではない以上、「民俗を取り上げる授業」とは区別される。

学校という場で民俗芸能を継承する取り組みは、地域の民俗芸能を忠実に継承するという試みにとどまらない広がりを見せている。たとえば、地域の民俗芸能に新たな要素を加えたり、ソーラン節やエイサーなど、他の地域の民俗芸能をアレンジして新しい芸能を創造したり、町おこし的なイベントで演じようとする試みである。

民俗は時代とともに変化するものである。民俗芸能もその時代その時代の継承者の創意工夫が加わって今日まで伝わってきたものである以上、民俗の変化も含めた民俗の継承の姿には、これからの民俗学の研究課題があるといえるだろう。

学校生活文化としての民俗

子どもたちは、地域のなかで民俗を学ぶとともに、学校という場で、同級生や友人たちと共に生活するなかで、民俗を学んでいる。そこには、学校教育のように、民俗を学ばせたり、民俗で学ばせようという目的も、民俗を継承しようという意思もない。それは、学校という場に生活する子どもたちや教師たちが、無意識に受け入れ、年中行事のように、あたりまえのようにくりかえしている学校生活文化の世界である。

二一世紀の学校という場で、子どもたちや教師たちは、どのように民俗を生みだし、民俗に出会い、受け入れているのだろう。

学校を民俗学のフィールドとして覗いてみることにしよう。

民俗学において、年中行事として括られてきた民俗に共通するものを、学校生活においても見ることができる。

学級開き

四月、新学期のはじまりに、各クラスごとに行われる「学級開き」という行事もその一つである。制度的には、始業式の日から「学級」は存在しているのだが、わざわざ時間を改めて学級開きを行うのである。

山開きというのは登山の許される初日のことであり、各地で特色のある行事が行われる。磯開きは、漁場での採取が解禁される日である。海開きは、その年にはじめて海岸を海水浴場として開くことであり、また、それに伴う行事である。それらと同様に、学校という場でも、新しい年度に学校生活をスタートさせるにあたり、学級ごとに学級開きと呼ばれる、はじまりを意識するセレモニーが行われる。

学級開きでは、子どもたち一人ひとりが一年の抱負を述べたり、記念写真を撮ったり、記念に花の種を植えたりする。また、みんなでスポーツやレクリエーションをして楽しむこともある。学校外に散歩に出かけたり、小さな学校では、給食を校庭の桜の木の下で食べたりすることもあるが、これなどは、かつて、子どもたちが春に弁当をもって山に登って食べた山遊び（山開きやすし開きともいう）を連想させる。

節供　三月の桃の節供や五月の端午の節供は学校でも行われる。三月には、図工の時間に折り紙を折って作った雛人形が、五月には、大きな紙で作った鯉のぼりが教室や廊下の壁に飾られる。雛人形や鯉のぼりは飾られるものの、その意味について深く考えたり、その地域特有の祝い方まで調べたりするようなことは普通行わない。また、こうした特別な日の給食には、それにふさわしいメニューも加わる。三月三日には雛あられが出されたり、五月には菱餅をイメージした三色のゼリーが出されたりする。これは二月三日の節分にもあてはまる。節分には「福豆」が出る。そして、子どもたちは、福豆のパッケージにプリントされた節分の由来を読んで、「豆を歳の数だけ食べれば健康でいられる」といった知識を身につけ、無意識に確認し合うのである。

図3　プール開き（山梨県南巨摩郡身延町）
酒と塩で水泳シーズンの安全祈願。

プール開き　海開きがあるように、学校にも「プール開き」がある。山梨県では六月の半ば過ぎ、水泳の授業がはじまる前にプール開きが行われる。学校によっては全校児童参加の行事として四五分かけて行う場合もあるが、休み時間に児童代表と教師とで簡単なセレモニーを行う場合もある。

図3は、平成二五年六月に行われた、ある小学校のプール開きの様子である。校長と教頭、体育主任教師、児童会の会長・副会長がプールの四隅に酒と塩をまき、シーズン中の安全を祈願するのである。いわゆる神道式に二礼二拍一礼をする学校もあるが、この学校では、とくに神道式の祈願をせず、

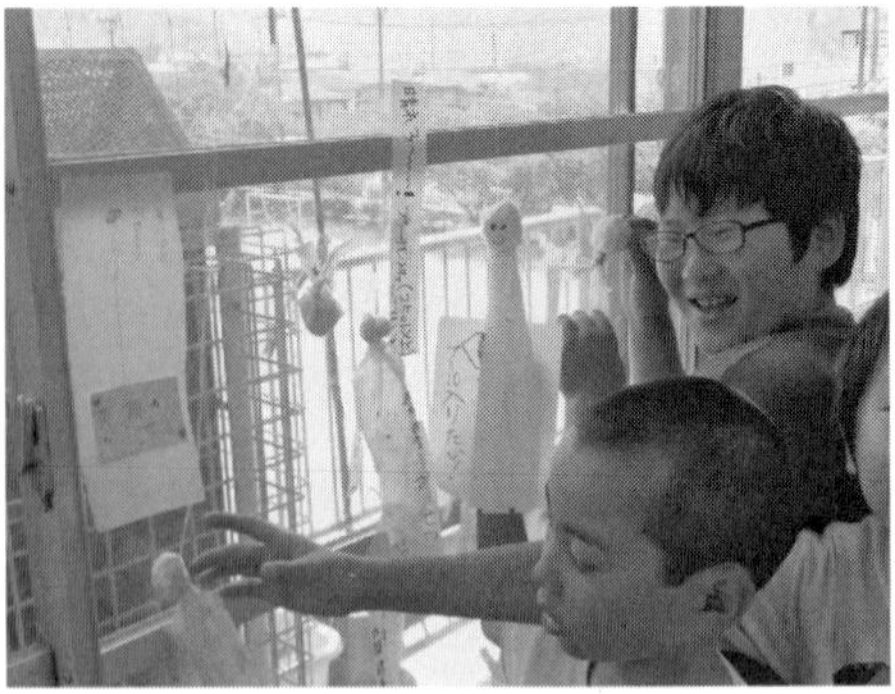

図4　テルテルボウズで晴天祈願（山梨県南巨摩郡身延町）

明日，プールに入れますように……。

校長が「今シーズン、事故がなく安全にプールが使えるよう祈りましょう」と声をかけ、子どもたちは思い思いのやり方で安全祈願をする。

教師の多忙を解決する手段として学校行事の精選が叫ばれている中でも、このような安全祈願に関する行事を廃することには、どの教師も抵抗を感じるようだ。「もし、（自分が）廃止して何かあったら……」という意識が、教師たちにプール開きを続けさせているのである。

テルテルボウズ

プールでの水泳の授業がはじまると、子どもたちにとって週三時間の体育の時間は待ち遠しい時間となる。雨が降れば体育館での体育となるため、子どもたちは体育のある日が晴れるようにと願い、テルテルボウズを作って窓辺に吊るす（図4）。

もちろん、学校教育のなかで、テルテルボウズのつくり方を教えたり、晴天祈願の方法を教えることはない。子どもたちは家庭や、保育園・幼稚園での経験を思い出してテルテルボウズをつくり、飾る。顔の部分が球状になるように紙を丸め、それを違う紙でつつむようにし、顔の下の部分をひもなどで結び、顔を描いてテルテルボウズは完成する。テルテルボウズを使った晴天祈願は、仲間と一緒に行うことが多い。

テルテルボウズが学校に姿を現すのは水泳シーズンだけでない。小学校の最大の行事である運動会が近くなると、バレーボール大の顔をした巨大テルテルボウズが校舎二階三階のベランダから吊るされることもある。これも、教師が作らせるわけではない。子どもたちの誰かが「テルテルボウズを作ろう」といいだし、自分たちで考えて作るのである。

地域では、日照りの時に雨乞いを行い、台風よけのために風祭《かざまつり》を行うなど、人間の力ではどうにもならない自然の力に祈願するさまざまな儀礼が行われてきた。教室で子どもたちがテルテルボウズを吊るすことは、そうした民俗に通じるものである。

こわい話

子どもたちは怪談や妖怪話が好きである。トイレの「赤い紙・白い紙」の話、理科室の人体模型や音楽室に飾られた音楽家の肖像画の話など、学校の特別教室が舞台となって語られる話の一つや二つは、誰もが思い浮かべることができるだろう。

筆者が小学生の頃の一九七〇年代、そうした「こわい話」には二つの種類があった。一つは、いつから伝えられているかわからないのだが、子どもたちのなかに広まっている話である。たとえば、筆者の通っていた小学校の敷地のはずれに、「三角池」と呼ばれる文字通り三角形をした貯水槽があったのだが、そこには、人食い雷魚が住んでいるという話があった。夏休みなどに、そこで友だちと魚釣りをしたり、その近くで友だちと遊んでいる時などには意識することはないのだが、夕暮れに一人でその近くを通る時などに、人食い雷魚の話が浮かんできて怖い思いをしたものである。

もう一つの「こわい話」は、当時流行していた少年漫画の影響を受けた話である。一つ目のこわい話が、年齢の上の子どもから下の子どもたちへ伝えられたのに対して、二つ目のこわい話は、一つの漫画雑誌から得た情報が、同級生の間に伝えられたものが多かった。

たとえば、コックリサンという遊びは、学校で禁止されていたにもかかわらず、放課後の教室などでしばしば行われていた。友だち数人で行うのだが、そこでは、「コックリサンをしていて霊が帰らなくなったらどうしよう」などということが真剣に語られた。コックリさんのやり方そのものも、少年漫画雑誌や少女雑誌にあるものを真似ていたのだが、その他にも霊に関するさまざまな知識が、少年漫画雑誌によってもたらされ、友だちの間に広められていた。

図5　こわい話（山梨県南巨摩郡身延町）
校庭のすみで円になって話す子どもたち。

現代の子どもたちも、こわい話が好きである。校庭の隅で数人が円になって話していたり、教室で一人の机を囲んで数人がこわい話をする姿はしばしば見かける。

現代の子どものこわい話とはどんな話だろう。放課後、児童玄関を出たところで、小学二年生の子どもたちが、円になってこわい話をしていたので、一緒に聞かせてもらった。こわい話を知っている子どもたちが、順番に一つずつこわい話をしていた（図5）。

はじめに男の子が語った「ひき子さん」という話は、その女の人を見ると死ぬという話である。これは、家の人と一緒にインターネットで見つけたという。次の「ゆりちゃん」という話は、トイレの「こわい話」である。トイレの窓の近くに立っている女の子に「ゆりちゃん知らない」と声をかけられ、「知らない」と答えると窓から突き落とされ、「ゆりちゃん遊びに行ったよ」と答えると、その女の子は消えるという話である。これは、ビデオで観た話だという。次に男の子が、小学校のトイレで本当にあったこととして「うんちした後、誰も入っていないのに、おしっこするところが急に流れ出した」とまじめな顔で語った。その次は、女の子が、家でおじいちゃんから聞いたという「かげさま」の話をした。内容は、ろうそくを一本たてて願い事をしたとき、自分の影が動けば願いが叶うが、すぐに消してしまうと「かげさま」に食べられるというものである。最後に男の子が、テレビで観たという心霊写真の話をした。

話の間、子どもたちは本当に怖そうな表情で聞いていた。語り手は、普段、元気に校庭を飛び回っている時の声とは異なる、低いトーンの声で、聞き手を見ながら話していた。それは、あきらかに聞き手を意識した「こわい話」にふさわしい話し方である。誰も使っていないトイレの小便器の水が流れる話など、トイレの機能を知っている者には吹き出しそうな内容なのだが、子どもたちは真剣そのものであった。

現代の子どもたちが語るこわい話のなかには、テレビやインターネットで知った話が少なからずあることは確かである。かつての子どもたちが、テレビや少年漫画から得た情報をもとに、学校でこわい話を展開していたように、現代の子どもたちも、そこにさらにインターネットという手段を加え、それらから得た情報をもとにこわい話を再生し広めているのである。

学校教育における年齢集団活動と子ども組

一九七〇年代、地域には異年齢の子どもたちの関係が密接にあった。その関係は遊び仲間としての関係であるとともに、小正月や盆といった一年の節目節目における地域の行事や、神社の掃除といった地域の仕事の一部を担う仲間（子ども組）としての関係であった。

筆者が生まれ育った山梨県の市川《いちかわ》三郷《みさと》町では、小正月の火焚き行事である「どんどん焼き」が、子どもたち主体で行われていた。家々から集めた正月飾りや稲藁を用いて巨大な火焚き用のコヤ（小屋）をつくるのは子どもたち（小学三年生から中学三年生）の役割であり、大人たちに日本酒を振舞うのも子どもたちであった。他にも、子どもたちで獅子頭をもって夜遅くまで家々を歩き、集まった祝儀を年齢相応に分配していた。子ども組の行事は、大人の指導が入ることもあったが、活動のほとんどが子どもたちに任されていた。こうした経験を通して、子どもたちは、年齢に応じた相手のつきあい方や、上の者としての役割や責任について学んでいた。

山梨県の山間部においても、もはやこのような子ども組の世界はなくなっている。少子化とそれに伴う学校の統廃合などにより、地域社会では同年齢だけでなく、異年齢の子どもたちと遊ぶ機会さえも少なくなってきている。

かつて、地域のなかにあった子ども組の教育的な意味を見つめ直し、同様の経験を学校のなかでさせようとする試みが、学校における年齢集団活動である。一年生から六年生の子どもたちで構成する集団をつくり、児童会活動や運動会競技に取り組ませたり、清掃活動に取り組ませるのである。こうした異年齢の集団で構成したグループ活動は「たてわり（班）活動」などと呼ばれることが多い。

もちろん、この試みは、学校教育のなかにかつての子ども組を蘇らせるものではない。学校におけるたてわり活動が地域の小正月行事を担うわけでもないし、神社の掃除をするわけでもない。

しかし、こうした活動を通して、子どもたちは、それぞれ年齢に応じた役割を果たすことや、協力することの大切さを学ぶとともに、必要とされる作業の具体的な内容、上級生として求められる気持ちや態度が、下級生にしっかり伝えられているのである。

学校という場における年齢集団活動と、かつて地域社会にあった子ども組とのつながりや、現代の学校という場で子どもたちが出会い学ぶ民俗について研究のまなざしを向けることは、学校をフィールドとする民俗学研究の課題である。

（古屋和久）

読書案内

小国善弘『民俗学運動と学校教育——民俗の発見とその国民化』東京大学出版会、二〇〇一年。
＊一九三三年から一九六二年にかけて、学校教育において民俗学に触発された教育実践がどのように展開していったのかを、竹内利美・宮本常一・都丸十九一らの実践を通して明らかにしている。

日本民俗学会編『民俗学と学校教育』名著出版、一九八九年。
＊日本民俗学会が学校における民俗学教育のあり方を検討した成果をまとめたものである。これ以降、民俗学の側から学校教育への積極的な取り組みはない。

参考文献

岩崎竹彦「フォークロリズムからみた節分の巻ずし」『日本民俗学』二三六、二〇〇三年。

谷川彰英『柳田国男と社会科教育』三省堂選書、一九八八年。

谷川彰英『柳田國男教育論の発生と継承——近代の学校教育批判と「世間」教育』三一書房、一九九六年。

常光徹『学校の怪談——口承文芸の展開と諸相』ミネルヴァ書房、一九九三年。

烏兎沼宏之「伝統教育と近代教育」『現代民俗学入門』吉川弘文館、一九九六年。

福田アジオ「学校教育と民俗学」『現代日本の民俗学——ポスト柳田の五〇年』吉川弘文館、二〇一四年。

福田アジオ「子ども組とムラの教育」『時間の民俗学・空間の民俗学』木耳社、一九八九年。

古屋和久「地域の伝統や文化をテーマにした実践（四年） 岩船地蔵のひみつをさぐる」『小学校新学習指導要領の展開』明治図書、二〇〇八年。

長浜功編『柳田国男教育論集』新泉社、一九八三年。

コラム9 柳田国男

柳田国男は有名な人物である。高校の国語の教科書にその文章が載り、日本史の教科書には新しい学問を築いた人物として記述される。民俗学に関心を抱いたきっかけは柳田の著作を読んだことという人も少なくないはずである。

柳田国男（一八七五～一九六二年）は五〇年を民俗学の学問形成のためにささげた。彼が民俗学を発見した契機は、一九〇八年の二つの経験であった。一つは夏の三カ月に及ぶ九州旅行で、とくにその後半に宮崎県の椎葉村を訪れ一週間滞在して、古くから行われてきた狩猟について知ったことである。第二の経験は、秋に岩手県遠野出身の佐々木喜善の訪問を受け、彼から遠野地方における不思議な出来事の経験談・見聞談を聞いたことである。

一九〇八年からの五〇年間、柳田国男によって民俗学は開拓され、担われた。個人の努力で学問が形成されたことは、その内容に個人の思想が色濃く入ることになった。後に柳田国男が近代日本の傑出した思想家として位置づけられ、民俗学は彼の思想を理解するための素材になってしまったが、柳田国男は自分の思想表明のために民俗学を開拓したのでない。社会の状況に対する危機意識や使命感をもって民俗学の研究を行ったのである。

最初の一〇年間は、もっぱら山間奥地に暮らし、平野部の農民とは異なる生活を維持してきた「山人」の独自の文化に注目した。山人は、狩猟と焼畑耕作を生業とし、稲作を基本とする平野部の農民とは違った文化を保持している。その人々が圧迫を受け、危機的な状態にあるという認識から、その独自性を明らかにしようとした。

一九二九年一〇月にはじまった世界恐慌はたちまち日本にも及び、その波は農村にも押し寄せ、「娘の身売り」に象徴される農村恐慌となった。柳田国男の危機意識はそこに向けられ、「何故に農民は貧なりや」を最大の課題とする民俗学へと進んだ。平野部で普通に暮らしながら悲惨な状態に陥った農民へと関心を移行させた。水田で稲作を行う農民を「常民」と呼び、その常民の生活を歴史的に解明することを民俗学の目標とした。

大陸への侵略から世界大戦へと展開するなかで、日本の一体性が強調されるようになり、柳田国男の使命感も農民・農村から日本・日本人へと変化した。常民が消え、日本人が正面に据えられた。この考えは第二次世界大戦後にも維持され、米国の占領下において日本人のアイデンティティを明確にすることに民俗学の使命を見た。沖縄に上陸した我々の先祖は、「海上の道」によって列島に展開したとし、日本にとって不可欠な存在としての沖縄への自覚を促すとともに、日本人の一体性を強調した。

柳田国男は、どの時期においても、日本社会の置かれた状況に対する危機意識とそれに発する使命感から民俗学の研究に取り組んだ。研究のための研究ではなく、社会へ発言する民俗学を目指したことは重要であり、継承されなければならないであろう。

（福田アジオ）

第12章

境界を超える

あの世への旅立ち

いつも通りの朝、朝食を終える頃、自宅の電話が鳴った。受話器をとった母がおろおろしている。「群馬のおじいちゃんが倒れて危篤だって」。

病院の祖父のベッドの周りでは、すでに到着していた祖母をはじめ伯父や伯母の家族が黙って見守っていた。アイは初めて身近な人の死を目前にし、ただ静かに見守るだけでどうしてよいかわからなかった。

しかし、静かな最期、とはいかなかった。祖父が臓器移植のドナーカードを持っていることがわかったのだ。祖母も同居する伯父一家も知っていたが、知らなかったうちの父は納得しなかった。「死んだあとにオヤジの身体にメスを入れるなんて……」と譲らないのだ。結局、祖父の意志を尊重するという祖母の一言でその場はなんとかおさまった。祖父がどういうきっかけでドナーカードを持つに至ったのかわからない。混乱のなかで、ただぼんやりと人の生と死の境界の重さを感じていた。

通夜も葬式も自宅で行われることになり、遺体は自宅に安置された。「葬式は葬儀場で行うものじゃないの?」。ちょっと戸惑う。そんなことはお構いなしに、隣近所の人がやってきて準備が着々と進んでいく。いつの間にか役割が決まっていた。通夜の席上では久しぶりに会う親戚に近況報告しながら、祖父の思い出話をして過ごした。翌日の葬儀でも驚くことがあった。棺桶の蓋を閉めるときに石で釘を打ったり、家を出るときには茶碗を割ったりしたのだ。昔は土葬のために墓場まで葬列を組んで歩いたというが、さすがに今は霊柩車に遺体を乗せて火葬場まで運んだ。遺骨を持ち帰り自宅に安置すると、気丈な祖母もほっとしたようだ。この後も初七日や四十九日、初盆といった供養が続いて、三十三回忌まであるなんて気が遠くなりそうだ。

祖母の目下の願いは、祖父のようにぽっくり死ぬことだと言う。家族の手を煩わせることなく、自分も苦しむことなく、最期はぽっくり逝きたいらしい。医療が進んで寿命が延びている現代だからこそ、人生の最期の迎え方は難しくなっているのかもしれない。うちの両親が年老いて介護が必要になったとき、以前のような大家族のなかで助け合って面倒を見ることなど到底できない。公的なサービスの助けを借りて乗りきっていくしかないのだろう。やがて自分が年老いたとき、今の祖父母のようにぽっくり逝くことを願うのだろうか。

いのちの誕生

少し寂しくなった家のなかで、祖母がポツリと言う。「ここで葬式ができてよかった。昔はここでお産もしたのよ」。祖母はかつて産婆であった。祖母が話してくれたかつてのお産の様子は、驚くことばかりだった。妊婦は出産ぎりぎりまで働いていたというし、産むときも病院で横になって産むのが普通だと思っていたが、畳をあげた部屋や板の間で座って産んでいたという。今では父親の立会出産もあるが、かつてはたとえ父親であっても男性が部屋に入ることなどタブーであったらしい。なによりも驚いたのは、かつては男性の産婆もいたということだった。

以前、産婆をしていた祖母のところへは、最近になっていろいろな人が話を聞きにくる。どうやら助産師の働きに注目が集まっているようで、祖母はその大先輩ということになる。より望ましい出産環境を求めて、今なお模索が続いているということだ。でも、出産は必ずしも望まれたものとは限らない。未成年の妊娠、中絶の多さは今や周知の事実で、アイの友人にもいる。自宅出産が主流だった時代、産めない事情を抱えた女性たちはどうしていたのだろうか。

Section 1

あの世への旅立ち

いまや畳の上で死ぬということが、実際には難しくなってきた。現在、病院などの医療施設での死亡は八割を超えているが、一九五一年の段階では、逆に自宅死亡が八割を占めていた。自宅死亡と医療施設での死亡が逆転するのは、一九七〇年代後半である。それ以前は、死の看取りは自宅というのがあたりまえであった。

それとともに現在では、高齢になってからの死亡が増加している。一九四七年には平均余命は男性五〇・〇六歳、女性が五三・九六歳であったが、一九五五年には男女とも六〇歳を超え、女性は、一九六〇年には七〇・一九歳となり、一九八五年には八〇・四八歳となっている。ただ男性は一九七五年に七一・七三歳となったが、まだ八〇歳を超えることはない（厚生労働省、二〇一〇）。このように平均余命が延びる以前は、感染症などにより、年齢に関わりなくいつでも死を迎える可能性をはらんでいた。

平均余命の延びは、生活レベルの向上、とくに近代医療が我々のなかに深く浸透してきたことが一つの大きな要因である。とくに戦後、健康保険制度が整えられると誰もが容易に病院にかかることができるようになったことが大きい（新村、二〇一一）。

医療と死の確認

このような治療を中心とした関わりだけでなく、近代の生物医療は死の確認に際しても密接に結びついていった。医師が死亡確認をする制度は、明治期に次第に整えられていく。当初は医師の診察する患者が死亡したときや死産の胎児のみ、医務取締という医療関係の役所に届け出ることになっていた。のちに医師の診察を受けないで死亡した場合には、指定された医師が検視を行うようになることで、すべての人に関して、医師の確認によって死亡診断書や死体検案書が作られることになる（新村、二〇〇一）。そして、医師による死亡確認がなければ、死亡とされず、また埋火葬、つまり葬儀ができないことになったのである。

近代以前には、変死を除き、基本的には死の確認は近親者によって行われていたが、近代国家になり、国家試験を経て登録された医師でないと死亡確認ができないことになる（新村、二〇〇一）。つまり、死の確認が専門家に移行し、医師を通して国家が死を管理するようになった。

健康保険制度が発足する以前、医師にかかることは負担が大きく、地域によっては、中年と臨終近い老人のみであったという（波平、一九九六）。つまり老人の場合、もう助からないとわかると、死亡診断書を書いてもらうために、医師にかかったという。こうした状況のもとで、医療と死の関係が深くなっていったのである。

葬儀の場

いまの人々にとって、葬儀を専門の葬儀場で行うことはあたりまえになっている。だが、このような傾向は、二〇〇〇年代になって顕著になった。現在、都市部では、病院等で亡くなると自宅に遺体を搬送することなく、すぐ葬儀場や保管施設に預けることが多い。しかし、かつては葬儀場を利用しても、病院からいったん自宅に安置し、納棺などを行い、改めて葬儀場に搬送していた。ときには葬儀場で通夜を行ったあといったん自宅に戻り、葬儀当日改めて搬送する場合もあった。

もっとも葬儀場の利用が進んだといっても、それ以前はすべての儀礼を自宅で行っていたわけではない。自宅で通夜を行ったあと、葬儀当日出棺の儀礼を行い、これを時には内葬礼《うちそうれい》ともいった。そして葬列を組んで墓地や火葬場、もしくは寺院などで、引導を中心とした儀礼が行われる。これを外葬礼《そとそうれい》ともいった。こうした傾向は、いまでも地方によっては多少残っており、通夜までは自宅で行い、葬列を行わなくとも、寺院等で葬儀を行っている地域も見られる。かつては寺院の本堂ではなく、外葬礼ともいうように庭先で行っていたことも多く、それは本来埋葬地で行っていた名残りである。

東京でも明治期までは、自宅出棺の後、葬列を組んで、寺院もしくは青山や谷中の墓地に付設された葬儀場に向かい、引導を中心とした外葬礼に当たる儀礼を行っていた。大正期に葬列を廃止するようになっても、しばらくは場所を移動しての葬儀は続いており、棺は葬儀馬車や棺車、のちには霊柩車で移送するようになった。つまり、自宅と寺院、葬儀場の二段階で葬儀を行っていたのである。

一方で告別式という儀礼が明治末期に登場する。これは思想家中江兆民が亡くなった際の儀礼が始まりとされている。兆民は無神無霊魂を主張し、葬儀を行わないという遺言をした。そこで関係者は当時の葬儀から一切の宗教的要素を取り除いた儀礼を告別式と称して行った。読経の代わりに弔詞（弔辞）や弔歌、追悼演説を、焼香の代わりに棺前告別を行ったもので（村上、一九九〇）、いまでいう無宗教のお別れ会に近いものであった。

こうした方式は一部のインテリ層で行われたが、しだいに通常の葬儀の一般会葬者の焼香部分を独立させて告別式と称するようになり、仏式告別式、神式告別式といって寺院や葬儀場で行われるようになっていった。

会葬者のあまり多くない庶民にとっては、わざわざ告別式を別の場で行うより、通夜や出棺の儀礼に引き続き、寺院や葬儀場で行っていた引導などの儀礼や告別式を、すべて自宅で行う方が合理的ということで、昭和初期に東京を中心に「自宅告別式」が広まっていった。村落部でも戦後、葬列が廃止されるとともに、すべての儀礼を自宅で行う自宅告別式の方式が浸透していった地域が多い。

一九九〇年代以降になると、通夜も含めすべてを自宅ではなく、専門の葬儀場に移行することが全国的に増えていき、いまでは前述のように、遺体を戻すこともなく自宅で葬儀に関わることが一切行われない場合も増えている。

葬　列　葬列という言葉はいまではなかなか聞く機会はない。しかし葬列は日本に限らず世界のさまざまな文化でも行われており、葬送儀礼としては重要な意味を持っていた。東京や大阪といった大都市でも、大正期までは街中を行列していたのである。

葬列を中心とした葬儀の基本的な発想は「死者を送り出す」というところにあった。これは死者を埋葬、火葬のために自宅から移送するだけでない。そこには死者を他界へ送り出すといった意味があった。つまり葬列は死出の旅路としてとらえられていたのである。

宗派によっては例外もあるが、多くの仏式の葬儀では、基本的には没後作僧《もつごさそう》といい、自宅で仏弟子として剃髪《ていはつ》され受戒し旅支度をしたのちに納棺して読経を行い、葬列を組んで寺院に向かう。本尊のある寺院は他界への入り口、もしくは他界の表象そのものであり、しかも棺が本尊に対面する形で安置され、引導によって死者は、他界へと導かれる形になっている。つまり葬儀とは仏世界への旅立ちとしてのイメージを喚起するようになっていた。

儀礼の内容について詳しくわからなくとも、人々は、死者を経帷子《きょうかたびら》や手甲《てっこう》、脚絆《きゃはん》をつけ、杖をもたせるといった旅装束にして、乗り物である輿《こし》や駕籠《かご》で送り出すことで、二度と戻ることのない死出の旅路ということを実感できたであろう。

また葬列はそれぞれに役割があり、たとえば位牌を持つのは喪主、膳は喪主の妻など、地域ごとに細かく定められていた。役割はそのまま死者や喪家との関係を表しており、周囲の人もその役割を見て関係を再認識していった。そのため、役割は喪主と親族が集まって慎重に決められ、ときにはその役割をめぐって争いになることもあった。つまり葬儀は、故人を取り巻く社会関係の再編成の場でもあった。

図1　葬列（滋賀県甲賀市）

しかし、東京や大阪の大都市では、葬列は近代以前からすでに消費経済に組み込まれており、専門の人足を使って葬具業者から葬具を調達して葬列を行っていた。とくに従来の身分制度が解体していくなかで、一般庶民も次第に葬列を華美にするようになっていった。

とくに明治一〇年代後半から、従来別の業種であった葬列に用いる葬具貸物業と葬列の人足請負業が合体して、「葬儀社」という名称で業務を開始したことで、廉価な損料で葬具が借りられるようになり、葬列が肥大化していった。大規模な葬列が一般のかなり広い階層の人々まで行うことが可能となった。そして葬祭業は、具体的には葬列を業務として、葬儀という儀礼自体を請負う、職種が誕生したのである（井上、一九九四）。

ところが明治後半になると、市域の拡大により長距離の移動が必要になってきたことや、交通の発達と交通量の増加によって葬列が困難となり、また葬列を無駄ととらえる思想的風潮により、次第に廃止されるようになっていった。

葬儀を担う人々

現在、葬儀は、喪主を中心に遺族が葬祭業者に依頼しつつさまざまな決断をして葬儀を執行する。実務は担わないまでも、さまざまな決定は喪家の判断に依るため、精神的な負担は大きいものとなっている。しかし、かつては遺族は死者のそばに寄り添い、湯灌や納棺など死者に関することに集中するのみで、葬儀の実務は行わず、多くの場合、さまざまな決定も遺族は関与しなかったことが多い。

現在でも、葬儀の受付を町内会や近所の人、また職場の人などに任せることがある。最近はそれを葬祭業者が請け負うところも出てきたが、かつては絶対関与しない業務であった。これは金銭を扱うためでもあったが、実は葬儀のなかでもっとも中心的な部分であったからである。受付というと単に香典を受け取る場所だけに聞こえるが、かつてこうした場を「帳場」と呼ぶ地域も多かった。帳場は会計を管理する場の意味であり、実質的に葬儀を取り仕切る場であった。この帳場の管理は葬儀を取り仕切る、近隣組織の組合や町内会、また東北などは同族団など、地域の互助組織が担っていった。

よって喪家は家人が亡くなると、葬儀を担う組合や本分家などに知らせ、当座の費用を渡すと、あとは一切口を出さないものであった。葬儀を任された組合や本分家などは、葬儀に必要なものを購入し、香典を受け取って、その費用を精算し、収支を計算して、葬儀が終わると喪主に残金とともに手渡した。つまり葬儀の間は、喪家は会計を含めすべてを任せていたのであった。

しかし都市部を中心に、しだいに地域の互助関係も弱くなり、職場関係者に代わっていくこともあったが、実務の取り扱いは喪家と葬祭業者に移行していった。また地方においても、日常の農作業などの互助関係もなくなり、葬儀だけを従来のようにやってもらうのは気を遣うし気疲れもする。さらには家のなかまで立ち入られることに対する抵抗感なども生じており、それなら代金さえ払えば気を遣わない葬祭業者に依頼する方が楽であるという意識も芽生えている。

そして都市部でも最後に残ったのが、先ほどの受付であった。当初は帳場として集計する必要があったため、受付だけになっても集計を行っていたのであった。

それも近年の葬儀の小規模化によって受付の必要もなくなっていき、またあったとしても、葬祭業者に依頼することもある。ちなみに受付の業者委託は都市部ではなく、地方の村落部からはじまっている。それは近隣の組合などに、たくさんの香典の集計や記帳を頼むのは気が引ける、もしくは内容を把握されたくないといったことで、それならまったく関係のない業者に頼んだ方がいいという需要を察知し、葬儀社の従業員が集計を行ったり、パソコンを用いて香典帳作成まで行うシステムを取り入れたりしている。

葬儀後の儀礼

葬儀はさまざまな儀礼を連続して行うことで、しだいに死者を家の先祖に位置づけていくことになっていった。

まず第一段階として初七日は大きな区切りであり、基本的にはこの日までが葬儀の期間と考えられていた。葬儀は亡くなってから二〜三日、もしくは比較的通夜期間の長い東北地方などでは五日ぐらいまで続いた。だがその後も初七日までは毎日念仏が行われたり、墓参りをしたり、また喪家の片づけや遺族が滞在するのも初七日までと、死者の供養が連続して行われていた地域が多い。

初七日が終わると七日ごとに、二七日、三七日、四七日、五七日（三十五日）、六七日、七七日（四十九日）となる。初七日以降は毎日ではなく、七日ごとに忌日となる。またこの間は中陰といって、死者の行方が決まっていくものとされた。そして初七日の次の節目が四十九日、もしくは三十五日である。四十九日は中陰が明けるため、満中陰ともいう。このときまでは忌中であり、遺族が忌み籠もる期間でもあった。またこの間は死者の霊は家の棟にいるともいい、四十九日が明けて家を離れるという。またこの日には四十九の餅といって四八個の小餅と笠の餅という大きな餅を用意するが、笠の餅を人型に切ったり、小餅が人の関節を表しているなどと、身体に関する伝承が多い（新谷、一九九二）。また三十五日も重視されることがあり、四十九日に代わって三十五日を忌明けとしたり、千葉県あたりでは三十五日には死出の旅路で山を登る際に滑らないよう、ぼた餅の餡を草履の裏に塗って杖とともに供えるという。このように中陰の行方定まらないイメージと死出の旅路が重なっている。

しかし現在では、こうした葬儀後の儀礼も繰り上げられたり、省略されることが多い。初七日はすでに葬儀当日にすることがあたりまえとなっている。それでも一応は葬儀後、火葬の後に遺骨を安置して初七日法要を行っていたが、近年では葬儀に引き続き初七日の読経を終え、その後に出棺、火葬となる場合も増えている。これは葬儀場を効率的に使用するために、葬儀後式場をすぐに片付け、次の準備をすることができるからである。また遺族や僧侶も早く帰ることもできる。こうなると初七日をもって葬儀の終了ということにはならない。また即日埋葬をする地域に顕著であるが、葬儀当日に初七日、三十五日、四十九日、百か日まで終えてしまう場合も見られる。

死後はじめて迎えるお盆を初盆もしくは新盆という。このときは特別な供養を行う地域も多い。長野県の南部では、人の死に際して三度の別れがあるといい、それは臨終と葬儀と新盆であり、新盆が死者との別れとして重要な機会であることを示している。各地で盆棚を葬儀並みに飾ったり、近隣や親族を招いて法要を行い食事を振舞うなど、葬儀の次に重い行事である地域が多い。また大念仏や盆踊りなど、新盆供養として行われるものもある。

図2　略式のウレツキ塔婆（群馬県館林市）

その後は一周忌、三回忌、七回忌、十三回忌、十七回忌、二十三回忌、二十七回忌と続き、関西などでは二十三回忌、二十七回忌のかわりに二十五回忌を行う地域もある。そして三十三回忌や五十回忌は、弔い上げといわれ、これで個別の死者供養は終わり、神様になるなどともいう。このときは、ウレツキ塔婆といって杉などの若木の先端の葉を残して木部を削り、そこに戒名などがかかれたものを墓にたてる。さらに又塔婆といって、二股の先端を残した塔婆をつくり墓に立てる地域もある。いずれも再生の意味ももっていた。

しかしこうした長期の年忌供養は、社会構造が変わり家に対する意識がなくなっていくと、先祖の供養も重視されなくなり、近しい家族の死後間もない年忌だけを行うようにもなっている。

自己の死への想い

現在、死の自己決定ということが主張されるようになってきた。そして自らの来るべき死や死後のありようについて、自らの希望を事前に表明することである。それは従来であれば、家族などに判断をまかせていた部分にまでおよんでいる。

とくに医療技術の発達によって、終末期医療の長期化の問題が生じており、ＱＯＬ（クオリティ・オブ・ライフ）と延命治療との関係も問題として浮上してきた。また臓器移植技術の進展に伴い、脳死を人の死とするか否かの社会的議論のなかで、一九九七年には「臓器の移植に関する法律」が制定され、臓器移植に関して脳死を人の死とするようになる。さらに、二〇〇九年の改正によって、本人が拒否の意思表示をしていないときには、遺族の承諾のみで臓器提供が可能となり、これにより子どもの臓器提供も可能となった。こうして様々な状況の変化によって、自らの死のあり方について判断を下さざるをえない状況がより強くなっている。

それは葬儀についても同様であり、葬儀のあり方、たとえば無宗教の葬儀を希望している場合に、いっぽうでそれを受け止める遺族の意思が統一されていない場合も多く、人々の間に葛藤や不安をもたらすことにもなる。一方、死後のことを頼める家族などがいない、もしくは頼れない人にとっては、自ら死後のことを近親者以外の第三者に託さざるをえない状況も生まれている。死後の自己決定は、それを実践するときにはすでに本人は動くことができず、残された生者に依存せざるをえない。死生観の多様化に伴い、人々の間で死をどのように迎え、送り出していくのかを考えていくことが今まで以上に求められるようになっている。

（山田慎也）

読書案内

井之口章次『日本の葬式』早川書房、一九六五年。
＊葬儀に関するさまざまな民俗について、その起源や意味について考察したものである。個別に研究が進んでいた民俗学の葬制研究を、はじめて総体化した著書である。

五来重『葬と供養』東方出版、一九九二年。

＊仏教と民俗との関係を丹念に考察した葬制研究の大著であり、儀礼の分析だけでなく、さまざまな葬具の起源やその意味についても分析を行っており、著者の幅広い知見を随所に見ることができる。

井上章一『霊柩車の誕生』朝日新聞社、一九八四年。

＊いまではめずらしくなった宮型霊柩車の意匠の成立を通して、葬送儀礼の近代化を検討している。葬祭業の成立を留意しつつ、葬儀文化の流行を大衆文化論に位置づけて分析を行っている。

山田慎也『現代日本の死と葬儀――葬祭業の展開と死生観の変容』東京大学出版会、二〇〇七年。

＊地域社会の葬儀の変容に関する本格的なフィールドワークや葬祭業の形成過程に関する資料研究など、葬祭業の利用を前提とした現代の葬儀に関する民俗学の研究書である。従来の研究成果と現状の分析の架橋を図っている。

新村拓『在宅死の時代』法政大学出版局、二〇〇一年。

＊近代における在宅でのみとりや人々の臨終のあり方の変化を、医師や看護師などの関与のあり方等も含めて、日記や資料などから丁寧に描きだし、死の医療化と民俗の変容について分析を行っている。

参考文献

厚生労働省「平成二二（二〇一〇）年簡易生命表の概況」http://www.mhlw.go.jp/toukei/saikin/hw/life/life10/01.html
国立歴史民俗博物館・山田慎也編『近代化のなかの誕生と死』岩田書院、二〇一三年。

新谷尚紀『日本人の葬儀』紀伊國屋書店、一九九二年。

新村拓『国民皆保険の時代』法政大学出版局、二〇一一年。

波平恵美子『いのちの文化人類学』新潮社、一九九六年。

村上興匡「大正期東京における葬送儀礼の変化と近代化」『宗教研究』六四巻一号、一九九〇年。

Section 2
いのちの誕生

お産は大厄、そしてお産の神様

「お産は女の大厄《たいやく》」といわれる。大厄は大役でもある。女性の厄年は一九歳と三三歳で、これを一般に大厄というが、出産も大厄の一つに数えられた。出産は死の危険と隣り合わせのため、「お産は棺桶片足」「お産は命がけ」と伝承されてきた。現代は出産時の産死は極めて稀になったが、妊婦の病院たらい回し問題などのニュースを見ると、やはり女性にとって出産は大厄である。一八七九（明治一二）年に東北・北海道を旅したイザベラ・バードが新潟で産死者供養のナガレカンジョウ（流れ灌頂、川に棒を四本立て、布を張って、ひしゃくで水をかけてもらうこと）を見て、『日本奥地紀行』に挿し絵を残した（図1）。かつて流れ灌頂は各地で見られた。大勢の人々が供養した流れ灌頂は女性の鎮魂であった。

戦前は乳児死亡率がきわめて高かった。一八世紀のフランスに「一人しか子のないものは、一人もいないのと同じ」という諺《ことわざ》があり、当時のフランスでは分娩時の事故や病気は乳児にとって大きな脅威であった。そのため、何人も産んでおけば生存の確率が高くなるという考え方があり、それがこのような諺を生じさせたのである。日本においても同様で「子沢山貧乏」がそれを象徴している。たくさんの子どもを抱えて養育費の負担が重く生活が苦しいことを表現した言葉である。昭和一〇年代までは五、六人の赤子を生む女性は普通であった。その時代には、生まれて間もない乳児が死亡すると「運が悪かった」「また産めばいいのだから」「今度は丈夫な子を産めばよい」などと、産婦とその家族が早く立ち直れるように慰めの言葉をかけた。

出産は死の危険と隣り合わせであったから、人々は母子ともに無事安全を神々に祈ってきた。病院出産の現代でも、枕元のお守りは安産を願う妊産婦にパワーを与えている。産の神として水天宮《すいてんぐう》や塩竈《しおがま》、子安《こやす》観音、十二様《じゅうにさま》（山の神様）

図1　流れ灌頂

などが霊験あらたかな神仏として信仰を集める。群馬県内では、前橋市下大屋町の産泰《さんたい》神社が産の神として近郷近在に知られていた。群馬県内はもちろん埼玉県や長野県まで勧請《かんじょう》され、各地に産泰講も組織された。産泰様は江戸時代に流行神化し、前橋藩主の奥方の信仰を得て、前橋城に向きあうように社殿を西向きに建てたと伝える。その昔は地域にある小祠の一つで、「三胎」と呼ばれていた。「三胎」は「三体」であり、三柱の神を意味する。浅草の三社様もそうであるように、数字の三は聖数であり、三つの神の力は極めて強力である。産泰様は安産祈願の神として流行し、産が軽く済むようにと願いを込め、底抜け柄杓《ひしゃく》を供える習わしがあった。底を抜いた柄杓で水を汲もうとすると水がすーっとこぼれてしまう。そのように軽く生まれて欲しいという願いが込められる。かつて産泰神社には奉納された底抜け柄杓が山高く積まれていた。底抜け柄杓の時代は終わり、現在は境内に犬の可愛いモニュメントが建ち、祈願者は底抜け柄杓に代わって犬の絵が描かれた絵馬を奉納している。

腹帯は日本独自の習俗

妊婦が腹帯《はらおび》をするのは日本独自の習俗であり、江戸中期に広まったという。腹帯は妊婦の腹を暖め保護する目的があるとされる。現在、旧来の腹帯とは異なるマタニティベルトが着用されるが、その着用率は徐々に減少している。腹帯を巻く時期はおおむね妊娠五カ月目頃で、戌《いぬ》の日がよいとされた。犬は多産で安産であることから、縁起をかついで戌の日が選ばれる。腹帯に用いるサラシは実家が用意してくれたが、褌《ふんどし》を身につけていた時代には夫の褌を用いたという。夫の褌を用いるのは生まれてくる赤子を認知する意味があると考えられている。群馬県勢多《せた》郡富士見《ふじみ》村（現 前橋市）では、腹帯に蛇の抜け殻を入れることもあったし、同郡東村黒坂《くろさか》石《いし》（現 みどり市）では、熊の産は軽いのでこれにあやかるために熊のヒロ（腸）を干したものを腹帯に入れて締めたという。戦前、同県館林市渡瀬地区ではトリアゲバアサン（出産介助の巧みな女性）が犬の字を書いて締めてくれた。腹帯をすると腹が締まってよいというが、これは「小さく産んで大きく育てる」という民俗思想と関連があり、しっかり巻くことで胎児の肉体と霊魂を守るとされる。

妊娠中はさまざまな禁忌や言い伝えがある。昔の人は箒《ほうき》をまたぐなといった。箒は重要な呪具であり、出産時に箒を立てると安産とされた。出産には十二様と箒神様が必ず立ち会ってくれるので、出産時に箒を立てておくと楽に産まれるという。便所をきれいにすると美しい子が産まれるという諺は、身体を動かす重要性を語るものであろう。死んだ人を見ると黒あざができるとされ、妊婦は野辺送りに参列しない。やむをえず参列する場合は鏡を懐に入れた。また、火事を見ると赤あざの子が産まれるという。一軒に妊婦が二人いると勝ち負けができるので、どちらかの妊婦は家を出た。同様に妊娠している動物が同じ家にいると相孕《あいばら》みになるとされた。「お産の力は、親はくれない」というが、出産時には大変な力が出るものであった。赤子は障子の桟《さん》が見えるうちは産まれないといった。自宅出産時代には葬儀に用いた短いロウソクが用いられ、それが燃え尽きるまでの短時間で産まれることを願った。

トリアゲバアサンから近代産婆へ

出産介助は、古くは同じ集落に住むトリアゲバアサンに頼んだ。トリアゲバアサンは無資格であり、近代医療の立場から見れば、非衛生的で迷信じみたことが多かった。その時代には乳児死亡率も妊産婦死亡率も高く、近代産婆（有資格の出産介助者。無資格の「旧産婆」に対して「近代産婆」という。「新産婆」とも呼ばれる）の活躍が期待されたのである。しかし、交通不便な農山漁村では身近なトリアゲバアサンに出産介助を依頼していた。群馬県山田郡大間々町塩原（現 みどり市）では、昭和一〇年代までトリアゲバアサンが赤子を取り上げていた。トリアゲバアサンには出産介助のお礼は不要であった。そのころの自宅出産は、納戸あるいは奥の部屋で、畳を上げて布団を敷き、その上に油紙を敷いて布団を丸め、それに寄りかかって出産する座産の方法であった。

具体的にいくつかの事例を紹介する。

Aさん（一九〇〇〔明治三三〕年生まれ）は、山で燃し木を背負って家に戻る途中で陣痛が起きたのであわてて家に戻り、

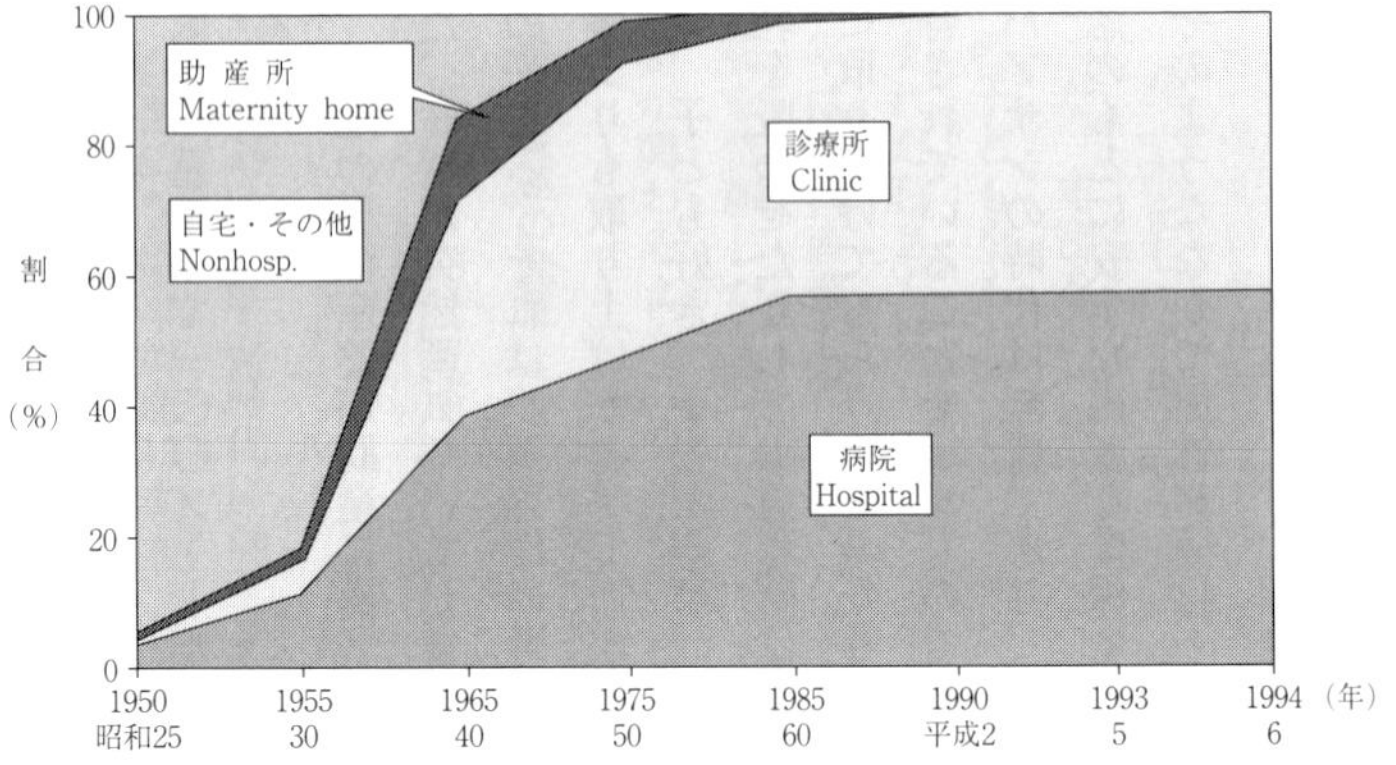

図2　出生の場所別出生割合（1950～94年）

九パーセント、病院などの施設出産が五〇・一パーセントになった。この一九六〇年を境に施設分娩時代に入った。そして一九六五年に八四パーセント、一九七五年には九九パーセントが病院などの施設で出産するようになり、わずか二五年間で誕生の場が逆転してしまった。自宅出産時代は、近代産婆の指導のもとで家族が盥《たらい》の湯を沸かすなど出産準備を行い、家族が見守るなかを赤子の泣き声が家中に響き渡るという誕生の臨場感にあふれていた。一九四八年の保健婦助産婦看護婦法によって「助産婦」と変わったが、人々は親しみを込めて近代産婆を「お産婆さん」と呼んだ。二〇〇〇年からは「助産師」となる。

戦前は乳児死亡率と妊産婦死亡率が高かったので、政府は衛生的な出産を奨励した。それは近代医学の知識をもった近代産婆の育成につながり、多くの近代産婆が養成され各地で活躍した。そして伝統的な出産習俗の否定や排除が行われたので、さまざまな葛藤や軋轢が生じた。安全性を確保する近代医療知識をもった近代産婆たちは、産婦人科医との連携をもちながら全国各地で活躍した。戦後は出産の医療化が進み、母子健康センター設立が推進され、一九七〇年までに全国五八五カ所に設置された。このセンターの出現によって自宅出産は時代遅れという考えを多くの妊産婦たちがもつようになった。

病院出産の流行は、出産時のリスクをできるだけ少なくするために、万が一に際して救急医療体制が整っている総合病院への入院が主流になってきたからである。一九六〇年代の高度経済成長期は、古いものを排除する風潮が濃厚となり、妊産婦たちは近代医学に過剰な信頼を寄せたともいえよう。誕生の場の変化は、近代医療の受容によって出産時の危険が大幅に減少したが、一方で伝統的な出産の技術や習俗の否定や排除に

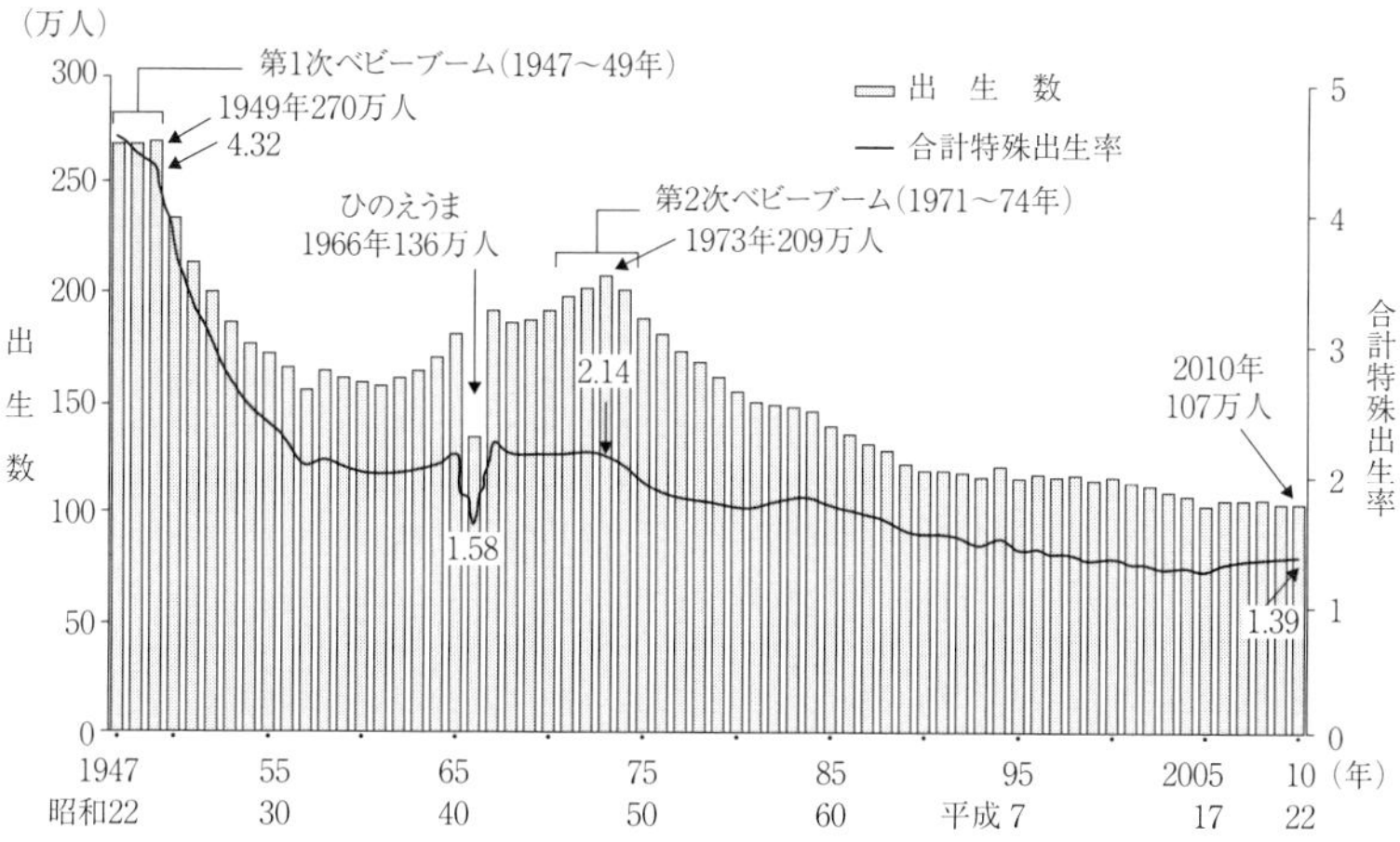

図3　出生数と合計特殊出生率の推移

注：2010年は概数である。合計特殊出生率は，15歳から49歳までの女性の年齢別出生率を合計したもの。1人の女性が仮にその年次の年齢別出生率で一生に子どもを産むとした場合の平均子ども数をいう。

つながっていった。

丙午俗信と出産行動

生まれてくる「いのち」を選択する方法は、堕胎や間引きとして伝承されてきた。堕胎や間引きは望まれない妊娠の結果であり、その多くは子沢山による養育困難などが理由であった。ときには単なる俗信が堕胎や間引きを引き起こすこともあった。その最も顕著な俗信のひとつがヒノエウマ（丙午）である。結婚することが当然と考えられていた社会において、自らの意志で結婚しない人は少なく、結婚しない理由のうち個人的な条件として、生まれ年と身体上の欠陥の問題が存在する。生まれ年のうち、丙午俗信は全国的に広く伝えられ人々の生活に大きな影響を及ぼした。

丙午は干支《えと》のひとつで、丙は火性なので威勢がよく、この年には火災が多いとされる。丙は陽火であり、午も陽火であるから、火に火を加えるのはよくないという説がある。また、午は馬の連想から元気がよいというイメージを付与され、午年生まれの女性は男まさりであるといわれた。このふたつが重なった丙午生まれの女性は元気がよく、夫を殺すという俗説が生まれた。青島幸男『人間万事塞翁が丙午』は、一九〇六年生まれの母親がモデルの小説である。作品では、火事をはじめ不幸なことが起きると、丙午が災いの原因とうわさされるなど、何事につけても丙午が原因とされてしまうのであった。

一九六六（昭和四一）年は丙午年で、この年は目に見えない黒い霧が日本の母と子を覆い包んだ。一九六五年の出生数は一八二万三六九七人であったが、その翌年の丙午年には一三六万九七四人で、約四六万人減少し前年比二六パーセント減となった。俗信がこのような事態を引き起こすことは世界史的に見ても例をみない。翌六七年の出生数は一九三万五六四七人となり前年より五七万人も増えた。ちなみに一九〇六（明治三九）年の丙午における出生数は前年比五パーセント減であった。

一九六六年の丙午を迎え、国や多くの自治体は対応措置をとらなかった。そのなかで正面から立ち向かった自治体があった。群馬県勢多郡粕川村《かすかわ》（現 前橋市）である。若い村長は丙午俗信の追放運動に積極的に取り組んだ。彼の母は一九〇六年の丙午生まれで、その俗説に苦しんだ一人であった。村立母子健康センターが中心になって、赤城山麓の一町七村でアンケート調査を実施し、小冊子『母子保健と迷信――ひのえうまの迷信を解消するために』を作製・配布した。丙午俗信は不測の事故でもなければ天災でもない、朝に晩に顔を合わせている人間がつくり出した人災であると訴えた。

粕川村は、丙午俗信の因習打破を大きな目標に掲げながら、一九六六年の丙午対策を積極的に展開した。しかし、丙午が全国を席巻する潮流のなかにあって、保健婦らの努力と宣伝にもかかわらず自村の出生数は全国平均よりもわずかよかった程度である。これは丙午俗信の根強さと世間並み意識の結果かもしれない。丙午俗信は、マスコミによって真実味を帯びた話として流布され、人々が忘れかけていた過去の伝承が情報媒体による再生産という形で広まった。丙午俗信を信じるかどうかは個人の問題だが、出産行動に直接関わる事柄である。近代医学は、科学的根拠の薄い俗説として排除すべき丙午俗信に直接対決することなく、むしろ受胎調節技術などを通じて出生率の減少を支える皮肉な巡り合わせを演じてしまったといえよう。

「いのち」の選択と生殖医療

近年の生殖医療の進歩はいちじるしく、生殖補助医療とゲノム解析の進歩によって、人々は出生前診断や着床前診断で「いのち」の選択を行うようになってきた。出生前診断とは、出生前に胎児の状態を診断するもので、胎児の先天的障害の有無を知る目的で行われることが多く、障害があると診断された場合に選択的中絶を行うことがある。わが国では経済的理由などで中絶が認められる現在、胎児に先天的障害がある場合に中絶することは、生まれてきたほうがよい生命とそうではない生命という選択がなされる点が問題になっている。「いのち」の選択ということであり、障害のある胎児の出生を排除し、ひいては障害のある人々の生きる権利や生命の尊厳を否定することにつながる恐れがある。

一方の着床前診断は、選択的中絶が女性の心身に与える痛みやストレスを軽減するための診断で、遺伝病の家系のために子どもをもつことを諦めていた夫婦を救済するための開発であった。着床前診断は、体外受精が成功して卵割の進んだ数日後に胚から細胞を取り出して染色体検査や遺伝子解析を行うもので、胚はヒトであるかどうかという問題があり、その胚がいかなる道徳的地位をもつのかという課題が残る。つまり異常が認められた胚を選別するのであるから、この診断法は生命の製品化につながる危惧があり、生命の設計にも関わる問題といわれている（霜田ほか、二〇〇七）。

医療の進歩は出産時の危機を救い、多くの赤子の「いのち」を育んできたが、少子化が進む現在、多胎妊娠と減数手術の問題、貸し腹と代理母の問題、妊婦のたらい回しの問題、出生前診断などの生殖補助医療問題など、生殖医療技術の発展によって、私たち一人ひとりが考えていかねばならない多くの問題を抱えることになった。一九六六年に大問題となった丙午俗信は、六〇年後の二〇二六年に再びめぐってくる。丙午など単なる俗信であるという毅然とした対処の仕方が望まれる。また、妊娠を望んでいた女性が不妊治療によってようやく赤子を授かることになったが、一方で進行している減数手術の問題は、矛盾を抱えた現実問題として眼前に立ちはだかる。当事者の立場に置かれたとき、現実にどのような対処をとるべきかが問われる。それはダウン症の子を妊娠したときにとられる「いのち」の選択という問題に連なることである。このような課題の数々は、近代生殖医療の発展とともに発生しているのである。私たちはその現実から目をそらすことはできない。私たちは単に俗信のバリエーションや意味、あるいはその起源を研究するだけでなく、その俗信がもつ社会生活上の価値の問題にも目を向けていく必要がある。現在社会がかかえている出産環境の問題に対しても正面から向き合って、民俗学的に整理・分析して解決する道を探るための努力をしてみなければいけないだろう。それは学問の殻から一歩出たところの社会貢献につらなる。

（板橋春夫）

読書案内

大藤ゆき『児やらい』岩崎美術社、一九六八年。

＊柳田国男の指導のもとで産育研究を続けた著者の代表作。わが国の伝統的出産習俗を概観することができて便利である。消滅した習俗も多数紹介しており、出産文化の今昔を知るうえで貴重な文献である。

牧田茂『日本人の一生』講談社学術文庫、一九九〇年。

＊出産に丸い小石を用いる事例をタマの象徴と考え、日本人の霊魂観を論じる。本書は循環的生命観の立場で執筆されているが、出産の儀礼や習俗の意味について考えるうえで参考になる文献といえよう。

宮田登『冠婚葬祭』岩波新書、一九九九年。

＊本書の第2章「誕生と育児」で、橋の下から拾われた伝承、七つ前は神のうち、水子、ウブの信仰など、興味深い事例をわかりやすく解説する。本書を通して通過儀礼研究の基本的な考え方が把握できる。

板橋春夫『誕生と死の民俗学』吉川弘文館、二〇〇七年。

＊出産と丙午俗信、双生児観の変容、産婆の生活と機能、産死と子育て幽霊、悪名と仮り名の伝承、などの誕生民俗について論じる。誕生と死をめぐる儀礼や習俗から、いのちの民俗学的思考を明らかにした。

板橋春夫『出産』（叢書いのちの民俗学一・増補）社会評論社、二〇一二年。

＊本書はいのちの民俗学的研究の立場から出産をめぐる儀礼や習俗、産育の歴史についてわかりやすく解説している。男性産婆の事例を報告するなど、出産文化研究に新しい地平を切り拓く書である。

参考文献

鎌田久子ほか『日本人の子産み・子育て――いま・むかし』勁草書房、一九九〇年。

霜田求ほか『医療と生命』ナカニシヤ出版、二〇〇七年。

新村拓『出産と生殖観の歴史』法政大学出版局、一九九六年。

鈴木由利子「妊娠と出産の民俗」谷口貢・板橋春夫編著『日本人の一生――通過儀礼の民俗学』八千代出版、二〇一四年。

波平恵美子『ケガレ』講談社学術文庫、二〇〇九年。

西川麦子『ある近代産婆の物語――能登・竹島みいの語りより』桂書房、一九九七年。

松岡悦子『妊娠と出産の人類学——リプロダクションを問い直す』世界思想社、二〇一四年。

安井眞奈美『出産環境の民俗学』昭和堂、二〇一三年。

安井眞奈美編『出産の民俗学・文化人類学』勉誠出版、二〇一四年。

吉村典子『子どもを産む』岩波新書、一九九二年。

コラム10　日本民俗学史

日本の民俗学は間違いなく柳田国男によって開拓された。しかし、その前提はあった。近世の文人たちの民俗への関心と研究への志向にすでに民俗学の萌芽を見ることができる。彼らは地方には「神代《かみよ》の遺風」が見られると認識した。その関心は、昔話や伝説ではなく、行事や儀礼、すなわち「わざ」にあった。

近世文人の民俗への関心は、民俗を調査するという方向に進んだ。民俗を目的に旅に出て、聞き書きをして記録を残し、さらに自分の生活世界を記録する文人も登場した。そして、全国的なアンケート調査も実施された。民俗調査はすでに近世からはじまっていた。

民俗学は柳田国男の一九〇八年における二つの経験からはじまる。そして五〇年間、柳田国男のもとで民俗学は発展してきた。柳田国男は民俗に興味関心を抱く全国の同好の士を組織し、彼らが調査し、報告した各地の民俗事象を資料にして、厖大な著作に示されるような成果をあげた。柳田国男の民俗学は、各地の類例の比較によって生活の歴史を明らかにするものであった。比較の範囲は日本列島に限定され、しかもアイヌは除かれ、逆に沖縄は重要な位置を与えられていた。日本語を共通にする日本民族の民俗学であった。

一九五八年に大学で民俗学の専門教育が開始された。それまでは、柳田の指導を受けつつ研究者になった。それが、大学で講義を聴講し、演習で指導を受け、卒業論文を書くことで、民俗学の専門家に育つ新しいコースができた。教師は理論や方法を教える必要があったが、その方面の蓄積は乏しかった。柳田国男の提示していた方法に頼る以外にはなかった。しかし、危機意識をもって発信する柳田の使命感は喪失した。

大学での研究・教育が民俗学の再生産を行う場となったことで、諸科学の研究動向、思想状況あるいは社会と民俗学との関係が生じた。一九六〇年代後半から民俗学においても新しい動向が作られた。一つは方法批判であり、一つは地域民俗学、都市民俗学などの研究分野の開拓である。さらに九〇年代には柳田国男の問題性が指摘されるようになり、それに呼応して民俗学のあり方の再検討が進んだ。起源や古い姿を希求する本質主義的な志向が批判され、歴史からの離脱が盛んにいわれるようになった。

柳田国男の民俗学の特色は、彼の思想と密接に関係して、一国民俗学という姿を示していた。それに対する批判と克服の努力が二〇世紀も終わり近くに強く出されるようになった。一つは個別の地域における民俗の意味を明らかにする方向で、二つ目は国家・国民・民族を超えて、より広い視野から民俗を把握し、意味を発見する方向である。二一世紀に入る頃から、世界に開かれた民俗学が志向され、理論や方法の国際的な検討が行われるようになった。民俗学は新しい段階に入ったといえよう。

（福田アジオ）

民俗学すること――一年間を振り返って

意識して一年間を過ごしてみると、民俗学のテーマは日常のなかにたくさんありそうだ。親戚や祖父母から聞いた話はおもしろかった。昔の生活のほうが良い、なんて思ったりはしないけど。アイの今の生活からは想像もできないような生活ぶりや慣習がついこの前まであったことが意外だった。でも、それは祖父母にとっては日常だったのだ。正信の育った沖縄の生活もアイの知らないことばかりだったが、それだって正信にとっては日常なのだ。祖父母が経験した近い過去の日常も、正信の経験しているアイと同時代の日常もすべてが一致することはないけど、だからこそ、そのズレがおもしろい。ズレがあるから発見があるし疑問も生まれる。好奇心旺盛で新しもの好きのアイだからこそ、ズレをたくさん感じることができる。あたりまえだと思っていたことを突き放して考えてみるのって、難しいけど楽しい。いつの時代も状況の違いはあるけれど、普通に生きている普通の人の暮らしこそが、民俗学の対象だったはずなんだから。今を生きるアイの感性こそが民俗学の第一歩なのだ。いつだってテーマは転がっていた。

「なんだ、私って民俗学してたんだ」。ちょっとだけ肩の力が抜けた。

民俗学をさらに学ぶための参考文献

（1）本書を読んだ後にさらに深く民俗学を学びたい人の参考のために、問題別に基本文献を掲げた。
（2）文献は出版社から刊行されていて比較的入手しやすい、もしくは図書館などで閲覧可能な単行本とした。
（3）同一文献が複数の刊行形態で出版されている場合は、原則としてもっとも新しく刊行された文献を記したが、より普及しているものにした場合もある。
（4）文献は近年の動向や傾向を知る文献に重点を置き、古典的な文献は必要最小限に絞った。
（5）文献の配列は著者名（編者名）の五十音順とし、同一人名の場合は年次順とした。

（1）民俗学を概観する

小松和彦・関一敏編『新しい民俗学へ――野の学問のためのレッスン26』せりか書房、二〇〇二年。

佐野賢治・谷口貢他編『現代民俗学入門』吉川弘文館、一九九六年。

谷口貢・松崎憲三編著『民俗学講義――生活文化へのアプローチ』八千代書房、二〇〇六年。

鳥越皓之編『民俗学を学ぶ人のために』世界思想社、一九八九年。

福田アジオ・宮田登編『日本民俗学概論』吉川弘文館、一九八三年。

宮田登『民俗学への招待』（ちくま新書）筑摩書房、一九九六年。

八木透編『新・民俗学を学ぶ――現代を知るために』昭和堂、二〇一三年。

柳田国男『郷土生活の研究法』一九三五年（ちくま文庫版『柳田国男全集』二八巻、一九九〇年）。

和歌森太郎『新版日本民俗学』清水弘文堂、一九七〇年。

（2）図像・画像で民俗を知る

大島暁雄・佐藤良博他編『図説民俗探訪事典』山川出版社、一九八三年。

工藤員功編『絵引民具の事典』河出書房新社、二〇〇八年。

福田アジオ・古家信平他編『図説日本民俗学』吉川弘文館、二〇〇九年。

福田アジオ・内山大介他編『図解案内日本の民俗』吉川弘文館、二〇一二年。

民俗学研究所編『日本民俗図録』朝日新聞社、一九五五年。

（3）民俗学理論を学ぶ

アラン・ダンデス他（荒木博之編訳）『フォークロアの理論』法政大学出版局、一九九四年。

有賀喜左衛門『民俗学・社会学方法論』（有賀喜左衛門著作集Ⅷ）、未来社、一九六九年。

門田岳久・室井康成編『〈人〉に向きあう民俗学』森話社、二〇一四年。

河野真『フォークロリズムから見た今日の民俗文化』創土社、二〇一二年。

真野俊和『日本民俗学原論――人文学のためのレッスン』吉川弘文館、二〇〇九年。

野口武徳・宮田登・福田アジオ編『現代日本民俗学』全二巻、三一書房、一九七四・七五年。

柳田国男『民間伝承論』一九三四年（ちくま文庫版『柳田国男全集』二八巻、一九九〇年）。

（4）民俗学の調査研究法を知る

上野和男・高桑守史他編『新版民俗調査ハンドブック』吉川弘文館、一九八七年。

須藤健一編『フィールドを歩く――文科系研究者の知識と経験』嵯峨野書院、一九九六年。

野本寛一・赤坂憲雄編『暮らしの伝承知を探る』玉川大学出版部、二〇一三年。

柳田国男・関敬吾『新版日本民俗学入門』名著出版、一九八二年。

（5）民俗学の歩みから学ぶ

大藤時彦『日本民俗学史話』三一書房、一九九〇年。

小池淳一編『民俗学的想像力』せりか書房、二〇〇九年。

河野真『ドイツ民俗学とナチズム』創土社、二〇〇五年。

篠原徹編『近代日本の他者像と自画像』柏書房、二〇〇一年。

瀬川清子・植松明石編『日本民俗学のエッセンス――日本民俗学の成立と展開〔増補版〕』ぺりかん社、一九九四年。

福田アジオ『日本の民俗学――「野」の学問の二〇〇年』吉川弘文館、二〇〇九年。

福田アジオ『現代日本の民俗学――ポスト柳田の五〇年』吉川弘文館、二〇一四年。

ヨーゼフ・クライナー編『近代〈日本意識〉の成立――民俗学・民族学の貢献』東京堂出版、二〇一二年。

（6）柳田国男を学ぶ

赤坂憲雄『山の精神史――柳田国男の発生』小学館、一九九一年。

伊藤幹治『柳田国男と文化ナショナリズム』岩波書店、二〇〇二年。

川田稔『柳田国男のえがいた日本――民俗学と社会構想』未来社、一九九八年。

福田アジオ『柳田国男の民俗学』吉川弘文館、二〇〇七年。

船木裕『柳田国男外伝』日本エディタースクール出版部、一九九一年。

柳田国男研究会編『柳田国男伝』三一書房、一九八八年。

（7）民俗学の問題性を考える

岩竹美加子編訳『民俗学の政治性――アメリカ民俗学一〇〇年目の省察から』未来社、一九九六年。

岩本通弥・菅豊・中村淳編著『民俗学の可能性を開く』青弓社、二〇一二年。

大月隆寛『民俗学という不幸』青弓社、一九九二年。

川村湊『「大東亜民俗学」の虚実』講談社、一九九六年。

子安宣邦『日本近代思想批判――一国知の成立』（岩波現代文庫）岩波書店、二〇〇三年。

村井紀『新版南島イデオロギーの発生――柳田国男と植民地主義』（岩波現代文庫）岩波書店、二〇〇四年。

（8）民俗の地域差・地域性を考える

赤坂憲雄『東西／南北考――いくつもの日本へ』（岩波新書）岩波書店、二〇〇〇年。

網野善彦『東と西の語る日本歴史』（講談社学術文庫）講談社、一九九八年。

石塚尊俊『民俗の地域差に関する研究』岩田書院、二〇〇二年。

小野重朗『南九州の民俗文化』法政大学出版局、一九九〇年。

千葉徳爾『地域と伝承』大明堂、一九七〇年。

松本修『全国アホ・バカ分布考――はるかなることばの旅路』（新潮文庫）新潮社、一九九三年。

柳田国男『蝸牛考』一九三〇年（ちくま文庫版『柳田国男全集』一九巻、一九九〇年）。

（9）民俗・民俗学を辞典で調べる

稲田浩二・大島建彦他編『日本昔話事典』（縮刷版）弘文堂、一九九四年。

大塚民俗学会編『日本民俗事典』（縮刷版）弘文堂、一九九四年。

佐々木宏幹・宮田登・山折哲雄編『日本民俗宗教辞典』東京堂出版、一九九八年。

日本民俗建築学会編『日本の生活環境文化大事典』柏書房、二〇一〇年。

福田アジオ・神田より子他編『日本民俗大辞典』上下二巻、吉川弘文館、一九九九・二〇〇〇年。

民俗学研究所編『民俗学辞典』東京堂、一九五一年。

民俗学研究所編『改訂綜合日本民俗語彙』全五巻、平凡社、一九五五〜五六年。

民俗学事典編集委員会編『民俗学事典』丸善出版、二〇一四年。

渡邊欣雄・佐藤壮広他編『沖縄民俗辞典』吉川弘文館、二〇〇八年。

（10）民俗学の文献を調べる

成城大学民俗学研究所編『柳田文庫所蔵南島文献解題』砂子屋書房、一九九九年。

竹田旦編『民俗学関係雑誌文献総覧』国書刊行会、一九七八年。

日本民俗学会編『日本民俗学文献総目録』弘文堂、一九八〇年。

宮田登・山路興造他編『民俗学文献解題』名著出版、一九八〇年。

（11）民俗学の講座

赤坂憲雄・岩本通弥・篠原徹編『現代民俗誌の地平』全三巻、朝倉書店、二〇〇三〜〇四年。

赤田光男・香月洋一郎他編『講座日本の民俗学』全一一巻、雄山閣、一九九六〜二〇〇四年。

網野善彦・大林太良他編『日本民俗文化大系』全一四巻、別巻一、小学館、一九八三〜八七年。

國學院大學日本民俗研究大系編集委員会編『日本民俗研究大系』全一三巻、國學院大學、一九八二〜九一年。

大間知篤三・岡正雄他編『日本民俗学大系』全一三巻、平凡社、一九五八〜六〇年。

篠原徹・関一敏・宮田登編『現代民俗学の視点』全三巻、朝倉書店、一九九八年。

新谷尚紀・波平恵美子・湯川洋司編『暮らしの中の民俗学』全三巻、吉川弘文館、二〇〇三年。

日本口承文芸学会編『シリーズことばの世界』全四巻、三弥井書店、二〇〇八年。

湯川洋司・古家信平・安室知編『日本の民俗』全一三巻、吉川弘文館、二〇〇八〜〇九年。

(12) 著作集・全集

『赤松啓介民俗学選集』全六巻・別巻一、明石書店、一九九七〜二〇〇四年。

『有賀喜左衛門著作集』全一一巻、未来社、一九六六〜七一年。

『大間知篤三著作集』全六巻、未来社、一九七五〜八二年。

『折口信夫全集』全三七巻・別巻三、中央公論新社、一九九五〜二〇〇二年。

『桜井徳太郎著作集』全九巻・別巻一、吉川弘文館、一九八七〜九一年。

『桜田勝徳著作集』全七巻、名著出版、一九八〇〜八二年。

『関敬吾著作集』全九巻、同朋舎出版、一九八〇〜八二年。

『竹田聴洲著作集』全九巻、国書刊行会、一九九三〜九六年。

『千葉徳爾著作選集』全三巻、東京堂出版、一九八八年。

『早川孝太郎著作集』全一二巻、未来社、一九七一〜二〇〇三年。

『南方熊楠全集』全一〇巻・別巻二、平凡社、一九七一〜七五年。

『宮本常一著作集』全五三巻・別集(未完)、未来社、一九六七年〜。

『定本柳田国男集』全三一巻、別巻五、筑摩書房、一九六二〜七一年。

『柳田国男全集』(ちくま文庫)全三二巻、筑摩書房、一九八九〜九一年。

『柳田国男全集』全三六巻・別巻二(未完)、筑摩書房、一九九七年〜。

『南日本の民俗文化―小野重朗著作集』全九巻、第一書房、一九九二〜九六年。

『和歌森太郎著作集』全一五巻・別巻一、弘文堂、一九八〇〜八三年。

索　引

（＊は人名）

あ　行

さ　行

な　行

は　行

ま　行

や　行

ら・わ行

図版・図表出典一覧

〈第１章〉

1

図１　倉石あつ子氏提供。

図２　筆者撮影。

図３　小原一夫「南島入墨考」谷川健一編『南島の村落』三一書房，1989年。

図４　市川秀之撮影。

2

図１　米原市教育委員会提供。

図２　筆者提供。

図３　米原市教育委員会提供。

表１　鷹司綸子「衣料と染織」宮本馨太郎編『衣・食・住』（講座　日本の民俗４）有精堂出版，1979年をもとに筆者作成。

図４　筆者提供。

図５　同上。

図６　『東海道中膝栗毛』（日本古典文学大系62）岩波書店，346頁。

〈第２章〉

1

図１　筆者撮影。

図２　同上。

2

図１　福田アジオ撮影。

図２　筆者撮影。

図３　同上。

〈第３章〉

1

図１　筆者撮影。

図２　S. Sanpei 氏提供。

図３　筆者撮影。

2

図１　筆者撮影。

図２　同上。

〈第４章〉

2

図１　筆者撮影。

図２　『近江八幡の歴史』「祈りと祭り」をもとに筆者作成。

図３　筆者撮影。

〈第５章〉

1

図１　筆者撮影。

図２　同上。

図３　福田アジオ撮影。

図４　筆者撮影。

2

図１　常光徹撮影。

表１　筆者作成。

表２　同上。

〈第６章〉

1

図１　総務庁統計局「国勢調査報告」，厚生省「人口動態統計」などから筆者作成。

図２　筆者提供。

図３　三州足助公社提供。

2

図１　山梨県教育委員会提供。

図２　有賀喜左衛門『南部二戸郡石神村に於ける大家族制度と名子制度』1939年。

図３　泉靖一・大給近達・杉山晃一・友枝啓泰・長島信弘「日本文化の地域類型」『人類科学』15号，1963年。

表１　同上。

図４　同上。

表２　岩本通弥「佐渡のヂワケノシンルイ」『家と屋敷地』（社会民俗研究２号）1991年。

図５　山梨県教育委員会提供。

〈第７章〉

1

図１　福田アジオ撮影。

図２　上松政秀氏提供。

図３　福田アジオ撮影。

2

図１　長友千代治編『重宝記資料集成』第16巻，臨川書店，2006年。

図2　常光徹『学校の怪談』ミネルヴァ書房，2013年。

〈第8章〉

1

図1　福田アジオ撮影。

2

図1　筆者撮影。

図2　同上。

図3　同上。

図4　同上。

コラム6

図1　福田アジオ撮影。

図2　筆者撮影。

〈第9章〉

1

図1　森田裕三氏提供。

図2　同上。

2

図1　倉石あつ子氏提供。

〈第10章〉

1

表1　筆者作成。

表2　世界農林業センサス資料にもとづき筆者作成。

表3　五木村資料により筆者作成。

図1　筆者撮影。

図2　同上。

2

図1　筆者撮影。

図2　同上。

図3　同上。

3

図1　山口県農林水産部農山漁村・女性対策推進室提供。

表1　安井眞奈美「生活改善と村の暮らし」『山口県史』（民俗編）山口県，2010年，615頁。

図2　筆者撮影。

図3　福田アジオ撮影。

〈第11章〉

1

図1　筆者撮影。

図2　筆者提供。

2

図1　筆者撮影。

図2　身延町立久那土小学校提供。

図3　筆者撮影。

図4　同上。

図5　同上。

〈第12章〉

1

図1　福田アジオ撮影。

図2　同上。

2

図1　イザベラ・バード『日本奥地紀行』平凡社，1973年。

図2　厚生省監修『母子保健の主たる統計』母子保健事業団，1995年より筆者作成。

図3　厚生労働統計協会編『国民衛生の動向』2011年。

安《やす》室《むろ》　知《さとる》（神奈川大学国際日本学部教授，第10章２）
安《やす》井《い》眞《ま》奈《な》美《み》（国際日本文化研究センター教授，第10章３）
重《しげ》信《のぶ》幸《ゆき》彦《ひこ》（北九州市平和のまちミュージアム館長，コラム８）
荻《おぎ》野《の》裕《ゆう》子《こ》（奈良教育大学ほか非常勤講師，第11章１）
古《ふる》屋《や》和《かず》久《ひさ》（都留文科大学教養学部教授，第11章２）
＊福《ふく》田《た》アジオ（国立歴史民俗博物館名誉教授，コラム９・コラム10・民俗学をさらに学ぶための参考文献）
山《やま》田《だ》慎《しん》也《や》（国立歴史民俗博物館教授，第12章１）
板《いた》橋《ばし》春《はる》夫《お》（神奈川大学大学院歴史民俗資料学研究科非常勤講師，第12章２）

執筆者紹介（所属・執筆分担・執筆順，＊印は編者）

＊中《なか》野《の》紀《き》和《わ》（大東文化大学社会学部教授，各章のストーリー，第１章１）

鈴《すず》木《き》明《あき》子《こ》（中央大学法学部兼任講師，第１章２）

鈴《すず》木《き》正《まさ》崇《たか》（慶應義塾大学名誉教授，コラム１）

小《お》熊《ぐま》　誠《まこと》（神奈川大学大学院歴史民俗資料学研究科教授，第２章１）

赤《あか》嶺《みね》政《まさ》信《のぶ》（琉球大学名誉教授，第２章２）

岡《おか》野《の》宣《のぶ》勝《かつ》（跡見学園女子大学・中央大学法学部兼任講師，第３章１）

森《もり》田《た》真《しん》也《や》（筑紫女学園大学文学部教授，第３章２）

島《しま》村《むら》恭《たか》則《のり》（関西学院大学社会学部教授，コラム２）

内《うち》田《だ》忠《ただ》賢《よし》（せとうち観光専門職短期大学教授，奈良女子大学名誉教授，第４章１）

＊市《いち》川《かわ》秀《ひで》之《ゆき》（滋賀県立大学人間文化学部教授，第４章２）

飯《いい》倉《くら》義《よし》之《ゆき》（國學院大學文学部教授，第５章１）

＊篠《しの》原《はら》　徹《とおる》（滋賀県立琵琶湖博物館名誉館長，第５章２）

小《こ》島《じま》孝《たか》夫《お》（成城大学文芸学部教授，コラム３）

服《はっ》部《とり》　誠《まこと》（愛知県立旭丘高等学校教諭，第６章１）

中《なか》込《ごみ》睦《むつ》子《こ》（元 筑波大学人文社会系准教授，第６章２）

靏《つる》　理《り》恵《え》子《こ》（専修大学人間科学部教授，コラム４）

小《こ》嶋《じま》博《ひろ》巳《み》（ノートルダム清心女子大学名誉教授，第７章１）

＊常《つね》光《みつ》　徹《とおる》（国立歴史民俗博物館名誉教授，第７章２）

宮《みや》内《うち》貴《たか》久《ひさ》（お茶の水女子大学大学院人間文化創成科学研究科教授，コラム５）

土《ど》居《い》　浩《ひろし》（ものつくり大学教養教育センター教授，第８章１）

鈴《すず》木《き》岩《いわ》弓《ゆみ》（東北大学名誉教授，第８章２）

池《いけ》谷《や》和《かず》信《のぶ》（国立民族学博物館教授，コラム６）

八《や》木《ぎ》橋《はし》伸《のぶ》浩《ひろ》（玉川大学名誉教授，第９章１）

八《や》巻《まき》惠《けい》子《こ》（就実大学経営学部教授，第９章２）

杉《すぎ》本《もと》　仁《じん》（柳田国男研究会，都留文科大学非常勤講師，コラム７）

湯《ゆ》川《かわ》洋《よう》司《じ》（元 山口大学人文学部教授，第10章１）

《編著者紹介》

市川　秀之（いちかわ・ひでゆき）

1961年　大阪府生まれ。
1987年　関西大学大学院文学研究科博士前期課程修了。
現　在　滋賀県立大学人間文化学部教授。
主　著　『広場と村落空間の民俗学』岩田書院，2001年。
『歴史のなかの狭山池』清文堂出版，2009年。
『「民俗」の創出』岩田書院，2013年。

中野　紀和（なかの・きわ）

1967年　福岡県生まれ。
1999年　成城大学大学院文学研究科博士課程後期単位取得満期退学。
現　在　大東文化大学社会学部教授，博士（社会学・慶應義塾大学）。
主　著　『小倉祇園太鼓の都市人類学――記憶・場所・身体』古今書院，2007年。
『民俗文化の探究』（共著）岩田書院，2010年。
『トランスナショナルな「日系人」の教育・言語・文化――過去から未来に向かって』（共著）明石書店，2012年。

篠原　　徹（しのはら・とおる）

1945年　中国長春市生まれ。
1969年　京都大学理学部植物学科卒業。
1971年　京都大学文学部史学科卒業。
現　在　滋賀県立琵琶湖博物館名誉館長，国立歴史民俗博物館名誉教授，総合研究大学院大学名誉教授。
主　著　『自然と民俗――心意のなかの動植物』日本エディタースクール出版部，1990年。
『海と山の民俗自然誌』吉川弘文館，1995年。
『自然を生きる技術――暮らしの民俗自然誌』吉川弘文館，2005年。
『自然を詠む――俳句と民俗自然誌』飯塚書店，2010年。

常光　　徹（つねみつ・とおる）

1948年　高知県生まれ。
1973年　國學院大學経済学部経済学科卒業。
現　在　国立歴史民俗博物館名誉教授，総合研究大学院大学名誉教授。
主　著　『学校の怪談――口承文芸の展開と諸相』ミネルヴァ書房，1993年。
『しぐさの民俗学――呪術的世界と心性』ミネルヴァ書房，2006年。
『妖怪の通り道――俗信の想像力』吉川弘文館，2013年。

福田アジオ（ふくた・あじお）

1941年　三重県生まれ。
1971年　東京教育大学大学院文学研究科修士課程修了。
現　在　国立歴史民俗博物館名誉教授。
主　著　『日本民俗学の開拓者たち』山川出版社，2009年。
『名所図会を手にして東海道』御茶の水書房，2011年。
『現代日本の民俗学』吉川弘文館，2014年。

はじめて学ぶ民俗学

2015年９月30日　初版第１刷発行　〈検印省略〉
2025年３月30日　初版第５刷発行

定価はカバーに
表示しています

編著者　市川秀之
中野紀和
篠原徹
常光徹
福田アジオ
発行者　杉田啓三
印刷者　藤森英夫

発行所　株式会社　ミネルヴァ書房
607-8494　京都市山科区日ノ岡堤谷町１
電話代表　(075)581-5191
振替口座　01020-0-8076

亜細亜印刷・新生製本

ISBN978-4-623-07125-8
Printed in Japan